Proteção penal ambiental e acessoriedade administrativa

funções e limites de atuação legítima

 O Laboratório Americano de Estudos Constitucionais Comparados - LAECC procura aprofundar as discussões temáticas comparativas entre os vários sistemas constitucionais americanos. O grupo desenvolve abordagens comparativas em 4 diferentes linhas, procurando cobrir todas as dimensões materiais do constitucionalismo e fomentar a produção científica nos diversos ramos do direito, sempre primando pela abordagem de abrangência interdisciplinar.

Rafhaella Cardoso

Proteção penal ambiental e acessoriedade administrativa
funções e limites de atuação legítima

PROTEÇÃO PENAL AMBIENTAL E ACESSORIEDADE ADMINISTRATIVA: FUNÇÕES E LIMITES DE ATUAÇÃO LEGÍTIMA

Apoio	Moacir Henrique Júnior
	Ricardo Padovini Pleti Ferreira
Concepção	Rafhaella Cardoso
Elaboração, edição e revisão	Rafhaella Cardoso
Projeto gráfico e diagramação	Equipe LAECC

Laboratório Americano de Estudos Constitucionais Comparados
CNPJ/MF nº 33.097.820/0001-00
Rua Johen Carneiro, 377, Uberlândia – MG
CEP 38.400-070
www.laecc.org.br

Dados Internacionais de Catalogação na Publicação (CIP)

C268 2021	Proteção penal ambiental e acessoriedade administrativa: funções e limites de atuação legítima / Rafhaella Cardoso. Uberlândia: LAECC, 2021. 340 p. Inclui bibliografia. ISBN: 978-65-88563-24-3 1. Direito penal. 2. Direito ambiental. 3. Direito administrativo. I. Cardoso, Rafhaella.

CDU: 340/CDD: 341.5/341.347

Catalogação na fonte

Uberlândia – UFU.

Daniel Ustárroz

Doutor e Mestre em Direito Civil pela Universidade Federal do Rio Grande do Sul – UFRGS. Professor Adjunto de Direito Civil na Pontifícia Universidade Católica do Rio Grande do Sul – PUCRS.

Diva Júlia Sousa da Cunha Safe Coelho

Pós-Doutora em Direito Constitucional Comparado pela Universidade Federal de Uberlândia – UFU e Doutora em Ciudadania y Derechos Humanos pela Universidad de Barcelona – UB. Professora da Universidade Federal de Goiás – UFG.

Fabiana Angélica Pinheiro Câmara

Doutora em História Social pela Universidade Federal de Uberlândia – UFU. Mestre em Gestão Internacional e Desenvolvimento Econômico pela Universidade de Reading – Inglaterra.

Francielle Vieira Oliveira

Doutoranda em Ciências Jurídicas Públicas no âmbito do Doutorado Europeu da Universidade do Minho – Portugal.

Francisco Ilídio Ferreira Rocha

Doutor em Direito Penal pela Pontifícia Universidade Católica de São Paulo – PUC/SP. Professor do Centro Universitário do Planalto de Araxá – UNIARAXÁ.

Gonçal Mayos Solsona

Doutor e Mestre em História da Filosofia pela Universitat de Barcelona – UB. Professor Titular na Faculdade de Filosofia da Universitat de Barcelona – UB.

Ilton Norberto Robl Filho

Doutor e Mestre em Direito pela Universidade Federal do Paraná – UFPR. Professor Adjunto da Faculdade de Direito da UFPR e do Instituto Brasiliense de Direito Público – IDP. Diretor da Academia Brasileira de Direito Constitucional (ABDConst).

José Carlos Remotti Carbonell

Doutor em Direito pela Universitat Autònoma de Barcelona – UAB. Professor da Universitat Autònoma de Barcelona – UAB.

José Luiz de Moura Faleiros Júnior

Mestre em Direito pela Universidade Federal de Uberlândia – UFU. Advogado.

Luciana Oranges Cezarino

Pós-Doutora pelo Politécnico de Milão – POLIMI. Doutora pela Faculdade de Economia, Administração e Contabilidade da Universidade de São Paulo – FEA/USP. Professora da Universidade Federal de Uberlândia – UFU.

Milla Alves Baffi

Pós-Doutora em Microbiologia de Alimentos pela Universidade de Castilla La Mancha – UCLM.

Doutora em Genética e Bioquímica pela Universidade Federal de Uberlândia – UFU. Professora da Universidade Federal de Uberlândia – UFU.

MOACIR HENRIQUE JÚNIOR

Doutor em Direito e Ciência Política e Mestre em Criminologia e Sociologia Jurídico-Penal pela Universidade de Barcelona – UB. Professor da Universidade do Estado de Minas Gerais – UEMG.

PAULO CÉSAR CORRÊA BORGES

Pós-Doutor em Direito pela Universidade de Sevilla – US. Doutor e Mestre em Direito pela Universidade Estadual Paulista Júlio de Mesquita Filho – UNESP. Professor da Universidade Estadual Paulista Júlio de Mesquita Filho – UNESP Campus Franca.

PAULO ROBERTO DE ALMEIDA

Doutor em História pela Pontifícia Universidade Católica de São Paulo - PUC/SP. Professor da Universidade Federal de Uberlândia – UFU.

RENATO CÉSAR CARDOSO

Pós-Doutor em Filosofia pela Universitat de Barcelona – UB. Doutor em Direito pela Universidade Federal de Minas Gerais – UFMG. Professor da Universidade Federal de Minas Gerais – UFMG.

RICARDO PADOVINI PLETI FERREIRA

Doutor e mestre em Direito Empresarial pela Universidade Federal de Minas Gerais – UFMG. Professor da Universidade Federal de Uberlândia – UFU.

RODRIGO VITORINO SOUZA ALVES

Doutoranto em Direito pela Universidade de Coimbra – UC. Mestre em Direito pela Universidade Federal de Uberlândia – UFU. Professor da Universidade Federal de Uberlândia – UFU.

SAULO PINTO COELHO

Pós-Doutor pela Universitat de Barcelona – UB. Doutor em Direito pela Universidade Federal de Minas Gerais – UFMG. Professor da Universidade Federal de Goiás – UFG.

THIAGO PALUMA

Doutor em Direito Internacional pela Universidad de Valencia. Professor da Universidade Federal de Uberlândia.

VIVIANE SÉLLOS-KNOERR

Pós-Doutora pela Universidade de Coimbra – UC. Doutora em Direito pela Pontifícia Universidade Católica de São Paulo – PUC/SP. Professora do Centro Universitário Curitiba – UniCURITIBA.

WELLINGTON MIGLIARI

Doutor e Mestre em Direito Internacional Público pela Faculdade de Direito, Universitat de Barcelona – UB.

SOBRE A AUTORA

Rafhaella Cardoso

Doutora em Direito Penal pela Faculdade de Direito da Universidade de São Paulo (USP) (2015-2018). Mestre em Direito Público pela Universidade Federal de Uberlândia (UFU) (2013). Especialista em Ciências Penais pela Universidade do Sul de Santa Catarina (UNISUL) (2009). Graduada em Direito pela Universidade Federal de Uberlândia (UFU) (2008). Pós Graduanda no MBA-FACIC/UFU em Contabilidade e Gestão Tributária (2019-2021). Advogada Sênior da área de Direito Penal Econômico e Compliance. Coordenadora Adjunta do IBCCRIM-MG. Vice-Presidente da Comissão de Direito Penal da OAB Uberlândia (2020-2021). Conselheira-Presidente da Região do Triângulo Mineiro da ANACRIM-MG. Palestrante e Consultora Jurídica.

À Valentina, por ter escolhido o meu ventre e o
meu devoto coração.
Às minhas Mães - Vera, Badi e Dinda -, meu
amor eterno, meu respeito e minha gratidão. Ao
meu Pai, Elcio, pelo afeto incondicional

*"Ella está en el horizonte
(...). Por mucho que yo
camine, nunca, nunca la
alcanzaré.
Para qué sirve la utopia?
Para eso sirve: para ca-
minar."*
(Eduardo Galeano)

AGRADECIMENTOS

Concretizar este sonho não seria possível sem a presença constante das luzes emanadas pelo Pai Espiritual e de sua intervenção material, por meio de várias pessoas especiais, que comigo compartilharam ideias, erros, acertos, mas que, sobretudo, me proporcionaram suporte emocional e amizade verdadeira.

Inicialmente, gostaria de agradecer ao meu Professor Orientador, Dr. Fábio Guedes de Paula Machado, que, pela segunda vez, me acolheu com sua brilhante orientação, e que, mais que um Mestre solícito e atencioso, foi também um amigo e conselheiro para todas as minhas dificuldades e anseios infindáveis. Caro Professor, serei imensamente grata, por toda a minha vida, às vossas sábias palavras e à vossa inesgotável compreensão.

Aos demais professores e funcionários do Curso de Mestrado em Direito Público da UFU, agradeço pela cordial atenção dispensada e manifesto meu sincero apreço pela importante contribuição que desempenharam em meu "despertar para o amadurecimento acadêmico". Sem vocês, a concretização deste (e de outros) objetivo(s) jamais seria possível.

Coloco-me prontamente, também, para agradecer a indispensável companhia de meus estimados amigos do Curso de Mestrado em Direito Público, por compartilharem dos mesmos sonhos e frustrações, somando forças inigualáveis, em especial: ao Bruno Marques, à Gabriela Damasceno, à Isabel Koboldt, à Natália Berti, ao Túlio Bozola, ao Karlos Alves, à Daniela Fernandes e ao Ricardo Salgado. Aos demais, sintam-se igualmente reconhecidos com meu fraternal abraço.

Agradeço também, ao suporte material e financeiro ofertado pela CAPES, sem o qual, invariavelmente, esta conquista não seria alcançada.

XV

Gratidão eterna à Professora Helena Lobo da Costa, por ter participado da minha banca de Mestrado e, logo após, ter possibilitado um mundo novo de descobertas a partir do Doutorado na Universidade de São Paulo, tese que espero em breve publicar. O Doutorado representou para mim mais do que um título ou um aprofundamento da pesquisa, mas a minha transformação pessoal como mulher, mãe e a minha posição no mundo.

Rendo meus sinceros agradecimentos também à Simone Prudêncio, ao Guilherme Brenner Lucchesi e ao Luciano Lopes pelas contribuições críticas; aos amigos de Sampa, Rafa e Lelo e às amigas que o Doutorado me presenteou, como: Chia, Paty, Bel e Marília, pessoas sem as quais não conseguiria ter vencido esta etapa tão crucial da minha vida acadêmica.

A todos os demais – minha filha, meu marido, meus familiares, meus amigos e meus colegas de trabalho –, muitíssimo obrigada por todo o apoio e pela compreensão dispensados.

A AUTORA

PREFÁCIO

As complexas e cada vez mais relevantes relações entre o direito penal e o direito administrativo têm merecido maior atenção da doutrina brasileira, não apenas em virtude das interessantes questões teóricas que suscita, mas também por conta dos impactos que têm na aplicação de inúmeras figuras típicas.

De fato, trata-se de tema que há muito tempo marca certos tipos penais. Contudo, tem ganhado maior espaço nas últimas décadas, em razão da denominada administrativização do direito penal. Suas causas apenas podem ser identificadas para além do direito: são as características e demandas sociais da contemporaneidade, que invadem o âmbito do direito penal de muitas formas, que podem explicar sua exacerbação.

O campo dos crimes ambientais é, nessa matéria, um espaço privilegiado para o estudo do fenômeno, figurando como verdadeiro tubo de ensaio. Aqui, a ligação entre direito penal e direito administrativo é visceral, intensa, onipresente.

E é exatamente nessa seara que o trabalho de Rafhaella Cardoso, *"Proteção penal ambiental e acessoriedade administrativa: funções e limites de atuação legítima"*, insere-se, examinando o tema com percuciência. O estudo tem por ponto de partida buscar compreender os fundamentos da proteção ambiental e qual o papel que o direto penal pode (e consegue) ter nesse campo.

Estabelecidas essas premissas iniciais, passa a estudar seu cerne, ou seja, a relação entre direito penal e direito administrativo no âmbito dos crimes ambientais, em suas muitas vertentes. A seguir, busca refletir sobre quais as funções que podem ser exercidas pela complementação do direito administrativo no campo penal, bem como sobre seus limites.

A autora consegue desenvolver todos esses complexos tópicos a partir de uma pesquisa bibliográfica rica e de alta qualidade, que lhe proporcionou o desenvolvimento de um raciocínio claro e bem exposto, que certamente acrescentará muito à formação do leitor.

Além disso, Rafhaella tem a permanente inquietação dos autores que, sabidamente, reconhecem que não lhes cumpre dar a palavra final sobre um tema tão complexo, mas sim fomentar o debate e desnudar as questões mais intrincadas.

Assim, sua obra é um agradável convite à reflexão sobre esse tema ao mesmo tempo tão complexo, relevante a apaixonante, e que nos obriga a refletir sobre os limites do próprio direito penal no mundo contemporâneo.

Helena Regina Lobo da Costa

SUMÁRIO

INTRODUÇÃO

Indiscutivelmente, de todas as etapas evolutivas da sociedade, a presente "era da globalização" promoveu, sem dúvidas, as maiores e mais rápidas transformações sociais. Globalização, em termos gerais, vem a ser um modelo econômico, social, tecnológico e cultural em que as fronteiras dos Estados Soberanos não servem mais de empecilho para o câmbio de informações, bens, serviços e até de pessoas, numa exígua dimensão temporal. Junto ao modelo global surgiu também outro correspondente e compatível de atuação política, conhecido como o Neoliberalismo. As ações e políticas neoliberais manifestam-se com total descrença aos setores e espaços públicos da vida civil, fazendo com que um forte individualismo tome conta dos governos, inclusive para possibilitar a retirada da *longa manus* do Estado nas diversas searas de controle social.

Nesse contexto, as interações sociais e econômicas advindas dos avanços tecnológicos e industriais do final do século XX trouxeram não só uma série de novos interesses e vantagens aos indivíduos na forma de se relacionar com os outros, mas, notadamente, possibilitaram a mudança de paradigma social com a inclusão de riscos na vida moderna.

A então "sociedade de risco", ou "modernidade reflexiva", passa a acrescentar à vida dos indivíduos uma série de novas situações desconhecidas cientificamente e potencialmente arriscadas, levando a uma mudança global na forma de se posicionar no meio social. Tais riscos, criados pela ação humana, diferem-se dos antigos perigos naturais (situações adversas provocadas sem a interferência humana, tais como aquelas enfrentadas no período das grandes navegações no século XV), pois, agora, as dimensões espaço-temporais ficaram, invariavelmente, mais estreitas e curtas.

Diante destas inúmeras mudanças na forma de ordenação social, o

Direito, que figura entre as ciências sociais de maior relevância para possibilitar a vida em sociedade, já que promove a regulação e o equilíbrio social, precisa acompanhar as diversas alterações a fim de manter seu encargo na promoção da organização relacional, com segurança e justeza.

No que tange ao meio ambiente, a problemática é ainda maior. A necessidade de se conciliar o progresso econômico e a sadia qualidade de vida é um grande entrave não só para os países, que, como o Brasil, passaram por um processo de desenvolvimento econômico tardio, mas também para países que já estão em um grau de desenvolvimento mais avançado (tais como: Alemanha, Espanha, Itália, Portugal etc.), já que a temática dos riscos sociais dá a conotação de que, em matéria ambiental, toda a humanidade está inserida no problema.

Diante das pressões econômicas, o Direito muitas vezes se retrai, e, precipuamente envolvendo o meio ambiente, esta tensão se demonstra mais clara. Outras vezes, por pressões políticas, em nome de atributos muito questionáveis tais como "direito à segurança pública", ocorre o fenômeno intitulado *expansão do Direito Penal*. Isto é, novos interesses, de caráter difuso e supra-individual, vêm surgindo e demandam proteção penal, mas este âmbito punitivo, nem sempre possui os critérios dogmáticos infalíveis para a normativização de um ou outro interesse de forma coerente e adequada. Vários são os fins e funções assumidos diante das pressões deste novo contexto social, que o juízo de legitimação acaba por perecer diante da ausência de sistematicidade e lógica penal.

Foi diante desse contexto peculiar que surgiu a necessidade de se investigar o tema do presente trabalho: definir, diante de tão problemática estrutura socioeconômica que envolve as questões relativas à proteção do meio ambiente, quais são as propostas hábeis a legitimar (ou não) a atuação autônoma e eficaz do Direito Penal neste novo campo de intervenção jurídica, marcado pela frequente Acessoriedade Administrativa, a partir da funcionalização de seus institutos, em consonância com os movimentos político-criminais vigentes.

Nessa conjuntura, o presente estudo foi dividido em quatro partes para possibilitar uma compreensão especializada, porém, integrada do tema. No primeiro capítulo, pretende-se elencar os fundamentos da proteção penal ambiental, levando-se em consideração os embasamentos jusfilosóficos e sociológicos da tutela penal deste interesse, calcados nas questões do fenômeno da crise ecológica, propiciada pela globalização inerente à chamada sociedade de risco ou do estilo de vida "pós-moderno". Diante deste contexto, buscou-se relacionar as características do meio ambiente como "bem jurídico" digno de tutela penal e seus principais aspectos problemáticos.

No segundo capítulo, o meio ambiente, visto sob a ótica da "expansão do Direito Penal", será apreciado, num primeiro momento, frente às objeções dos autores enquadrados na linha de pensamento da "Escola de Frankfurt", que apresenta um discurso de resistência à ampliação da tutela penal neste novo âmbito, sob a suspeita de se tratar de um "direito penal simbólico", e propõe a substituição do Direito Penal pelo "Direito de Intervenção", como forma de se preservar a característica crucial de *ultima ratio* do ordenamento jurídico. Ainda neste segmento, serão analisadas as propostas de funcionalização da tutela penal ambiental, pelos principais autores que, de um modo ou de outro, veem-na como legítima e viável, mediante uma certa flexibilização dos princípios penais, como necessidade inarredável da Dogmática Jurídico-Penal frente às novas exigências político-criminais da sociedade de risco, bem como, pela dimensão supra-individual de um direito fundamental tão intrínseco, não só às presentes como também às futuras gerações. Reforça-se, assim, precipuamente, o papel preventivo (e não repressivo) do Direito Penal nesta fase da vida moderna.

No terceiro capítulo deste trabalho, são elencados os pressupostos de diálogo e relacionamento entre o Direito Penal e o Direito Administrativo na proteção do meio ambiente, analisando-se as diferenças e similitudes entre as fontes. Objetiva-se elucidar, embora em meio a críticas responsáveis por grande parte da doutrina nacional e estrangeira, quais seriam os óbices à substituição integral do Direito Penal pelo Direito Administrativo

Sancionador, para que fosse ainda possível a legitimação da intervenção penal com vistas a se proteger o meio ambiente, de forma séria e condizente com as premissas e limites do Estado de Democrático de Direito nas sociedades contemporâneas.

Por fim, analisa-se um fenômeno corrente no Direito Penal Ambiental, por meio de normas que apresentam dependência ou acessoriedade administrativa e que preocupam a autonomia e idoneidade da legalidade penal, classicamente pautada na taxatividade da prescrição de condutas. Serão, portanto, verificadas as formas de acessoriedade apresentadas na legislação ambiental, seus aspectos críticos e funcionais para a determinação dos limites tênues de atuação do Direito Penal e do Direito Administrativo, abordando-se, por exemplo, as questões relacionadas ao risco permitido e à adequação social. Neste sentido, partindo-se da estrutura do Direito Administrativo na atualidade, intenta-se, ao final desta abordagem, delimitar a atuação das duas fontes do Direito e introjetar os mecanismos viáveis e possíveis da continuidade da atuação do Direito Penal na proteção do ambiente, mesmo que em caráter fragmentário e subsidiário.

Objetiva-se, contudo, verificar se é possível uma legítima atuação autônoma do Direito Penal Ambiental preservando-se o conteúdo básico principiológico dos Estados Democráticos de Direito, tais como a legalidade, a ofensividade e a exclusiva proteção de bens jurídicos, de forma, a se compatibilizar as exigências político-criminais de modernização com as barreiras intransponíveis da função última de preservação da dignidade da pessoa humana.

Ao longo desse caminho, muitos serão os desafios aos que se aventuram numa proposta "quase hermenêutica" do Direito Penal, em busca de critérios dogmáticos e político-criminais que possibilitem a funcionalização e, por conseguinte, a legitimação da tutela penal do bem jurídico "meio ambiente", mesmo que diante das amarras e incongruências perpetradas pelos legisladores. Aliás, em se tratando de proteção de um direito fundamental, tal como é traduzido no art. 225 da Constituição Federal de 1988, "direito ao meio ambiente ecologicamente equilibrado, bem de uso comum do povo e essencial à sadia qualidade de vida", não se deve sucumbir tal tutela unicamente aos termos (nem sempre coerentes) trazidos pelo legislador. Ao Judiciário, principalmente, incumbe a tarefa de extrair o conteúdo das normas e possibilitar a efetivação dos direitos fundamentais, mesmo que, em último caso, atento à ideia de proporcionalidade, tenha que se valer deste ramo mais gravoso aos indivíduos, atividade esta inarredável num Estado Democrático de Direito.

Definitivamente, este estudo, assim como os demais trabalhos científicos, jamais se comportará como um mero manual de respostas perfeitas, prontas e acabadas. Pelo contrário, quanto mais se avança na pesquisa, mais perguntas despontam. Mesmo que o caminho possa parecer infindável e tortuoso, a problemática do tema funciona como um elemento de estímulo ao perene estudo científico.

DOS FUNDAMENTOS DE PROTEÇÃO PENAL AMBIENTAL

1

1.1 Influxos Sociológicos: a tomada de consciência sobre a proteção do meio ambiente

A complexidade que circunda o meio ambiente como um bem valorado pela sociedade remete-nos a uma necessária abordagem multidisciplinar que se impõe como tarefa primeira a ser introduzida no presente capítulo, que analisa as influências sociológicas de representação dos clamores ecológicos e ambientais, a partir dos movimentos sociais responsáveis pela preocupação para com a proteção deste bem jurídico de caráter coletivo e que apontaram ser necessária a intervenção penal contra os comportamentos que pudessem ser prejudiciais ao meio ambiente.

No âmbito das ciências humanas correlatas, a relação entre as Ciências Penais e a Filosofia sempre foi muito próxima e intensa, permitindo-se analisar as interações entre o "ser" e o "dever-ser", tão importantes para a ciência jurídica em geral. Porém, ao se tratar desta interação, conforme pontua Kauffmann[1], é mediante o estudo das relações sociais que se denota o real encaixe do plano ontológico sobre o deontológico, ou seja, é a partir das

---

1   KAUFFMAN, Arthur. *Filosofía del derecho*. Bogotá: Editorial Departamento de Publicaciones de la Universidad Externado de Colombia, 1999, p. 283.

relações sociais que se verifica se o direito (dever-ser) realmente se efetiva na sociedade (ser), sendo, portanto, inquestionável a necessária abordagem sociológica.

Foi notadamente após a Segunda Guerra Mundial que se percebeu mais claramente a indissociabilidade entre a Sociologia e o Direito Penal, de forma a se confirmar que, assim como infere Corcoy Bidasolo, a dependência da sociedade em relação ao Direito, impôs-se, inclusive, ao Direito Penal a tarefa de resolver os novos problemas sociais e de não se curvar diante deles[2].

Este breve escorço sociológico possibilitará uma noção crítica acerca da origem das causas que têm levado à promoção do meio ambiente como um bem jurídico de grande relevância, bem como, para justificar sua proteção penal no atual estágio social em que se insere. Tem sido afirmado que o meio ambiente está em crise, a chamada *crise ecológica*, já prenunciada antes mesmo de sua expressa consagração no Relatório de Bruntland em 1987[3]. Em que pese o fato de o fenômeno de "crise" não ser novo na história da humanidade, notadamente, após a segunda metade do século XX, as relações sociais, econômicas e jurídicas que se desencadearam após a conhecida Revolução Industrial passaram a tomar dimensões mais complexas.

Nos últimos cinquenta anos, o forte desenvolvimento da pesquisa científica e da tecnologia tem favorecido um crescimento econômico sem precedentes e uma intensa transformação da indústria e dos setores produtivos tradicionais, quais sejam: a agropecuária, a pesca, a extração mineral etc.

---

2   CORCOY BIDASOLO, Mirentxu. *Los delitos de peligro y protección de bienes jurídico-penales supraindividuales*. Valencia: Editorial Tirant lo Blanch, 1999, p. 188.

3   A expressão "crise ecológica" foi destacada, pela primeira vez na história, no documento intitulado "Our Common Future" (trad. "Nosso Futuro Comum"), datado de 1987, mais conhecido como "Relatório Bruntland", a partir do qual a Comissão Mundial sobre o Meio Ambiente e Desenvolvimento da Organização das Nações Unidas (ONU) lançou novos olhares sobre o desenvolvimento econômico-social, incorporando-lhe a ideia de sustentabilidade.

Contudo, esta nova capacidade tecnológica, a mecanização, o emprego constante dos recursos naturais e o alto consumo dos produtos industriais pela sociedade em geral trazem consigo uma intensa degradação da qualidade dos elementos naturais, tais como o ar, a água, o solo e a diversidade biológica, que são recursos indispensáveis para uma sadia qualidade de vida humana e de equilíbrio social[4].

Assim, exsurge uma reflexão mundial sobre a importância de se alterarem os padrões de produção e de consumo, de forma a se promover a difícil tarefa de conciliar crescimento econômico com as questões ambientais e sociais, uma vez que, vários dos problemas envolvendo o meio ambiente (esgotamento dos recursos naturais, aquecimento nunca percebido), exigem da comunidade global uma tomada de posição para avaliar os riscos e propor soluções preventivas. Configurada esta presente realidade, é impossível retroceder no sentido de ignorar a mudança de posicionamento de todos os setores sociais, notadamente o Direito, em todas as suas esferas (inclusive Penal), acerca da proteção do meio ambiente em aspectos sustentáveis.

Tanto na Filosofia quanto na Sociologia Jurídica, o despertar para essas novas transformações sociais é palco de inúmeros questionamentos acerca das interações existentes na sociedade global mundial de fins do século XX, ensejando uma mudança de como o homem se vê, como ele interage com os demais indivíduos e qual é a posição em que ele se coloca diante da natureza ou do meio no qual está inserido.

Para que se possa compreender a tomada de consciência do homem para com a natureza, em termos ético-filosóficos, é preciso que se aborde as diferentes "cosmovisões"[5] (*Cosmos*: vem de Terra, Universo; *visão*: olhar,

---

4   Cf. VIAROLI, Pierluigi. In: MAGLIA, Stefano. *Diritto ambientale.* Alla luce del T.U. ambientale e delle novità 2011. 2. ed. Milano: IPSOA, 2011, p. XV.

5   Termo utilizado por MILARÉ, Édis. *Direito do Ambiente.* A gestão ambiental em foco. Doutrina. Jurisprudência. Glossário. 7. ed. São Paulo: Revista dos Tribunais, 2011, p. 112.

ver), ou seja, as várias formas de se observar o homem e o mundo, tanto no que se refere a indivíduos, de forma isolada, quanto no que se refere à forma como o Estado e as demais instituições o veem. Neste sentido, a temática ambiental pode ser baseada em duas grandes linhas, ou vertentes: uma *antropocêntrica*, que tem o homem como o centro gravitacional das necessidades e interações sociais; e, uma mais modernamente concebida pela Filosofia e, ainda prematuramente, pela ciência do Direito, qual seja, a *ecocêntrica* (também conhecida como biocêntrica), que diz respeito à necessidade de se posicionar o homem como apenas mais um dos componentes do ecossistema que necessitam de proteção e tutela jurídica intrínseca[6].

De acordo com Clemènt Rosset, desde o início da humanidade, a natureza tem sido pensada ou numa concepção naturalista, ou, ao contrário, numa acepção artificialista. A primeira linha de pensamento parte do pressuposto de que tudo o que existe não é obra nem do acaso nem da vontade humana, ou seja, há uma ordem natural das coisas, a cuja ordenação intrínseca se deve cada existência. Já a concepção concernente ao artificialismo remete-nos a uma interpretação de negação da natureza e de confirmação do acaso, ou seja, refuta-se a ideia de que a existência dos seres se deva a uma principiologia da natureza das coisas e atribui-se essa existência a uma mera designação do acaso[7].

De outra forma, concebe Morin que a natureza e o acaso não são realidades excludentes. Ao passo que, a partir da ordem inerente à compreensão da natureza, é possível dominar o acaso, também não se rejeita a ideia de que a criação racional humana (cultura, por exemplo) não exclui a natureza, já que é parte dela e a eleva a um nível novo e mais complexo[8].

Desde as culturas humanas mais antigas às atuais, é possível elencar dois

---

6   Cf. MILARÉ, Édis. *Ibidem*, pp. 113-115.

7   ROSSET, Clément. A Anti-Natureza: Elementos para uma Filosofia Trágica. Rio de Janeiro: Espaço e Tempo, 1989, pp. 56-68.

8   MORIN, Edgar. O Enigma do Homem. Rio de Janeiro: Zahar, 1975.

28

conjuntos de concepções naturalistas que restaram muito conhecidas mundialmente: a organicista e a mecanicista. O organicismo esteve presente hegemonicamente na história dos homens, desde os mais arcaicos até os pensadores gregos, consistente numa visão quase mística e/ou metafísica, considerando a "natureza como um organismo vivo e complexo, com autonomia e com uma certa sorte de vontade"[9]. Já o mecanicismo iniciou-se na Europa ocidental, no século XVII, tendo como seu principal defensor o filósofo René Descartes, ligado ao movimento intelectual da "Revolução Científica".

A concepção mecanicista cartesiana reduziu a importância individual dos demais seres (animais, plantas etc.) e destacou a superioridade do ser humano, já que sustentava que somente este possui o espírito ou a razão, instrumentos diferenciadores capazes de projetar o homem para além de suas limitações corporais, diferente dos animais, por exemplo. Esta concepção utiliza o método das ciências naturais para explicar as causas das coisas e promove uma série de dualidades: homem-animal, sociedade-natureza etc. Em suma, o homem é capaz de alterar a natureza das coisas ao seu redor, e, portanto, se sobrepõe à natureza.

Esta linha de pensamento foi ao encontro do avanço científico e industrial capitalista do século XVII, de forma a representar a natureza como algo "mecânico, inanimado e automatizado", tornando-se uma postura a ser seguida pelos demais espaços mundiais que pretendiam se alinhar à chamada "ocidentalização"[10]. A partir daí, persistiu-se a concepção mecanicista, reificando a natureza, porém, dotando-lhe de caráter utilitarista, como mecanismo de servir aos interesses do homem.

Segundo afirma Birnbacher, é através de uma perspectiva "utilitarista"

---

9   SOFFIATI, Arthur. Fundamentos Éticos e Filosóficos da Proteção Ambiental: o Caso da Segurança Alimentar e dos Biocombustíveis. Instituto de Ciências da Sociedade e Desenvolvimento Regional/Universidade Federal Fluminense. Arquivo em pdf, p. 3.

10   SOFFIATI, Arthur. *Ibidem*, p. 3.

(com base na busca da máxima utilidade é que se tem a maior felicidade), que se fundamenta a proteção jurídica da natureza por sua condição intrínseca. Seja pelo argumento *metafísico* de que se deve respeitar a vida em todas as suas formas de aparição, seja pelo argumento *estético*, de que a vida da natureza tem o cerne em si mesma, que todo proveito de proteção à natureza não será meramente reportado à ela, mas precipuamente ao homem[11].

O mecanicismo e o utilitarismo humanista vão ao encontro, portanto, das concepções antropocêntricas da relação homem-natureza. De acordo com Milaré, o antropocentrismo pode ser definido como uma noção genérica que "faz do Homem o centro do Universo, ou seja, a referência máxima e absoluta de valores, de modo que ao redor desse 'centro' gravitem todos os demais seres por força de um determinismo fatal"[12]. Esta vertente surgiu a partir da tradição judaico-cristã e foi reforçada pelo racionalismo moderno que possibilitou o desvendar de vários segredos da natureza.

Entretanto, com a Declaração Universal dos Direitos do Homem, um contexto minimamente ético começou a irradiar as ideologias nacionais e regionais acerca das atrocidades cometidas pelos homens, uns contra os outros, alterando-se, sobremodo, a forma de se repensar como ser vivente.

A antropologia também representou um grande peso na mudança do foco gravitacional do homem em relação à natureza, isto porque restou consagrado que o homem não inventou a sociedade tal como ela se encontra, mas sim, que os fenômenos culturais do *homo sapiens* já haviam sido iniciados desde os primatas, através de descobertas feitas pela paleontologia e por outros estudos históricos[13].

---

11   BIRNBACHER, Dieter. *Sind wir für die Natur Verantwortlich?*, en Íd. (ed.), Ökologie und Ethik, Stuttgart, 1988, esp. pp. 121, 126, 130, 131-133 *apud* VICENTE GIMÉNEZ, Teresa. (coord.). *Justicia ecológica y protección del medio ambiente*. Madrid: Editorial Trotta, 2002, p. 44.

12   MILARÉ, Édis. *Op. cit.*, p. 113.

13   SOFFIATI, Arthur. *Op. cit.*, p. 11.

O fenômeno da crise ambiental recente também foi um grande fator de mudança na representação da natureza. Certamente, mesmo que se tenha ciência de outras crises antrópicas dos antepassados, com a dizimação de espécies naturais, o fenômeno atual é dotado de uma singularidade: o aspecto global da destruição dos ecossistemas e da minimização nas satisfações vitais devido ao esgotamento ou piora dos recursos naturais disponíveis.

A partir desse contexto de crise, demonstradas as limitações da natureza frente às infindáveis necessidades humanas, o paradigma mecanicista cede lugar a posturas mais éticas, de cunho organicistas renovadoras. Como afirma Soffiati, "afinal, o contexto do mundo presente é o de uma crise ambiental planetária e as subjetividades cada vez mais a percebem num mundo ocidentalizado. Talvez ela não tivesse cabimento antes dos anos de 1970, mas agora é de extrema pertinência"[14].

Assim, a visão antropocêntrica pura ou radical já não pode subsistir sem algumas ressalvas. Os ideais do passado, de que o homem conseguiria dominar e submeter a natureza a uma exploração ilimitada, já não podem compactuar com a escassez de recursos e os riscos globais do século XXI. Impõe-se, atualmente, uma versão de antropocentrismo mais moderado, incluindo-se novos valores, tais como: a bioética e a proteção jurídica do meio ambiente. Isto, inclusive, pode ser observado mais modernamente com a edição da Lei 11.105/2005, que trata da regulação à pesquisa dos organismos geneticamente modificados (OGMS)[15].

Graças aos debates emanados por várias vertentes sociais, notadamente por autores ligados aos Movimentos Sociais Ambientalistas[16] e à Ética

---

14 SOFFIATI, Arthur. *Ibidem*, p. 11.

15 Também neste entendimento, LEITE, José Rubens Morato; AYALA, Patrick de Araújo. *Dano Ambiental. Do individual ao coletivo extrapatrimonial*. Teoria e prática. 4. ed. São Paulo: Editora Revista dos Tribunais, 2011, p. 77.

16 A partir da década de 60, eclodiram vários movimentos e organizações sociais, tanto

Ambiental[17], em matéria inter-relacional, foi possível se avançar para longe de um antropocentrismo exagerado, dotado de uma concepção egoística do homem em relação à natureza, presente nas ideologias anteriores, indo ao

---

nos Estados Unidos quando na Europa, em prol de mudanças no tratamento da questão do meio ambiente. Cabe citar, por exemplo, que, na Holanda, surgiram alguns movimentos ecologistas de caráter anarquista, enquanto que, na Alemanha (1979) e na Itália, surgiram os chamados "Partidos Verdes", que, com orientação político partidária, ganharam espaço nos debates políticos do país, propiciando a reflexões normativas sobre a temática ecológica. BALBUENA SOTO, Lorena Beatriz. *Alcance de la protección de los sistemas naturales y las bases naturales de la vida humana. Análisis de la legislación penal española y paraguaya* (Tesis Doctoral). Departamento de Derecho Penal, Procesal Penal e Historia del Derecho. Universidad Carlos III de Madrid. Getafe, jan.2012, p. 41. Disponível em: http://e-archivo.uc3m.es/bitstream/10016/13998/1/lorenabeatriz_balbuena_tesis.pdf. Acesso em: jul.2012.

17 Sobre uma visão ecocêntrica na Filosofia Ética, conforme citado por Milaré (*Op. cit.*, pp. 114-116), importantes são as obras de: KEITH THOMAS. *O Homem e o mundo natural:* mudança de atitudes em relação às plantas e aos animais. São Paulo: Companhia das Letras, 1996; LUC FERRY. *A nova ordem ecológica:* a árvore, o animal e o homem. Rio de Janeiro: Difel, 2009; e PETER SINGER. *Ética Prática.* São Paulo: Martins Fontes, 1994, cap. 10. Outra obra bastante recente e que merece respeitabilidade é a de Juarez Freitas, intitulada *Sustentabilidade* – Direito ao Futuro. Belo Horizonte: Editora Fórum, 2011. Importante a lição relacionada à dimensão ética da sustentabilidade trazida neste trabalho: "(...) todos os seres possuem uma ligação intersubjetiva e natural, donde segue a empática solidariedade como dever-prazer universalizável, acima das limitações conhecidas do formalismo kantiano e na correta compreensão darwiniana da seleção natural. (...) A percepção ética habita em todos, convindo notar que aqueles que alcançarem maior autoconsciência resultam com o dever mais alto de, sem encolher os ombros, resguardar, ao máximo, a integridade de todos os seres, de sorte a não provocar dano injusto, por ação ou omissão. (...) Uma atitude ética supõe, especialmente, tarefa simultânea: alcançar bem-estar íntimo e bem-estar social, com a certeza de que, após determinado patamar de renda, o fim da iniquidade é melhor do que o mero crescimento econômico, a par da certeza de que, mormente, após esse patamar, o crescimento econômico se converte, em regra, uma fonte de ansiedade, depressão e doenças similares." (FREITAS, Juarez. *Ibidem*, pp. 57-58)

encontro do que se denomina "ecocentrismo"[18] ou "biocentrismo". Na verdade, vários foram os autores que criticaram as atitudes arrogantes e déspotas do Homem em relação à natureza[19], na Antiguidade Clássica, por meio de alguns filósofos cínicos, céticos e epicuristas e, também na fase do Renascimento, por meio das ideias iluministas.

Paul Tiedemann é contra a apelação ao antropocentrismo na proteção jurídica do meio ambiente, pois vê com ar apelativo a proteção orientada para "o próprio proveito humano". Para o autor, se pautada numa proposta puramente antropocêntrica, a proteção do meio ambiente não cumpriria a finalidade primordial de promover uma dinâmica de mudança da consciência e de comportamento humano. Para ele, o conceito antropocêntrico vai ao encontro de posições doutrinárias utilitaristas, como as de John Rawls e a promovida pelo imperativo categórico kantiano. Tiedemann compreende que a natureza deve ser observada enquanto seu valor intrínseco, defendendo assim uma "ética empática", consubstanciada no reconhecimento de igualdade com o outro, reconhecendo-se a todos os seres vivos como sujeitos portadores de direitos emancipados e específicos[20].

Entretanto, como bem observa Milaré, a índole da Ciência Jurídica é caracterizada pelo conservadorismo, já que o Direito existe enquanto ordenamento formal para a vida humana, trazendo uma distinção usual entre homens e coisas, tornando-se quase impossível retirar uma tendência natural

---

18   Assim como há vários níveis de antropocentrismo (radical ou moderado), há vertentes mais fortes e mais amenas de ecocentrismo. Balbuena Soto (*Op. cit.*, pp. 44-45) diferencia o ecocentrismo radical do moderado, sendo que o primeiro considera a natureza e todos os seus elementos como objetos de proteção "em si", enquanto que o segundo, apesar de reconhecer o caráter intrínseco dos elementos naturais (água, ar, solo, flora, fauna etc.), remete seu fundamento de proteção à noção de dignidade da pessoa humana.

19   MILARÉ, *Op. cit.*, p. 115.

20   TIEDEMANN, Paul. *Natur als Rechtssubjekt*. Die Grundlagen einer empathischen Ethik, Berlin, 1989 *apud* VICENTE GIMÉNEZ, Teresa (coord.). *Op. cit.*, p. 43.

dos juristas para o antropocentrismo[21]. Em que pese esta vocação do Direito, o autor acredita que, o fato de o meio ambiente ser considerado, na "pós-modernidade", como um direito difuso, e as inquietações científicas, econômicas e políticas relativas aos riscos globais que ameaçam a vida terrestre (principalmente relativas às mudanças climáticas e a escassez de água potável e de recursos minerais), confirmam que o ser humano não pode olvidar a sua posição no mundo[22].

De acordo com Amaral e Leite, há uma tendência atual de se buscar uma cosmovisão muito menos antropocêntrica, "em que a proteção da natureza, pelos valores que representa em si mesma, mereça um substancial incremento. A natureza necessita proteção de per si e por seu próprio fundamento"[23]. Entretanto, ambos afirmam que não seria possível conceituar o meio ambiente fora de uma visão antropocêntrica, pois sua proteção

---

21 MILARÉ, *Ibidem,* p. 119.

22 MILARÉ, *Ibidem,* p. 122.

23 AMARAL, Diogo Freitas. *Direito do ambiente.* Oeiras: INA, 1994, p. 17 *apud* LEITE, José Rubens Morato; AYALA, Patrick de Araújo. *Op. cit.,* p. 77. Aliás, desde a Declaração de Estocolmo em 1972, restou, de certo modo clara a posição antropocêntrica que pauta a necessidade de proteção do meio ambiente, veja-se no seu princípio 1: "O homem é ao mesmo tempo obra e construtor do meio ambiente que o cerca, o qual lhe dá sustento material e lhe oferece oportunidade para desenvolver-se intelectual, moral, social e espiritualmente. Em larga e tortuosa evolução da raça humana neste planeta chegou-se a uma etapa em que, graças à rápida aceleração da ciência e da tecnologia, o homem adquiriu o poder de transformar, de inúmeras maneiras e em uma escala sem precedentes, tudo que o cerca. Os dois aspectos do meio ambiente humano, o natural e o artificial, são essenciais para o bem-estar do homem e para o gozo dos direitos humanos fundamentais, inclusive o direito à vida mesma." (ORGANIZAÇÃO DAS NAÇÕES UNIDAS (ONU). *Declaração de Estocolmo das Nações Unidas sobre Meio Ambiente Humano,* 1972. In: Biblioteca Virtual de Direitos Humanos da Universidade de São Paulo (USP), disponível na Internet em: http://www.direitoshumanos.usp.br/index.php/Meio-Ambiente/declaracao-de-estocolmo-sobre-o-ambiente-humano.html . Acesso em: 20.mai.2012).

jurídica depende da atuação humana, inclusive, citam como referência, o Princípio 1 da ECO/92, que menciona que "os seres humanos estão no centro das preocupações com o desenvolvimento sustentável"[24].

De todo o exposto observa-se que a contemporaneidade, de certa forma, trouxe consigo uma nova forma de se olhar para as dinâmicas e complexas interações humanas com o seu ecossistema, permitindo, sem dúvidas, um novo foco de atuação das normas jurídicas, superando-se a visão tradicional, meramente egoística do homem, para propor uma mais preocupada com o equilíbrio nas interações dos seres entre si, do equilíbrio vital do ser humano com os demais elementos ao seu redor.

1.1.1 Mudança de paradigma social e o meio ambiente: sociedade de riscos globais

Independentemente da terminologia empregada na definição da sociedade atual, mas levando-se em consideração a contextualização histórica, é possível atestar que o século XX foi marcado por profundas e rápidas mudanças nos planos político-econômico mundiais. Só no final do referido século é que se começou, a partir do desmantelamento do comunismo mundial, o redimensionamento internacional das trocas econômicas. Já a partir do século XXI, constatou-se uma fragilização das economias nacionais, graças às interferências internacionais, o que comumente se chamou de "globalização" ou internacionalização das economias[25]. Ao final da década de 90, notou-se uma inter-relação, interdependência e domínio de algumas economias sobre outras, momento marcado por trocas comerciais sem barreiras protecionistas, dando relevo à supremacia das grandes economias.

---

24   Cf. LEITE, José Rubens Morato; AYALA, Patrick de Araújo. *Ibidem*, pp. 75-76.

25   COELHO, Edihermes Marques. *Direitos Humanos* – Globalização de Mercados e o Garantismo como referência jurídica necessária. São Paulo: Editora Juarez de Oliveira, 2003, pp. 33-36.

Esse processo de desenvolvimento econômico capitalista remonta de séculos anteriores, e, além disso, a globalização não afetou simplesmente a economia, mas também os valores culturais, políticos e jurídicos, a distribuição de renda etc. Daí a importância de se analisar adequadamente sua amplitude e complexidade.

De acordo com Ulrich Beck, do contexto social atual se infere que as pautas coletivas de vida, do progresso, da controlabilidade, do pleno emprego e da exploração da natureza, típicas da "primeira modernidade" - marcada pela linearidade, simplicidade e busca da mantença da segurança dos Estados Nacionais (tal como visto nas análises sociológicas clássicas de Durkheim[26] e Weber[27], acerca da sociedade industrial do século XIX) -, foram corroídas por cinco processos correlacionados: a globalização, a individualização, a revolução dos gêneros, os subempregos e os riscos globais (como a "crise ecológica"[28] e o colapso dos mercados financeiros globais)[29].

A "segunda modernidade" ou "modernidade reflexiva"[30] nos dizeres do

---

26 DURKHEIM, Émile. *As Regras do Método Sociológico*. São Paulo: Martins Fontes, 2007.

27 WEBER, Max. *Sociologia*. 4. ed. São Paulo: Ática, 1989.

28 Termo utilizado expressamente pelo Relatório de Bruntland sobre meio ambiente, em 1987, para remontar à situação de escassez dos recursos naturais e à piora da qualidade de vida geradas pelo crescimento econômico não compatibilizado com um desenvolvimento sustentável.

29 Cf. BECK, Ulrich. *La sociedade del riesgo global*. Madrid: Siglo XXI Editores, 2002, p. 2.

30 O termo "modernidade reflexiva" representa, para Beck, uma fase de "auto-destruição" da "primeira modernidade" ou "modernidade simples" (ortodoxa), em que os ideais emanados pela revolução científico-industrial do passado estão sendo sentidos em todos os seus aspectos, inclusive os não-esperados ou não imaginados. Desta forma, o termo "reflexiva" não quer dizer, necessariamente, que os eventos agora experimentados sejam frutos de uma "reflexão", pelo contrário, depreende-se de Beck que tais acontecimentos são, acima de tudo, frutos de uma auto-contrastação diante dos pilares institucionais estatuídos outrora e que, na sociedade de riscos, não gozam

autor, seria aquela marcada pelas consequências imprevistas da vitória dos cinco processos anteriormente citados, ou seja, é a mudança dos marcos de referência dos fundamentos da *primeira modernidade* em níveis ou dimensões não esperadas ou previstas e de forma simultânea[31].

Para Beck, "na modernidade tardia, a produção social de riqueza é acompanhada sistematicamente pela produção social de riscos"[32]. Essa passagem

---

mais de certeza e segurança. Assim, cabe ilustrar a confiança que os ideiais progressistas dos séculos passados detinham em relação à superioridade do homem em relação à natureza. Na sociedade reflexiva, ou de riscos globais, percebe-se, ao contrário, um contexto de crise ecológica que pode ser vivenciado por todas as classes sociais, inexistindo, inclusive, barreiras geopolíticas na contenção dos possíveis danos decorrentes da incessante exploração econômica irracional. Nas palavras de Beck: "este tipo de autoconfrontación de las consecuencias de la modernización con la base de la modernización debería distinguirse con claridad del aumento de conocimiento y de la penetración en todas las esferas de la vida de la ciência y la especialización en el sentido de la autorreflexión de la modernización. Si podemos denominar *reflexividad* a la transición autónoma, no intencional y no percibida, cuasi *refleja*, desde la sociedad industrial a la sociedad del riesgo —en distinción y oposición a la *reflexión*—, entonces 'modernización reflexiva' significa autoconfrontación con las consecuencias de la sociedad del riesgo que no pueden abordarse y resolverse (adecuadamente) en el sistema de la sociedad industrial (BECK, 1992), es decir, según los parámetros de los propios estándares institucionalizados de la sociedad industrial. Em una segunda fase esta constelación puede, a su vez, convertirse en objeto de reflexión (pública, política y académica), pero esto no debe encubrir el "mecanismo" de la transición, carente de reflexión, cuasi reflejo. Esto se produce y deviene real precisamente a través de la abstracción de la sociedad del riesgo"(BECK, Ulrich. *Ibidem*, p. 115).

31 BECK, Ulrich. *Ibidem*, p. 2.

32 BECK, Ulrich. *Sociedade de risco*. Rio de Janeiro: Editora 34, 2010, p. 23. Os debates sobre o termo "sociedade de risco", surgiram, pela primeira vez, suscitados por Ulrich Beck, em 1986, justamente à época do desastre ecológico de Chernobyl. Entretanto, o autor diferencia os "riscos" dos "perigos", sendo os primeiros relacionados à ação do homem sobre à natureza, típicos da segunda modernidade, enquanto que os "perigos" seriam aqueles derivados das causas intrinsecamente naturais, existentes desde as primeiras civilizações. BECK, Ulrich. *Teoría de la sociedad del riesgo en las consecuencias*

da lógica da distribuição de riqueza na *sociedade da escassez* para a lógica da distribuição de riscos na *modernidade tardia* está ligada historicamente há (pelo menos) duas condições. De acordo com as lições do sociólogo, tal passagem de paradigma se deve, primeiramente, ao nível alcançado pelas forças produtivas humanas e tecnológicas, bem como pelas garantias e regras jurídicas do Estado Social, que foram objetivamente reduzidas e socialmente isoladas em uma autêntica carência material. E, segundo, esse câmbio categorial, deve-se simultaneamente ao fato de que a "reboque das forças produtivas exponencialmente crescentes no processo de modernização, são desencadeados riscos e potenciais de auto-ameça numa medida até então desconhecida"[33].

Desses fatores, pode-se inferir que não se trata mais, exclusivamente, de uma utilização econômica da natureza para libertar as pessoas de sujeições tradicionais, mas também, e sobretudo, para livrá-las de problemas decorrentes do próprio desenvolvimento técnico-econômico. A promessa de segurança avança com os riscos e precisa ser, diante da esfera pública, alerta e crítica, continuamente reforçada por meio de intervenções cosméticas ou efetivas no desenvolvimento técnico-econômico[34]. Em tais circunstâncias, na sociedade de escassez, o processo de modernização encontra-se e consuma-se sob a pretensão de "abrir com as chaves do desenvolvimento científico-tecnológico, os portões que levam às recônditas fontes de riqueza social"[35].

Sabe-se que, conforme bem assinala Beck, os riscos não são uma invenção moderna. Na época das Grandes Navegações, Cristóvão Colombo e outros desbravadores, por exemplo, também já haviam assumido riscos ao sair

---

perversas *de la modernidad, contingencia y riesgo*. Barcelona: Editorial Anthropos, 1996, p. 22.

33 BECK, Ulrich. *Idem*, p. 24.

34 BECK, Ulrich. *Ibidem*, p. 25.

35 BECK, Ulrich. *Ibidem*, p. 26.

em busca de novos continentes. "O que antes eram riscos pessoais, hoje são ameaças globais"[36]. Riscos, assim como riquezas, são objetos de distribuição, constituindo igualmente posições – posições de ameaça ou posições de classe. Trata-se, entretanto, tanto num como noutro caso, de um bem completamente distinto e de uma outra controvérsia em torno de sua distribuição. No caso das riquezas sociais, trata-se de bens de consumo, renda, oportunidades educacionais, propriedade, etc., como bens escassos cobiçados. Em contraste, as ameaças são um subproduto modernizacional de uma abundância a ser evitada. Cabe ou erradicá-la, ou então negá-la, reinterpretando-a. A lógica positiva da apropriação é assim confrontada por uma lógica negativa do afastamento pela distribuição, rejeição, negação e reinterpretação.

Os riscos da modernidade emergem, ao mesmo tempo, vinculados espacialmente e desvinculadamente com um alcance universal e dependendo de quão incalculáveis e imprevisíveis são os intricados caminhos de seus efeitos nocivos[37].

Cabe enfatizar que tais riscos não se consomem, não obstante, em efeitos e danos já sucedidos. Há neles um componente futuro que se baseia, em parte, na extensão futura dos danos presentemente previsíveis e, em outra

---

36 BECK, Ulrich. *Ibidem*, p. 26.

37 BECK, Ulrich. *Op. cit.*, p. 27. Em sentido análogo, Cuesta Aguado afirma que os riscos derivados do desenvolvimento industrial têm se instalado em nossas sociedades como elementos essenciais do seu desenvolvimento. São riscos inquantificáveis, incontroláveis, indetermináveis e inatribuíveis, que têm quebrado as fronteiras políticas e sociais. São gerados pela própria decisão humana ao se realizar atividades perigosas para a vida, a saúde ou o meio ambiente, mas que, em nome do alcance e mantença do nível de vida qualificado como "desejável", são aceitos como inevitáveis, por parte da sociedade (CUESTA AGUADO, Paz Mercedes de la. La protección penal del medio ambiente en Argentina: un objetivo aplazado. *Ciencias Penales Contemporáneas: Revista de Derecho Penal, Procesal Penal y Criminología*, Mendoza, v. 1, n. 1, p.101-143, 2001, pp. 101-102).

parte, numa ausência geral de confiança, ou num hipotético "amplificador do risco"[38]. Assim, os riscos guardam relação com antecipação de eventos e destruições que ainda não ocorreram, porém, que são iminentes, e que, especialmente nesse sentido, já são verdadeiros na atualidade. Neste sentido, os riscos indicam um futuro que precisa ser evitado.

É justamente com o avanço da sociedade de risco que se desenvolvem, como decorrência, as oposições entre aqueles que são afetados pelos riscos e aqueles que lucram com eles. A sociedade do risco é, nesse sentido, também a sociedade da ciência, da mídia e da informação. Nela, escancaram-se, assim, novas oposições entre aqueles que produzem definições de risco e aqueles que as consomem[39].

Nas situações de classe, é o "ser" que determina a "consciência", enquanto nas situações de risco é o inverso, a "consciência" (conhecimento) determina o "ser"[40]. Na sociedade de risco, outras capacidades suplementares tornam-se cruciais para a sobrevivência. Nela, adquire peso decisivo a capacidade de se antecipar perigos, de suportá-los, de lidar com eles em termos biográficos e políticos[41].

No que tange ao meio ambiente, na sociedade de risco, desponta o fim da contraposição entre natureza e sociedade. Isto é, a natureza não pode mais ser concebida sem a sociedade e a sociedade não mais sem a natureza. O imprevisto efeito colateral da socialização da natureza é a socialização das destruições e ameaças incidentes sobre a natureza; sua transformação em contradições e conflitos econômicos, sociais e políticos. Danos às condições naturais da vida convertem-se em ameaças globais para as pessoas, em termos medicinais, sociais e econômicos – com desafios inteiramente novos

---

38 BECK, Ulrich. *Op. cit.*, p. 27.

39 BECK, Ulrich. *Op. cit.*, p. 27.

40 BECK, Ulrich. *Ibidem*, p. 27.

41 BECK, Ulrich. *Ibidem*, p. 27.

para as instituições sociais e políticas da altamente industrializada sociedade global.

Deste modo, grande parte dos riscos ecológicos recentemente constatados, a citar: o contágio nuclear e químico, a presença de poluentes em alimentos, as pestes civilizacionais etc., escapam totalmente à percepção direta de que o homem possui. Assim, focaliza-se cada vez mais em riscos que nem sempre são diagnosticáveis ou perceptíveis às eventuais vítimas[42].

Conforme sintetiza Carvalho, a diferença crucial da a sociedade industrial (de modernidade clássica) com a atual sociedade de risco (fruto da modernidade reflexiva) é que, nesta, há uma distribuição de "riscos abstratos ou invisíveis produzidos tecnocientificamente", enquanto, a anterior "gerava riscos concretos (passíveis de demonstrações causais) na busca de distribuição de riqueza (entre as classes sociais em combate à pobreza e escassez de recursos)"[43]. É precisamente essa transformação de ameaças civilizacionais à natureza em ameaças sociais, econômicas e políticas sistêmicas que representa o real desafio do presente e do futuro, o que justifica o conceito de sociedade de risco. No final do Século XX, vale dizer, a concepção era: "a natureza é sociedade, sociedade também é natureza"[44].

Conforme assinalado por Luhmann[45], a ideia de riscos está intrinsecamente ligada à noção de contingência dos sistemas sociais, própria da então sociedade moderna. Para o autor, a sociedade mundial, concebida como um sistema social, é formada por "paradoxos sistemas parciais diferenciados funcionalmente", e, não obstante a esta característica, apóiam-se na comunicação como o fator decisivo de auto-reprodução sistêmica. É graças a esta

---

42 BECK, Ulrich. *Ibidem*, p. 27.

43 CARVALHO, Délton Winter de. *Dano ambiental futuro*. A responsabilização civil pelo risco ambiental. Rio de Janeiro: Editora Forense Universitária, 2008, p. 15.

44 BECK, Ulrich. *Ibidem*, p. 27.

45 LUHMANN, Niklas. *Observaciones de la modernidad*: racionalidad y contingencia en la sociedad moderna. Barcelona: Paidós, 1997.

universalização comunicativa que se diferencia o sistema social do não-sistema (ambiente), assim como seu fechamento determina e é determinado pelo próprio grau de abertura sistêmica[46]. Além disso, o autor afirma que "as comunicações ocorridas no sistema social, à medida que adquirem um alto grau de perfeição e complexidade, autonomizam-se, formando sistemas sociais funcionalmente diferenciados dotados de uma lógica e racionalidade específica"[47].

Sobre a autonomização dos sistemas sociais, Luhmann adverte que este indicativo aumenta a capacidade própria do sistema social de produzir respostas às provocações advindas de seu ambiente, contudo, desencadeia-se de forma totalmente oposta, o incremento da "complexidade estruturada" (intrínseca ao sistema), face à "policontextualidade" que individualiza a sociedade contemporânea[48].

Para Luhmann, uma sociedade é "globalizada" quando a autonomização de suas dimensões comunicativas alcança um nível global. Assim, para que se possa afirmar que a sociedade contemporânea encontra-se em nível globalizado, cujas dimensões comunicacionais são mundializadas, deve-se constatar o momento histórico em que a comunicação tornou-se, de fato, universal[49].

Diante do alto grau de complexidade das sociedades modernas, fruto de sua diferenciação funcional, incrementam-se também as inúmeras opções que cada indivíduo possui de agir, o que, consequentemente, aumenta o grau de contingência por parte dos atores sociais[50].

---

46 LUHMANN, Niklas. *Sistemas sociales*: lineamentos para uma teoria general. Ciudad de México: Universidad Iberoamericana, 1991, p. 409.

47 LUHMANN, Niklas. *Op. cit.*, p. 409 e ss.

48 LUHMANN, Niklas. *Op. cit.*, p. 409 e ss.

49 LUHMANN, Niklas. *Ibidem*, p. 409 e ss.

50 LUHMANN, Niklas. *Ibidem*, p. 409 e ss.

No que tange à contingência e sua relação com os riscos, Luhmann afirma que os sistemas sociais devem, funcionalmente, reduzir a complexidade e controlar a situação de contingência, ou seja, as distintas percepções diante do que está compreendido dentro do sistema e o que faz parte do ambiente (não-sistema). Similarmente a este entendimento, o autor diferencia os "riscos" de "perigos", afirmando que "riscos" são os fatores de possibilidade de ocorrência de danos a partir da própria decisão do agente, enquanto que "perigos" são possíveis danos advindos de causas externas, que fogem ao seu controle (ao controle do agente)[51]. Assim, Luhmann adverte que o chamado "discurso do risco" é uma forma de comunicação num âmbito de fatores ou eventos de contingência, em poucas palavras, os riscos representam uma moderna expressão da consciência da contingência[52].

Feitos tais apontamentos críticos sobre a denominada "sociedade de risco", questiona-se: é possível afirmar, com base nos apontamentos de Beck ou de Luhmann, que a fase na qual ela se insere é, verdadeiramente, uma "nova era", assim dita, "pós-moderna"? A este questionamento, aparentemente terminológico, muitas divergências entre os sociólogos parecem existir acerca do não-consenso da utilização do termo "pós-modernidade".

Antes de qualquer coisa, é preciso esclarecer que o termo "modernidade" surgiu no período clássico da Filosofia Jurídica, a partir das considerações de Hegel, quando ele se referia à sociedade pós-revoluções burguesas como "Nova Era" (*neue Zeit*)[53]. Segundo a concepção de Beck, a utilização do termo "pós-modernidade" para enfatizar o paradigma da atual sociedade não procede, haja vista que, na concepção do autor, "não se trata de 'pós-modernidade', senão de uma segunda modernidade, e a tarefa a qual

---

51 LUHMANN, Niklas. *Ibidem*, p. 409.

52 LUHMANN, Niklas. *Ibidem*, p. 409.

53 Cf. HABERMAS, Jürgen. *El discurso filosófico de la modernidad. Doce leciones*. Trad. castellana de Manuel Jiménez Redondo. Madrid: Taurus Ediciones, 1993, p. 15.

tem que se enfrentar é a de reformar a sociologia para que possa proporcionar um novo marco para a reinvenção da sociedade e da política"[54].

Habermas também não acredita que, de fato, as sociedades das décadas de 50 e 60 do último século, tenham assumido a verdadeira e autônoma versão de pós-moderna. Para o autor "não se pode rechaçar a suspeita de que o pensamento pós-moderno se limite a auto-atribuir-se uma posição transcendente quando, na realidade, permanece prisioneiro das premissas da auto-compreensão moderna feitas valer por Hegel"[55].

Traçando-se um pontual questionamento à concepção de Habermas, Giddens parece não concordar com os argumentos daquele, acerca dos dois sensos de modernidade. Para Giddens, quando Habermas intenta afirmar que os princípios norteadores da edificação da sociedade atual são os mesmos cravados no início da Era da Modernidade, trazidos com o Iluminismo, e, portanto, não haveria razões para se tomar como autônomo ou pós-moderno o paradigma social presente, Giddens reflete ser necessária a consideração da ideia de pós-modernidade. Isso porque, para ele, toda nova era traz consigo "as sementes de sua própria dissolução". Daí, pode-se inferir que a pós-modernidade seria não uma nova modernidade, mas a descaracterização dos ideais modernos com base em sua própria estrutura básica de consolidação. Ou seja, a modernidade tornou-se, em razão de sua condição intrínseca, insustentável[56].

Para Édis Milaré, contudo, "nem todas as linguagens científicas adotam um critério único para separar e identificar as épocas ou fases em que se concretiza a História"[57]. Segundo o autor, a Época Moderna pode ser

---

54   BECK, Ulrich. *Op. cit.*, p. 3. (trad. livre da autora)

55   HABERMAS, Jürgen. *Ibidem*, p. 15. (trad. livre da autora)

56   Cf. GIDDENS, Anthony. *Modernism and post-modernism*. In: *New German Critique*, n. 22, Special Issue on Modernism (Winter, 1981), pp. 15-18. Disponível na Internet em: http://uk.jtstore.org. Acesso em: 03.mai.2012.

57   MILARÉ, Édis. *Op. cit.*, p. 121.

delimitada entre o período que se inicia com o Renascimento (final do século XV e início do século XVI) até a primeira metade do século XX, sendo que, a partir daí, começa a chamada *pós-modernidade*, quando, na visão de Milaré, "já se considera virada a página da sociedade industrial e se pensa num futuro próximo para a sociedade humana como um todo"[58]. Assim, o período da pós-modernidade seria considerado um momento de desprendimento dos dogmas do passado, com as transformações céleres da cibernética, das tecnologias e da unificação cada vez maior de todos os integrantes da vida planetária[59].

Por outro âmbito, Zygmunt Bauman acredita que a sociedade atual pode sim ser intitulada de pós-moderna, dadas as pontuais diferenças dos arranjos sociais presentes em cada uma delas. Para o autor, "a modernidade viveu num estado de permanente guerra à tradição, legitimada pelo anseio de coletivizar o destino humano num plano mais alto e novo, que substituísse a velha ordem remanescente, já esfalfada, por uma nova e melhor"[60]. Enquanto que, de forma diversa, para a pós-modernidade, a noção que o autor possui é a de que, neste paradigma, há um "estado de pressão permanente para se despojar de toda interferência coletiva no destino individual, para desregulamentar e privatizar"[61].

Bauman faz uma interessante comparação, que simplifica a realidade social moderna e pós-moderna: na primeira, os indivíduos revolucionários seriam a "impureza" do sistema, buscando eliminar quaisquer resquícios da dominação da classe detentora de poder (clero, nobreza); já para a segunda, os "impuros" seriam aqueles que se manifestam com tendências de indiferença, descompromisso, ou com livre competição, ora representados pelos

---

58 MILARÉ, Édis. *Ibidem*, p. 121.

59 MILARÉ, Édis. *Ibidem*, p. 121.

60 BAUMAN, Zygmunt. *O mal estar da pós modernidade*. Trad. Mauro Gama e Cláudia Martinelli Gama. Rio de Janeiro: Ed. Jorge Zahar, 1998, p. 26.

61 BAUMAN, Zygmunt. *Ibidem*, p. 26.

que desrespeitam a lei (no Brasil, seriam os contraventores habituais), ou os pertencentes a grupos de punição sumária e os terroristas[62].

Compartilha-se, porém, das ideias sustentadas por Carvalho, para quem "conforme demonstrado historicamente, os períodos de transição entre paradigmas são dotados de um significativo acréscimo de complexidade e diversidade, como encontramos hoje"[63]. Ou seja, de todo o exposto, não é possível afirmar que a sociedade tenha alcançado uma autonomia paradigmática em relação ao processo evolutivo iniciado com a revolução industrial. Pelo contrário, denota-se um declínio ou esgotamento da égide denominada "modernidade", permeada por crises econômicas, sociais e jurídicas, já que os vetores iniciados outrora, agora são sentidos em proporções não imaginadas. Nesta fase de transição, ou de modernidade reflexiva, é preciso fazer com que, de fato, os fatores de crise promovam uma reflexão sobre as estruturas anteriormente não destacáveis, como, por exemplo, a temática da exploração dos recursos naturais e a preservação do meio ambiente, como forma de se buscar, enfim, uma nova fase de evolução social.

1.2 Globalização e o Papel dos Estados Nacionais na Defesa do Direito Fundamental ao Meio Ambiente

Diante da investigação sociológica aqui apresentada, acerca do atual paradigma de sociedade do século XXI, confirmou-se que as transformações sociais, econômicas, políticas e jurídicas apresentam-se, atualmente, num contexto globalizado, de forma que não só os benefícios são globais, mas, forçosamente, também os riscos, inclusive aqueles contra o meio ambiente. Desta forma, cabe então, dando prosseguimento ao presente estudo, analisar o papel dos Estados diante deste novo cenário mundial globalizado.

---

62 BAUMAN, Zygmunt. *Ibidem,* p. 26.

63 CARVALHO, Délton Winter de. *Op. cit.,* p. 11.

46

Sugere Klaus Günther[64] que a "globalização" afetou sobejamente o Direito, precipuamente porque a pluralidade gerada neste contexto gerou, de certo modo, um abalo em sua clássica visão de unidade, de lógica e de hierarquização da ordem, e, assim, uma nova postura do Estado passa a ser reinvidicada. De modo que, com a globalização, há uma crise do Estado como instituição política e do Estado de Direito como referência jurídico-política.

No contexto global, ocorre a fragmentação do poder político, com o aparecimento dos inúmeros atores (ONG's e Organismos Transnacionais), de modo a competir com o poder centralizador do Estado, até então assim configurado. O então Estado-Interventor passa a ser meramente gestor. Leva-se a admitir que há de se reconstruir a ideia de Estados que possam controlar os instrumentos da violência, tanto interna quanto externamente. Assim, acredita-se que os Estados possam estar voltados para a solução dos problemas econômicos, sociais e políticos do cotidiano, garantindo-se a qualidade da existência e a coexistência humana, possibilitando constantemente a construção da cidadania.

Assim, desponta-se um dos maiores desafios do Estado diante da sociedade de riscos globais: ao mesmo tempo em que é levado a enfraquecer seu poder centralizador, é chamado, simultaneamente, para o controle dos riscos incrementados pelos processos industriais e tecnológicos. Nas lições de Carvalho: "esse enfraquecimento estatal é acompanhado pelo aumento das demandas prestacionais provenientes do fenômeno da proliferação dos direitos"[65].

Diante da globalização, Coelho[66] sugere ao Estado dois papéis principais:

---

64 GÜNTHER, Klaus. Legal pluralism or uniform concept of law? Globalisation as a problem of legal theory. *No Foundations,* n. 5 (abr-2008), pp. 5-6. Disponível em: http://www.helsinki.fi/nofo/NoFo5Gunther.pdf. Acesso em: jun.2012.

65 CARVALHO, Délton Winter. *Op. cit.,* p. 17.

66 COELHO, Edihermes Marques. *Op. cit.,* p. 63.

o de organizador da economia e o de garantidor da cidadania. No primeiro aspecto, caberia ao Estado estimular as atividades privadas, fiscalizando a economia, de acordo com as necessidades coletivas, e possibilitando um desenvolvimento econômico-financeiro. No segundo, restaria para o Estado a tarefa de suplantar juridicamente e fomentar as políticas públicas de efetivação dos direitos fundamentais essenciais à condição humana de existência no mundo. Segundo o referido autor, a ideia tradicional de Estado-Nação pode até estar chegando ao fim com o fenômeno da globalização, porém, os Estados não podem perder de vista os objetivos em torno das garantias jurídicas dos direitos humanos, através do Estado-Direito[67].

Importante ressaltar que o tão comentado século XX trouxe à sociedade global, em termos de preocupações jurídicas, a necessidade de positivação e implementação de uma nova série de direitos, não meramente em termos ordinários, mas em caráter de direitos fundamentais, ou seja, com normatividade constitucional e irradiadora dos ordenamentos jurídicos em geral[68].

Os referidos direitos fundamentais, notadamente em relação às populações humanas de usufruir as garantias efetivadas em relação aos respectivos direitos, só foram consolidados nos ordenamentos jurídicos nacionais, e ou comunitários, em decorrência das grandes transformações propiciadas pela evolução do capitalismo, mormente em sua fase industrial e financeira.

Nas precisas lições de J. J. Gomes Canotilho, extrai-se que, modernamente, a Constituição representa a ordem jurídica ou a "lei" fundamental de um Estado, e, como tal, várias são as funções que ela exerce, dentre as quais podem ser listadas: a função consensual fundamental; a função legitimadora da ordem jurídico-constitucional; a função de organização do poder político e a função garantística e protetora[69]. Diante destas funções tão

---

67 COELHO, Edihermes Marques. *Ibidem.*, p. 64.

68 COELHO, Edihermes Marques. *Ibidem*, p. 64.

69 CANOTILHO, J. J. Gomes. *Direito constitucional e teoria da constituição*. 3. ed. Coimbra: Almedina, 1999, pp. 1420-1423.

importantes, a Carta Magna orienta todos os padrões político-jurídicos da comunidade política no que diz respeito a valores, princípios, regras e diretrizes, bem como, resguarda as garantias dos direitos e liberdades nela positivados, inarredáveis dos indivíduos e anteriores à própria noção de Estado. Diante disso, resta inegável o caráter vinculativo e de supremacia constitucional[70].

Dentre essa nova geração de direitos fundamentais, encontra-se o direito ao meio ambiente ecologicamente equilibrado, que justamente assim situa-se positivado na maioria das Cartas Constitucionais contemporâneas, como corolário decorrente do princípio da dignidade da pessoa humana.

Conforme já enfatizado, um meio ambiente sadio constitui, sem dúvidas, um dos valores mais fundamentais para a vida em comunidade e é também uma condição indispensável ao livre desenvolvimento da personalidade do indivíduo na comunidade[71]. Na visão de Ingo Wolfgang Sarlet, o reconhecimento de um direito fundamental a um ambiente ecologicamente equilibrado, tal como tem sido designado com frequência, ajusta-se, consoante já enfatizado, aos novos enfrentamentos históricos de natureza existencial postos pela "crise ecológica", complementando os já amplamente consagrados, ainda que com variações importantes, direitos civis, políticos e socioculturais, aumentando significativamente os níveis de complexidade[72].

---

70 CANOTILHO, J. J. Gomes. *Ibidem,* pp. 1420-1422. Neste sentido, também: BUGALHO, Nelson R. Sociedade de risco e intervenção do direito penal na proteção do ambiente. In: *Ciências Penais:* Revista da Associação Brasileira de Professores de Ciências Penais, São Paulo, v. 4, n. 6, p. 294, jan./jun. 2007.

71 Neste sentido: DIAS, Jorge de Figueiredo. Sobre a tutela jurídico-penal do ambiente: um ponto de vista português. In: DIAS, Jorge de Figueiredo *et alii* (coord.). *A tutela jurídica do meio ambiente:* presente e futuro. (Studia Iuridica; v. 81. Colloquia; 13) Coimbra: Coimbra Editora, 2005, p. 180.

72 SARLET, Ingo Wolfgang; FENSTERSEIFER, Tiago. *Direito Constitucional Ambiental.* Constituição, Direitos Fundamentais e Proteção do Ambiente. 2. ed. São Paulo: Editora Revista dos Tribunais, 2012, p. 36.

Conforme Sarlet, "o reconhecimento de um direito fundamental ao meio ambiente (ou à proteção ambiental) constitui aspecto central da agenda político-jurídica contemporânea"[73].

Para Perez Luño, a incidência direta do ambiente na existência humana (sua transcendência para seu desenvolvimento ou mesmo possibilidade) é que justifica a sua inclusão no estatuto dos direitos fundamentais, considerando o ambiente com todo o conjunto de condições externas que conformam o contexto da vida humana[74]. No plano internacional, graças aos vários Tratados e Acordos Internacionais[75], que conscientizaram os povos da já citada crise ecológica e da necessidade de juridicização da proteção ao meio ambiente, em vários países, contemporaneamente, este valor foi consagrado como direito fundamental por suas Leis Maiores, tais quais: a Lei Fundamental Alemã (1949, com a reforma de 1994[76]); a Constituição

---

73 SARLET, Ingo Wolfgang; FENSTERSEIFER, Tiago. *Ibidem*, p. 36.

74 PEREZ LUÑO, Antonio Enrique. *Derechos Humanos, Estado de Derecho y Constitución*. 5. ed. Madrid: Editorial Tecnos, 1995, p. 463.

75 Foi graças a um intenso debate acerca da proteção ecológica no âmbito dos Tratados e Acordos Internacionais, que a sensibilização constitucional em torno do meio ambiente foi alcançada. Apenas de forma exemplificativa, cabe aqui listar importantes atos no âmbito do Direito Internacional sobre a proteção ao meio ambiente, quais sejam: a Declaração de Estocolmo das Nações Unidas de 1972; o Protocolo de San Salvador, que foi adicionado à Convenção Americana sobre Direitos Humanos em matéria de Direitos Econômicos, Sociais e Culturais de 1988; a Declaração do Rio de Janeiro sobre Meio Ambiente e Desenvolvimento de 1992(ECO-92); a Convenção sobre Diversidade Biológica de 1992; o Protocolo de Kyoto de 1997; o Protocolo de Cartagena sobre Biossegurança em 2000; a Convenção de Aarhus de 2001 e, mais recentemente, a Conferência "*Rio +20*", celebrada no Brasil em 2012, para confirmar as propostas firmadas neste país em 1992.

76 *In verbis,* o artigo 20a da *Grundgesetz* (GG) Alemã: "Proteção dos recursos naturais vitais e dos animais. Tendo em conta também a sua responsabilidade frente às gerações futuras, o Estado protege os recursos naturais vitais e os animais, dentro do âmbito da ordem constitucional, através da legislação e de acordo com a lei e o direito, por meio dos poderes executivo e judiciário. Disponível em:

50

Portuguesa de 1976[77]; a Constituição Espanhola de 1978[78]; a Francesa de 1958 (com a incorporação da Carta do Meio Ambiente de 2004); etc.; na América do Sul, as Constituições da Argentina, de 1994[79], do Peru, de 1979,

---

http://www.brasil.diplo.de/contentblob/3160404/Daten/1330556/Gundgesetz_pt.pdf. Acesso em: 03.10.2012.

77 Consta da Constituição da República Portuguesa de 1976, em seu artigo 66.o, que "todos têm direito a um ambiente humano, são e ecologicamente equilibrado", o que, para Figueiredo Dias (*Op. cit.*, p. 181), representa o "motor da evolução, legislativa e doutrinal" acerca da proteção do meio ambiente.

78 Extrai-se do texto literal da Lei Maior Espanhola, em seu art. 45, importantes preceitos constitucionais para enfatizar a fundamentalidade da proteção do meio ambiente: "*Artículo 45 - 1. Todos tienen el derecho a disfrutar de un medio ambiente adecuado para el desarrollo de la persona, así como el deber de conservarlo. 2. Los poderes públicos velarán por la utilización racional de todos los recursos naturales, con el fin de proteger y mejorar la calidad de la vida y defender y restaurar el medio ambiente, apoyándose en la indispensable solidaridad colectiva. 3. Para quienes violen lo dispuesto en el apartado anterior, en los términos que la ley fije se establecerán sanciones penales o, en su caso, administrativas, así como la obligación de reparar el daño causado.*" Cf. RODRÍGUEZ RAMOS, Luis. Alternativas de la protección penal del medio ambiente. In: *Cuadernos de Política Criminal*, Madrid, n. 19, pp. 138-139, 1983. Assim como na Constituição da República Federativa do Brasil de 1988, a Constituição Espanhola fez remissão expressa à possibilidade de sancionamento penal pelos atos lesivos ao meio ambiente.

79 O artigo 41 da *Constitución Nacional Argentina* também lançou mão de avançada proteção ao "meio ambiente": "*Art. 41.- Todos los habitantes gozan del derecho a un ambiente sano, equilibrado, apto para el desarrollo humano y para que las actividades productivas satisfagan las necesidades presentes sin comprometer las de las generaciones futuras; y tienen el deber de preservarlo. El daño ambiental generará prioritariamente la obligación de recomponer, según lo establezca la ley. Las autoridades proveerán a la protección de este derecho, a la utilización racional de los recursos naturales, a la preservación del patrimonio natural y cultural y de la diversidad biológica, y a la información y educación ambientales. Corresponde a la Nación dictar las normas que contengan los presupuestos mínimos de protección, y a las provincias, las necesarias para complementarlas, sin que aquéllas alteren las jurisdicciones locales. Se prohíbe el ingreso al territorio nacional de residuos actual o potencialmente peligrosos, y de los radiactivos.*" Sobre este assunto: CUESTA AGUADO, Paz Mercedes de la. *Op. cit.*, pp. 108-

e, mais recentemente, as Constituições Equatoriana (2008) e Boliviana (2009)[80]. Na Carta Magna Italiana alterada em 2001, incluiu-se nova redação ao art. 117 do texto constitucional para que, conjugado com os artigos 9 e 32, possa trazer a menção à fundamentalidade da tutela do ambiente[81].

No Brasil, essa realidade não foi diferente, já que a proteção do meio ambiente, atualmente coroada como "direito fundamental"[82], não é mais

---

109.

80   Cf. SARLET, Ingo Wolfgang; FENSTERSEIFER, Tiago. *Op. cit.*, p. 36.

81   MAGLIA, Stefano. *Op. cit.*, pp. 3-4.

82   Direito fundamental é, em linhas gerais, o direito humano consagrado como fundamento de uma carta suprema de direitos, ou seja, aquele que é elevado à categoria de direito constitucional positivado. A partir de determinados momentos históricos importantes, surgem, de acordo com o pensamento de Bobbio, Bonavides e outros autores, novas gerações de direitos humanos. Sarlet (*A Eficácia dos Direitos Fundamentais.* 8. ed. Porto Alegre: Livraria do Advogado Ed., 2007, p. 55), utiliza a terminologia "dimensão" de direitos por acreditar que a "teoria dimensional dos direitos fundamentais não aponta apenas para o caráter cumulativo do processo evolutivo e para a natureza complementar de todos os direitos fundamentais, mas afirma, para além disso, sua unidade e indivisibilidade no contexto do direito constitucional interno e, de modo especial, na esfera do moderno, sendo que os direitos de primeira geração, frutos das Revoluções Burguesas dos séculos passados, representaram aqueles primeiros direitos civis e políticos, que postulavam uma atividade negativa por parte do Estado, não violando o cunho individual destes direitos". Com base nas lições de Bonavides (*Curso de Direito Constitucional.* 13. ed. São Paulo: Malheiros, 2010, p. 562), "a universalidade se manifestou pela vez primeira, com a descoberta do racionalismo francês da Revolução, por ensejo da célebre Declaração dos Direitos do Homem de 1789", surgindo assim, a chamada primeira geração de direitos humanos, consistente nos chamados direitos civis e políticos. Para Sarlet (*Op. cit.,* p. 46), estes direitos são produto peculiar do pensamento liberal-burguês do século XVIII, de marcado cunho individualista, surgindo e afirmando-se como direitos do indivíduo frente ao Estado. Já os direitos da intitulada segunda geração, são direitos positivos ou prestacionais que se amoldaram aos anseios socialistas do século XX, e, nas palavras de Bonavides, representam os "direitos sociais, culturais, e econômicos, bem como os direitos coletivos ou de coletividades, introduzidos no constitucionalismo das distintas formas de Estado social" (*Op.*

nenhuma dúvida para os operadores do direito, sendo a Carta Magna Brasileira de 1988 a pioneira das Constituições Brasileiras neste sentido. A Lei Maior deixou bem claro em seu art. 225[83] que "o direito a um meio ambiente

---

cit., p. 564). O meio ambiente, conforme afirmam os referidos autores de direito constitucional, seria considerado um direito de terceira geração, pois, em que pese seu caráter social e econômico, está mais ligado às ideias de fraternidade ou de solidariedade que só foram concretizadas em finais do século XX, por desprenderem da visão meramente individualista, projetando-se para a proteção dos grupos humanos, frequentemente marcados por sua titularidade coletiva ou difusa. Para Bonavides, haveria ainda os direitos de quarta geração, sendo aqueles compostos: pelo direito à democracia (direta), o direito à informação, e o direito ao pluralismo etc. (*Op. cit.*, p. 571).

83 Redação Integral do Capítulo próprio que trata do Meio Ambiente na Constituição da República Federativa Brasileira de 1988: "CAPÍTULO VI - DO MEIO AMBIENTE - Art. 225. "Todos têm direito ao meio ambiente ecologicamente equilibrado, bem de uso comum do povo e essencial à sadia qualidade de vida, impondo-se ao Poder Público e à coletividade o dever de defendê-lo e preservá-lo para as presentes e futuras gerações. § 1º - Para assegurar a efetividade desse direito, incumbe ao Poder Público: I - preservar e restaurar os processos ecológicos essenciais e prover o manejo ecológico das espécies e ecossistemas; II - preservar a diversidade e a integridade do patrimônio genético do País e fiscalizar as entidades dedicadas à pesquisa e à manipulação de material genético; III - definir, em todas as unidades da Federação, espaços territoriais e seus componentes a serem especialmente protegidos, sendo a alteração e a supressão permitidas somente através de lei, vedada qualquer utilização que comprometa a integridade dos atributos que justifiquem sua proteção; IV - exigir, na forma da lei, para instalação de obra ou atividade potencialmente causadora de significativa degradação do meio ambiente, estudo prévio de impacto ambiental, a que se dará publicidade; V - controlar a produção, a comercialização e o emprego de técnicas, métodos e substâncias que comportem risco para a vida, a qualidade de vida e o meio ambiente; VI - promover a educação ambiental em todos os níveis de ensino e a conscientização pública para a preservação do meio ambiente; VII - proteger a fauna e a flora, vedadas, na forma da lei, as práticas que coloquem em risco sua função ecológica, provoquem a extinção de espécies ou submetam os animais a crueldade. § 2º - Aquele que explorar recursos minerais fica obrigado a recuperar o meio ambiente degradado, de acordo com solução técnica exigida pelo órgão público competente, na forma da lei. § 3º - As condutas e atividades consideradas lesivas ao meio ambiente sujeitarão os infratores,

ecologicamente equilibrado, bem de uso comum do povo, para a sadia qualidade de vida humana, não só às presentes, como às futuras gerações", é condição mínima para a dignidade da pessoa humana[84] nos contornos atuais.

Luiz Flávio Gomes e Silvio Maciel[85] afirmam que a Constituição Federal

---

pessoas físicas ou jurídicas, a sanções penais e administrativas, independentemente da obrigação de reparar os danos causados. § 4º - A Floresta Amazônica brasileira, a Mata Atlântica, a Serra do Mar, o Pantanal Mato-Grossense e a Zona Costeira são patrimônio nacional, e sua utilização far-se-á, na forma da lei, dentro de condições que assegurem a preservação do meio ambiente, inclusive quanto ao uso dos recursos naturais. § 5º - São indisponíveis as terras devolutas ou arrecadadas pelos Estados, por ações discriminatórias, necessárias à proteção dos ecossistemas naturais. § 6º - As usinas que operem com reator nuclear deverão ter sua localização definida em lei federal, sem o que não poderão ser instaladas."

84 Segundo Ingo W. Sarlet, modernamente foi construída uma dimensão ecológica do preceito da dignidade da pessoa humana, princípio este estampado no art 1º, III da Constituição Federal de 1988. Isso se deve à simples consideração de que não é possível conceber a vida (com dignidade e saúde) num ambiente que não seja naturalmente saudável e equilibrado (SARLET, Ingo Wolfgang. *Op. cit.*, p. 41). Agora, no século XXI, em decorrência da aceleração do progresso técnico a serviço da exploração capitalista, juntamente com uma intensa crise axiológica, a pessoa humana deve continuar sendo fonte e medida de todos os valores, e a "sua tradução em termos jurídicos jamais será concluída, pois ela não é senão o reflexo do estado de "permanente inacabamento" do ser humano, de que falou Heidegger"(cf. COMPARATO, Fábio Konder. *A afirmação histórica dos direitos humanos*. São Paulo: Saraiva, 2005, p. 22). A compreensão da dimensão ecológica da proteção da dignidade da pessoa humana é, portanto, algo que naturalmente deve ser interpretado a partir do próprio art. 1º, III, da Carta Magna de 1988, cerne do ordenamento no qual encontram-se: a igualdade, a integridade psicofísica, a liberdade e a solidariedade – todos estes direitos estão intimamentes ligados à sadia qualidade de vida e ao equilíbrio do meio ambiente (SARLET, Ingo Wolfgang. *Op. cit.*, p. 41).

85 GOMES, Luiz Flávio; MACIEL, Silvio; MAZZUOLI, Valério de Oliveira e outro. *Crimes Ambientais*. Comentários à Lei 9.605/98. São Paulo: Revista dos Tribunais, 2011, p. 17.

de 1988, na seara das Constituições Modernas, destacou especial papel ao meio ambiente, destinando ainda diversas outras normas no Texto Constitucional sobre o assunto, que cuida de um bem jurídico indispensável para a vida das presentes e futuras gerações. A conservação do meio ambiente e a realização de um desenvolvimento sustentável são imprescindíveis à sadia qualidade de vida e à própria preservação do planeta e da raça humana.

Conforme lecionado por Édis Milaré, as constituições anteriores[86] à de

---

86 Entretanto, esta preocupação fundamental das Cartas Magnas Modernas, nem sempre se deu da mesma forma e em igual proporção como hoje. Promovendo-se a um levantamento histórico das normas protetoras do meio ambiente é possível afirmar que tal bem foi protegido de várias formas, em diferentes épocas, havendo menção de preocupações em civilizações pré-cristãs. Em termos mundiais, a preocupação com o meio ambiente foi posta mais sensivelmente em finais do século XIX. Em 1876, na Inglaterra, já havia legislação sobre preservação das águas contra a poluição, mas só no período pós Segunda Guerra é que as legislações tornaram-se mais contundentes sobre o meio ambiente (SILVEIRA, Renato de Mello Jorge. *Direito Penal Supra-Individual.* Interesses difusos. São Paulo: Revista dos Tribunais, 2003, p. 134). Historicamente, no Brasil, segundo José Afonso da Silva (*Direito Ambiental Constitucional.* 7. ed. São Paulo: Malheiros, 2009, pp. 35-36), a tutela jurídica do meio ambiente sofreu profundas transformações. Durante muito tempo, predominou a desproteção total, já que a concepção altamente privatística do direito de propriedade nos ordenamentos passados obstaculizaram a ação do Poder Público em prol do meio ambiente. No período marcado pela era colonial, ou seja, à época da dominação portuguesa, as Ordenações do Reino possuíam alguns artigos protegendo as riquezas florestais. Tinha-se, nas Ordenações Afonsinas, a proibição do corte deliberado de árvores frutíferas, nas Ordenações Manuelinas de 1521, a proibição à caça de determinados animais e a preocupação com as riquezas minerais. Com a Criação do Governo Geral no Brasil, vários regimentos mantiveram a proibição de corte de árvores (já que Portugal se preocupava com o extravio de madeira e pau-brasil para outros países), e, sob a vigência das Ordenações Filipinas, em 1605, houve a edição do Regimento sobre o Pau-Brasil, que continha vários tipos penais ecológicos, inclusive normas sobre proibições de se sujar as águas e matar os peixes. Além disso, segundo Ivete Senise Ferreira, o referido regimento continha *um verdadeiro zoneamento ambiental* (FERREIRA, Ivete Senise. *Tutela penal do patrimônio cultural.* Biblioteca de Direito Ambiental. São Paulo: Editora Revista dos Tribunais, 1995, p. 78), responsável por determinar a delimitação das áreas

1988 não tiveram a audácia de proteger o meio ambiente de forma tão específica e global. Aliás, segundo Milaré, nas primeiras constituições brasileiras, sequer havia sido empregada a expressão "meio ambiente", demonstrando um total descompromisso ou despreocupação com o próprio espaço

---

de matas e florestas que deveriam ser mantidas. Sob a vigência da Constituição de 1824, o Código Penal do Império de 1830 previa punição para o corte ilegal de madeiras em seus arts. 178 e 257, além de estar previsto na Lei 601 de 1850, sanções administrativas e penais para a derrubada de matas e para a realização de queimadas (SIRVINSKAS, Luís Paulo. *Tutela Penal do Ambiente*. Breves considerações atinentes à Lei 9.605, de 12-2-1998. 3. ed. São Paulo: 2004, p. 3). Entretanto, no texto constitucional de 1824, a única referência à matéria ambiental foi feita indiretamente apenas, no que dizia respeito à proibição da existência de indústrias contrárias à saúde do cidadão (vide art. 179, n. XXIV) (MILARÉ, Édis. *Op. cit*, p. 183). A Constituição Republicana de 1891 trazia, em seu artigo 34, n. 29, a competência legislativa da União para legislar sobre matéria envolvendo terras e minas nacionais (MILARÉ, Édis. *Ibidem*, p. 183). Nessa primeira fase de Brasil-República, a proteção ambiental foi, de certa forma, encontrada a partir dos arts. 554 e 572, ambos do Código Civil de 1916, em que surgem as primeiras normas para proteger os problemas sanitários e de vizinhança urbanos (SIRVINSKAS, Luís Paulo. *Op. cit.*, p. 3). Depois, veio o Regulamento de Saúde Pública, em 1923, que buscava inspecionar os estabelecimentos industriais. Até então, o Brasil não possuía nenhuma legislação específica para tratar da tutela do ambiente. Isso só veio a ocorrer por influência da Constituição de 1934, quando, em seu texto constitucional (art. 10, III, e 148), determinava a proteção das belezas naturais, patrimônio histórico, artístico e cultural, e determinou à União a competência legislativa em matéria de exploração mineral, água, caça e pesca e florestas (art. 5º, XIX, *j*). Nesta mesma época, foram editados importantes textos legais sobre disposições específicas de proteção ao meio ambiente, tais como o Código Florestal e o Código das Águas (MILARÉ, Édis. *Op. cit.*, p. 183). As Constituições que seguiram à de 1934 também trouxeram algumas inovações acerca do tema. Por exemplo, nas Cartas Magnas de 1937 (arts. 16, XIV; 18 *a* e *e*; e 134), de 1946 (em seu artigo 175), de 1967 (arts 8, XVII, *h*; 172, parágrafo único) e até na outorgada pela Junta Militar, de 1969 (arts. 172 e 180, parágrafo único), havia normas para a defesa do patrimônio histórico, paisagístico e cultural, assim como era delimitada a competência da União para legislar sobre normas relativas a riquezas minerais, águas, florestas, caça e pesca, etc. (MILARÉ, Édis. *Ibidem*, pp. 183-184).

vital[87].

De acordo com José Afonso da Silva[88], "o capítulo do Meio Ambiente é um dos mais importantes e avançados da Constituição de 1988". Para ele, o meio ambiente é a interação do conjunto de elementos naturais, artificiais e culturais que propiciam o desenvolvimento equilibrado da vida em todas as suas formas. A integração busca uma concepção unitária do ambiente, compreensiva dos recursos naturais e culturais.

Houve, na visão de Sarlet, "um esverdear"[89] do direito constitucional, não só no Brasil, mas também no mundo. Sem dúvidas, a expressão de Milaré, intitulando a Constituição de 1988 como "Constituição Verde"[90], revela o apreço que esta proporcionou à proteção do meio ambiente, chegando o autor a afirmar que o texto constitucional brasileiro é um dos mais avançados do Planeta em matéria ambiental. Talvez fosse esta a razão pela qual a Conferência das Nações Unidas tenha elegido o Brasil para sediar tanto a "RIO-92" quanto à recente "RIO+20": a tradição dos juristas brasileiros preocupados com a questão ambiental[91].

Desta forma, diante dos riscos globais, no que tange à proteção do meio ambiente, como um dever fundamental do Estado, não obstante as inúmeras complexidades advindas dos problemas ecológicos, não há como esta instituição se abster da tomada de decisões.

Para Leonel Severo Rocha, o atual "Estado Democrático de Direito" passa, agora, diante das temáticas ambientais, à noção de "Estado Democrático Ambiental", devendo agir em contexto de incertezas, seja promulgando

---

87 MILARÉ, Edis. *Ibidem*, p. 183.

88 SILVA, José Afonso da. *Op. cit.*, p. 19.

89 SARLET, Ingo Wolfgang. *Op. cit.*, p. 25.

90 MILARÉ, Edis. *Op. cit.*, p. 147.

91 Na opinião de Sirvinskas (*Op. cit.*, p. 5), o Brasil sempre esteve na vanguarda das discussões ambientais, dada a gama de juristas e ambientalistas preocupados com o tema.

normas ou emitindo atos normativos, mesmo que ainda não se tenha domínio real de plena eficácia para a proteção do direito ao meio ambiente na sociedade de riscos. Isto porque, já que o parâmetro social mudou, tratar da democracia contemporânea é enfrentar o problema da distribuição dos riscos, e não meramente de riquezas ou bens, como se pensava em tempos anteriores[92].

Ante o exposto, verifica-se que, na já caracterizada "sociedade globalizada", o papel dos Estados Democráticos não é, de modo algum, o de mero expectador, passivo diante das interações globais: pelo contrário, é, sem dúvidas, ativo e prestacional, no sentido de reagir politicamente à produção dos riscos ecológicos.

O Estado deve sim zelar pelos interesses integrantes do meio ambiente, já que, diante da escassa "consciência ecológica" da maioria das pessoas e das empresas (nacionais ou estrangeiras) encarregadas da exploração dos recursos naturais, os bens ambientais não são meros *res nullius* ou *res omnium communis*, pelo contrário, são patrimônio comum de todos e de cada uma das sociedades políticas atuais e, sobretudo, das futuras. Aliás, o risco assumido pela sociedade civil, por exemplo, ao aceitar a instalação de empresas perigosas para a vida, para a saúde ou para o meio ambiente, deve ser objeto de controle e intervenção estatal para o controle de limites, inclusive penalmente[93].

1.3 O meio ambiente como bem jurídico-penal

Diante do contexto social em que se encontra a necessidade de proteção do meio ambiente e partindo da concepção de que alguns textos constitucionais (como a Constituição Brasileira, em seu art. 225, parágrafo terceiro) e

---

92 ROCHA, Leonel Severo. Direito, complexidade e risco. *Sequencia,* Florianópolis, n. 28, p. 11, 1994.

93 CUESTA AGUADO, Paz Mercedes de la. *Op. cit.,* pp. 102-104.

várias legislações fazem referência à necessidade de intervenção punitiva para sua tutela, faz-se necessário verificar quais são os fundamentos que sustentam a posição do meio ambiente como bem jurídico-penal digno de tutela.

A ideia de que a missão primordial do Direito Penal é a proteção de bens jurídicos tornou-se um dos parâmetros mais importantes para impor limites ao *ius puniendi* estatal, desde sua primeira concepção liberal, estruturada em 1843, por Birnbaum[94].

Apesar de alguns setores da Dogmática Penal terem, recentemente,

---

94 Ao longo do tempo, os pensadores que edificaram a Dogmática do Direito Penal construíram vários conceitos de delito que podem bem ser resumidos historicamente. Até o final do século XVIII, vigoravam meras explicações metafísicas (divinas), ou morais de delito como ofensa aos ditames do Ser Superior (Deus), ou da Moral (religiosa), o que, em grande medida, foram sendo substituídas por concepções mais laicizadas e condizentes com as limitações de poder no Estado de Direito, típicos da Era Moderna. No período humanitário, em fins do século XVIII, marcado fortemente pelas ideias iluministas, tem-se em Cesare Beccaria um dos primeiros conceitos de que, até atualmente, se toma partido a respeito do delito concebido como *uma violação de um direito subjetivo* (Cf. BECCARIA, Cesare Bonesana, Marquese de. *Dos delitos e das penas*. Trad. José Cretella Jr. e Agnes Cretella. 3. ed. São Paulo: Revista dos Tribunais, 2006, p. 21). Já no século XIX, a partir das construções teóricas de Birnbaum, em 1843, altera-se o conceito e o enfoque do delito, erigindo-se também a teoria do bem jurídico, já que considera crime como sendo "uma lesão ou perigo de lesão a um bem juridicamente protegido pelo Direito Penal". Esta mudança de concepção se deve ao fato de que, para Birnbaum, é decisivo para a intervenção penal haver, mais que um mero direito, um bem – existente na realidade como um objeto material do injusto – no qual se recai a lesão, ou ameaça de lesão, pela conduta delitiva. O crime, assim, se afasta da noção de mera ofensa a direitos subjetivos baseado, dentre outros fatores, "na configuração do conceito de bem comum, na ampliação do fim do Estado e na renúncia de extrair da doutrina do objeto do delito dos postulados das condições de vida em sociedade, como haviam feito o iluminismo e o liberalismo originário" (PRADO, Luiz Régis. *Bem Jurídico-Penal e Constituição*. 5. ed. São Paulo: Editora Revista dos Tribunais, 2011, p. 32).

criticado e abandonado a ideia de "bem jurídico"[95], há de se observar que a designação e as funções[96] que ele desempenha ainda constituem

95 Algumas concepções mais recentes, datadas do final do século XX, também se desenvolveram contrárias à ideia de delito como ofensa a bens jurídicos. Jakobs, por exemplo, baseado na teoria dos sistemas autopoiéticos de Luhmann (LUHMANN, Niklas. *Introdução à teoria dos sistemas*. Trad. Ana Cristina Arantes Nasser. 2. ed. Petrópolis: Editora Vozes, 2010, p. 88 e ss.) verifica que a função do Direito Penal é sistêmica e normativa, pois o que se deve buscar é a vigência normativa para garantir as expectativas sociais e a necessária confiança social mantidas. Assim, Jakobs não destaca que o delito seria uma ofensa a um ou outro bem jurídico, senão, uma ofensa à validez fática ou à vigência normativa, o que gera instabilidade social. Para garantir o funcionamento em equilíbrio do sistema, deverá ser imposta a pena (JAKOBS, Günther. *Derecho Penal*. Parte General. Trad. J. Cuello Contreras e J. L. S. Gonzalez de Murillo. Madrid: Marcial Pons, 1995, p. 44 e ss.). Stratenwerth é outro autor que substitui a noção de bens jurídicos pela de proteção penal dos "vínculos ou bases vitais em si mesmos", já que afirma que o conceito só recebe conteúdo concreto na medida em que trata de interesses individuais (vida, integridade corporal, liberdade etc.), porém, em relação a bens jurídicos universais, tais como o meio ambiente, não gozam da mesma argumentação tradicional, antropocêntrico (STRATENWERTH, Günther. *Derecho Penal. Parte General I*. El hecho punible. 4. ed. Trad. Manuel Cancio Meliá y Marcelo A. Sancinetti. Buenos Aires: Editorial Hammurabi, pp. 64-69). A proposta de Wohlers é trazer uma legitimação à atuação do Direito Penal de forma independente e desvinculada do dogma da teoria do bem jurídico. Entretanto, um tanto quanto confusa é a construção do autor de que, para todo teste de legitimidade, há que se considerar como ponto de partida a determinação do bem jurídico protegido por determinada norma. Em outras palavras, a teoria do bem jurídico, conforme o pretendido por Wohlers, só teria o condão de promover uma espécie de "filtro" nas questões de ilegitimidade abstrata da proteção de bens. Em havendo um bem jurídico legítimo, a legitimidade da norma somente dependerá da relação entre a estrutura de delito e o bem juridicamente protegido (WOHLERS, Wolfgang. *Las Jornadas desde a perspectiva de um escéptico del bien jurídico* In: HEFENDEHL, Roland (org.) [*et alii*]. *La teoria del bien jurídico. Fundamento de legitimación del Derecho Penal o juego de abalorios dogmático?* Trad. Rafael Alcácer, María Martín e Íñigo Ortiz de Urbina. Barcelona: Marcial Pons Ediciones Jurídicas y Sociales, 2007, pp. 404-408).

96 Aos partidários da concepção de bem jurídico, uma das funções mais essenciais que pode ser relacionada é a de garantir ou limitar o direito de punir do Estado. De acordo

importantes prismas clássicos necessários à configuração dos tipos de injusto e norteadores de uma legítima atuação do ramo mais incisivo do ordenamento jurídico[97].

Como bem esclarecem Bustos Ramírez e Hormazábal Malarée, é necessário definir materialmente o que seja "bem jurídico" de modo que tal definição possa servir para determinar se o que a norma protege é ou não um "bem jurídico", pois, caso isto não seja feito, o conceito que aqui se prima

---

com Régis Prado, a partir desta função o bem jurídico "é erigido como um conceito limite na dimensão material da norma penal" (PRADO, Luiz Régis. *Op. cit.*, p. 60). Hassemer condiciona ao bem jurídico duas funções importantes: uma "intrassistemática" e outra "crítica". A primeira diz respeito à função que desempenha o bem jurídico no sistema jurídico-penal, como um dos pontos mais relevantes para a interpretação do tipo legal. Já a função crítica, diz respeito à viabilidade de se declarar inexistente certo bem jurídico merecedor de proteção penal ante as supostas penalizações por condutas meramente imorais (Cf. HASSEMER, Winfried. *Theorie und Soziologie des Verbrechens*, 1973, pp. 19 e ss *apud* HIRSCH, Andrew von. *Op. cit.*, p. 37). Hassemer traduz a função crítica ao elencar ao bem jurídico o condão de se apresentar como um *topoi argumentativo*, isso significa dizer que o valor deste conceito está em estabelecer um parâmetro político criminal e de aplicação do Direito Penal mais orientados à pessoa (HASSEMER, Winfried. *Op. cit.*, p. 88). Silveira sustenta que estas funções, na verdade, consubstanciam-se em verdadeiros princípios informadores do Direito Penal, tais como: lesividade, intervenção mínima e fragmentariedade (SILVEIRA, Renato de Mello Jorge. *Op. cit.*, p. 54).

97 Notadamente, um dos grandes nomes ligados à "ressurreição" da teoria do bem jurídico na atualidade é Roland Hefendehl, para quem os bens jurídicos representam "a pedra angular da norma penal". Inclusive, segundo seus postulados, é possível, a partir de diferentes tipos estruturais de bens jurídicos, estabelecer possibilidades de configuração e proteção de bens jurídicos não só individuais – como apregoa a teoria pessoal de Hassemer – como também coletivos, frutos de uma mudança nas expectativas sociais (HEFENDEHL, Roland. *O bem jurídico como a pedra angular da norma penal.* In: GRECO, Luís; TÓRTIMA, Fernanda Lara (org.). *Modernização do Direito Penal, Bens Jurídicos Coletivos e Crimes de Perigo Abstrato.* Com um adendo: Princípio da Ofensividade e crimes de Perigo Abstrato. Rio de Janeiro: Lumen Juris, 2011, p. 57 e ss.).

não seria mais do que uma "etiqueta" sem conteúdo ou inválida[98].

Assim, num Estado Social e Democrático de Direito, a proteção penal de determinados objetos relevantes para a sociedade só pode ser feita mediante o condicionamento de regras e princípios que definem tal estrutura social, tais como os princípios da igualdade, justiça e dignidade da pessoa humana, uma vez que tais normas, por elas próprias, já descartam do conteúdo de bens jurídicos valores meramente morais, religiosos etc. Para tais autores, o mais indispensável é conceber quais são as relações sociais concretas que se quer proteger, para que se possa resguardar as pessoas que estão nelas envolvidas[99].

Interessante destacar que, para os referidos autores, o bem jurídico é um princípio que dá fundamento e que, ao mesmo tempo, limita a intervenção estatal, já que, ao se avaliar a teoria do delito, vislumbra-se que, na aferição do injusto, é preciso que haja lesividade dos bens jurídicos protegidos pela norma penal.

Outras ponderações feitas por ROXIN em relação aos limites do legislador quanto ao conteúdo e objeto do bem jurídico-penal podem ser assinaladas. Por exemplo, o autor afirma que o fato de haver simples transcrição do objeto em lei não significa que isso fundamenta um bem jurídico. Na verdade, sobre este aspecto, é preciso, de fato, verificar se há uma redução da coexistência livre e pacífica dos homens[100]. Outro ponto bastante asseverado por vários autores é que meros atentados à moral também não são suficientes para sustentar a lesão a bens jurídicos, logicamente, bem observa Roxin, desde que tais ofensas não diminuam a liberdade e a segurança das

---

98   Cf. BUSTOS RAMÍREZ, Juan J.; HORMAZÁBAL MALARÉE, Hernán. *Nuevo sistema de derecho penal.* Madrid: Editorial Trotta, 2004, p. 31.

99   BUSTOS RAMÍREZ, Juan J.; HORMAZÁBAL MALARÉE, Hernán. *Ibidem*, pp. 32-33.

100 Cf. ROXIN, Claus. *A proteção de bens jurídicos como função do Direito Penal.* Trad. André Luís Callegari e Nereu José Giacomolli. 2. ed. Porto Alegre: Livraria do Advogado, 2009, p. 21.

pessoas[101]. Curiosa a ressalva de Roxin em relação aos simples atentados contra a própria dignidade humana, os quais, afirma o autor, não constituírem lesão de bens jurídicos. Isso porque ele cita como exemplo a manipulação de células germinais humanas que, apesar de aparentemente lesar a dignidade humana, se a finalidade da conduta for para melhorar as possibilidades de vida e desenvolvimento humano, não seriam lesivas[102].

Importante também conceber que, apesar de os demais ramos jurídicos protegerem, em determinado âmbito, os mesmos interesses ou bens jurídicos, a noção a que aqui se faz menção é própria do Direito Penal, graças ao seu significado principiológico e ao fato de as hipóteses funcionais serem distintas e autônomas. Neste sentido, cabe confirmar a posição de Fábio Guedes de Paula Machado, quem admite que tal conceito, assim considerado, é justamente próprio do Direito Penal, de forma que não se pode estendê-lo aos demais ramos do Direito (*v.g.* Direito Civil, Administrativo etc.), uma vez que, para o autor, o conteúdo deste atua como um critério garantidor de duas vias: impedir fatores estranhos à realidade social e, por outro lado, impedir a ingerência excessiva e arbitrária do aplicador da lei "sobre condutas que, mesmo juridicamente relevantes, não ofendam esses bens jurídicos"[103].

Não obstante as dificuldades enfrentadas pela teoria do bem jurídico, não se deve, conforme julga Sehen, abandonar toda a construção desta importante tese, precipuamente porque a sua função crítica é uma ferramenta

---

101 Cf. ROXIN, Claus. *Ibidem*, p. 21. Neste sentido: SEHER, Gerhard. *La legitimación de normas penales basadas en princípios y el concepto de bien jurídico*, In: HEFENDEHL, Roland (org.). *Op. cit.*, p. 87.

102 Cf. ROXIN, Claus. *Ibidem*, pp. 21-22.

103 MACHADO, Fábio Guedes de Paula. *A Crise no Direito Penal.* Disponível na Internet em: https://aplicacao.mp.mg.gov.br/xmlui/bitstream/handle/123456789/358/crise%20no%20direito%20penal_Machado.pdf?sequence=1>. Acesso em: 20. jun.2012, p. 9.

indispensável para a legitimação da intervenção penal. Antes de qualquer coisa, quando se intenta a proteção penal de determinado fato (um interesse, um valor etc.), deve ser demonstrado, de forma plausível, por meio dos princípios informadores de caráter crítico, se tal fato merecerá, ou não, a intervenção penal, e não o contrário, ou seja, afirmar que o bem jurídico é "algo" predeterminado e buscar argumentos para tal afirmação[104].

Portanto, considerando-se o meio ambiente como um bem jurídico, e, dada a importante contribuição deste estudo para delimitar o âmbito de atuação legítima do Direito Penal, cabe, agora, identificar os demais critérios normativos para que se promova a delimitação do seu conteúdo substancial, de forma que se possa individualizar os fins da tutela[105] referidos nas hipóteses típicas.

---

104 Cf. SEHER, Gerhard. *Op. cit*, pp. 91-92.

105 Nas palavras de Santana Vega: "La relevancia constitucional, expresa o implícita, ofrece sólo un critério de legitimación negativa de la intervención punitiva, en el sentido que resulta limitada así el área de lo que no podria constitucionalmente constituir materia de delito, pero no comporta, sin embargo, que el legislador ordinario tenga la obligación de crear tipos penales dirigidos a su salvaguardia. La elección del "sí" y del "cómo" punir, partiendo de este marco, resulta concretada por posteriores factores: los principios fundamentadores del Derecho penal'". Obligación de tutela no equivale a obligación de tutela penal ya que esta deducción vá contra la autonomía legislativa, contradise el principio de intervención mínima e implicase un planteamiento retribucionista del Derecho penal. En efecto, en el Derecho penal de la prevención no se puede hablar de tutela penal por el solo hecho de que un determinado bien posea un rango elevadísimo en el sistema constitucional: también en el caso de ofensas graves a bienes de gran importancia son múltiples las consideraciones que pueden oponerse a la utilización de la pena por el legislador ordinário." (SANTANA VEGA, Dulce María. *La proteción penal de los bienes jurídicos colectivos*. Madrid: Dykinson, 2000, p. 75). Neste mesmo sentido, é possível também citar: MARINUCCI, O; DOLCINI, E. *Corso di Diritto Penal*, 1, Nozione, struttura e sistemática del reato. Milano: Giuffré Editore, 1995, (n. 4) p. 140.

1.3.1 Complexidade conceitual e delimitação do objeto de proteção penal

O primeiro grande problema, no que tange à proteção do ambiente pelo Direito Penal, é a questão da delimitação do seu objeto ou conteúdo protetivo. Isto porque, conforme se depreenderá, o termo "meio ambiente"[106] engloba uma série de nuances, o que, em primeiro plano, poderia representar um entrave na formulação dos tipos penais correlatos.

A expressão "meio ambiente", que é citada popularmente e tradicionalmente nas legislações, doutrinas e até nas jurisprudências, conforme afirma a maioria dos autores de Direito Ambiental (tais como os já citados Machado[107], Fiorillo[108] e Silva[109]) é, na verdade, um pleonasmo, pois trata-se de palavras com conteúdo semântico idêntico. Isto porque, analisando-se o significado apartado das duas palavras, "meio" significa algo que está no centro, que envolve alguma coisa. Por sua vez, a palavra ambiente, de origem latina – *ambiens, entis* –, significa "meio em que vivemos"[110]. Diferentemente, para Milaré, para quem a expressão não chega a ser redundante, por configurar-se como uma noção "camaleônica", tanto na linguagem científica quanto na vulgar, as palavras "meio" e "ambiente" possuem conotações diversas[111].

De qualquer forma, a expressão já foi consagrada na língua portuguesa, e a maioria dos autores não se opõe ao seu emprego, até porque, como bem

---

106 De acordo com Milaré, o termo "meio ambiente" *(milieu ambiant)* foi utilizado pela primeira vez em 1835, pelo autor naturalista francês Geoffroy de Saint-Hilaire, na obra *Études progressives d'um naturaliste*. Depois, August Comte a perfilhou em seu "Curso de filosofia positiva" (MILARÉ, Édis. *Op. cit.*, p. 141).

107 MACHADO, Paulo Affonso Leme. *Op. cit.*, p. 55.

108 FIORILLO, Celso Antônio Pacheco. *Op. cit.*, p. 72.

109 SILVA, José Afonso da. *Op. cit.*, p. 19.

110 Cf. CUNHA, Antônio Geraldo. *Dicionário Etimológico da Língua Portuguesa*. Rio de Janeiro: Nova Fronteira, 1982, p. 112.

111 MILARÉ, Édis. *Op. cit.*, p. 142.

destaca Machado, o termo é, inclusive, "bem sonante"[112] e pode-se continuar a ser utilizado.

A Declaração de Estocolmo das Nações Unidas sobre Meio Ambiente Humano de 1972, marco histórico-normativo inicial da proteção ambiental, trouxe, em seu preâmbulo, a ideia de que meio ambiente é tanto o composto de aspectos naturais quanto de aspectos construídos, essenciais ao bem-estar e ao gozo dos direitos humanos básicos, com destaque para o direito à vida, compreendido com um direito à vida condigna e saudável[113].

Do ponto de vista legal, pode-se dizer que há um conceito de meio ambiente assentado no art. 3º, I, da Lei 6.938/81, o qual dispõe sobre a Política Nacional do Meio Ambiente, e esta assim consigna: "Para os fins previstos nesta Lei, entende-se por: I – meio ambiente: o conjunto de condições, leis, influências e interações de ordem física, química e biológica, que permite, abriga e rege a vida em todas as suas formas (...)"[114].

A Constituição Brasileira de 1988, no multicitado art. 225, *caput*, não define o que esteja compreendido na expressão "meio ambiente"; apenas dá a

---

112 MACHADO, Paulo Affonso Leme. *Direito Ambiental Brasileiro*. 19. ed., São Paulo: Malheiros, 2011, p. 55.

113 Cf. ONU. *Declaração de Estocolmo das Nações Unidas sobre Meio Ambiente Humano*, 1972. Biblioteca Virtual de Direitos Humanos da Universidade de São Paulo (USP), disponível na Internet em: http://www.direitoshumanos.usp.br/index.php/Meio-Ambiente/declaracao-de-estocolmo-sobre-o-ambiente-humano.html . Acesso em: 20.mai.2012.

114 De acordo com o estudo comparativo realizado por Heine, há diferenças entre as regulações positivas de vários países europeus. Por exemplo, na Grécia e na Chechênia, o objeto de proteção é o meio ambiente "como tal", já na Polônia, na Suécia, na Holanda e na Espanha, tem-se considerado como os mais importantes bens ambientais dignos de proteção penal: a água, o ar e o solo. Na Alemanha e na Suíça, há maior amplitude de proteção da água do que do ar (Cf. HEINE, Günther. Derecho penal del medio ambiente: especial referencia al derecho penal alemán. In: *Cuadernos de Política Criminal*, Madrid, n. 61, p.51-67, 1997).

menção de sua qualificação, titularidade e fundamento/fim, conforme se vê transcrito: "Todos têm direito ao meio ambiente ecologicamente equilibrado" [qualificação], "bem de uso comum do povo (...) para as presentes e futuras gerações" [titularidade] e "essencial à sadia qualidade de vida" [fundamento/fim]" (acréscimos da pesquisadora). Reforça-se neste sentido, uma característica patrimonialística de "meio ambiente" como sendo um "bem" para a sadia qualidade de vida do povo e das futuras gerações. Silva identifica, neste texto constitucional, dois objetos de tutela ambiental: imediatamente, a qualidade do meio ambiente; mediatamente, a qualidade de vida através do bem-estar e segurança da população[115].

Como bem adverte Prado, há uma enorme dificuldade em circunscrever com clareza o conteúdo de proteção do bem jurídico "meio ambiente"[116]. Polaino Navarrete[117] aduz que o bem jurídico[118] ecológico é *polifacético* e *interrelacional*, trazendo um enorme catálogo de elementos que compõem seu conceito.

Segundo Milaré, meio ambiente pode indicar tanto uma "linguagem técnica"[119] quanto um "conceito jurídico", possuindo uma concepção estrita e

---

115 SILVA, José Afonso da. *Op. cit.*, p. 54.

116 PRADO, Luiz Régis. *Direito Penal do Ambiente*. 2. ed. São Paulo: RT, 2009, p. 104.

117 POLAINO NAVARRETE, Miguel. La criminalidad ecológica en la legislación española. In: *Política criminal y reforma penal. L-H. a la memória del Prof. Dr. Juan del Rosal*, ISBN 84-7130-785-5, pp. 855-884, 1993, p. 876.

118 Ver também o trabalho desenvolvido por: ALASTUEY DOBÓN, Maria Carmem. Consideraciones sobre el objeto de protección em el derecho penal del médio ambiente. In: PRADO, Luiz Régis (coord.). *Direito Penal Contemporâneo*. Estudos em homenagem ao Professor José Cerezo Mir. São Paulo: Editora Revista dos Tribunais, 2007, p. 209 e ss.

119 Fazendo referência a Nebel, Bernard J. 1990, p. 576, Milaré (*Op. cit.*, p. 143) traz que a linguagem técnica de meio ambiente seria: "a combinação de todas as coisas e fatores externos ao indivíduo ou população de indivíduos em questão", sendo, portanto, uma realidade complexa e composta de inúmeras variáveis.

uma ampla. Na concepção estrita, o meio ambiente seria "o patrimônio natural e as relações deste com e entre os seres vivos"[120]. Já na concepção ampla, o meio ambiente engloba tanto a natureza original (meio ambiente natural), artificial, como os bens culturais relacionáveis.

Do ponto de vista dogmático-penal, tanto nacional quanto estrangeiro, diante da necessidade de precisão do conteúdo do bem jurídico a ser tutelado pelo Direito Penal Ambiental, há três principais terminologias[121] para identificar o que integra a concepção do bem jurídico, quais sejam: *global, restrita e intermediária.*

Na concepção *global ou unitária,* o meio ambiente é compreendido tanto em relação aos elementos que formam o seu meio (naturais, artificiais, culturais, estéticos etc.) quanto no que se refere às relações que deles partem e que dependem de um equilíbrio entre a destruição e a regeneração[122]. Numa

---

120 MILARÉ, Édis. *Op. cit.*, p. 143.

121 Reyna Alfaro distingue as concepções, não apenas em três (ampla, restrita e intermediária), mas acrescenta outras duas: as residuais e as legalistas. A *residual* é defendida por Rodríguez Devesa e Serrano Gómez na doutrina espanhola, para os quais o meio ambiente se compõe "de todos aqueles elementos naturais cuja conservação ou restauração é indispensável para a sobrevivência do ser humano, sempre e quando não encontrem uma tutela penal específica em outros preceitos do próprio Código ou leis penais especiais" (RODRÍGUEZ DEVESA, José María; SERRANO GÓMEZ, Alfonso. *Derecho Penal Español.* Parte especial, 16. ed. Madrid: Ed. Dikynson, 1993, pp. 1105-1106 *apud* REYNA ALFARO, Luís Miguel. La protección penal del medio ambiente: posibilidades y límites. In: *Ciencias Penales Contemporáneas:* Revista de Derecho Penal, Procesal Penal y Criminología, Mendoza, v. 2, n. 4, pp. 207-265, 2002, pp. 217-218). A concepção *legalista* é aquela que concebe o "meio ambiente" relativo àqueles setores para os quais o legislador estimou oportuno estender sua tutela (REYNA ALFARO, Luís Miguel. *Ibidem*, p. 218), o que, de certo modo, demonstra uma renúncia a uma construção conceitual atrelada à relação social.

122 Quanto à delimitação conceitual dos objetos de proteção da Lei 9.605/98(Lei de Crimes Ambientais Brasileira), percebe-se que esta se refere à totalidade do meio ambiente. Pelo que se verifica, o ato normativo contemplou o meio ambiente em sua acepção ampla, compreendendo tanto o meio ambiente natural, como o artificial e o

concepção *restrita*[123], o meio ambiente somente compreende os elementos naturais de titularidade comum e de características dinâmicas (água, ar, solo etc.)[124]. E, como usualmente, existe também uma concepção *intermediária* entre as duas anteriores[125], que concebe o meio ambiente apenas como os elementos naturais relacionados ao homem – solo, ar, água, flora e fauna.

Longe de uma terminologia precisa, o termo, na visão de Bustos Ramírez, é dotado de uma indeterminação complexa: "não poderia bastar assinalar que o meio ambiente é digno de proteção se por outra parte sua imprecisão conceitual levasse à conclusão de que não é possível a determinação dos tipos legais correspondentes"[126].

No âmbito de algumas concepções amplíssimas ou globalizantes, de acordo com Morato Leite e Ayala, a maioria dos doutrinadores brasileiros, a exemplo dos textos legais correlatos, parecem ter adotado a definição ampla de meio ambiente, em oposição ao conceito restrito, que só dá proteção aos recursos naturais[127]. Por exemplo, Silva, para quem o conceito de meio ambiente deve ser globalizante, de forma a abranger toda a Natureza, tanto a original quanto a artificial, juntamente com os bens culturais correlatos, compreendendo assim: o solo, a água, o ar, a flora, as belezas naturais, os

---

cultural, englobando infrações sobre o ordenamento urbano e o patrimônio histórico-cultural.

123 Ver também GARCÍA, Esther Hava. *Op. cit.*, p. 37.

124 Partem da premissa de que existe uma distinção entre tutela do ambiente e tutela dos recursos naturais (Cf. HAVA GARCÍA, Esther. *Protección Jurídica de la Fauna y Flora en España*. Prólogo de Juan Terradillos Basoco. Madrid: Editorial Trotta, 2000, pp. 29-43).

125 Cf. PRADO, Luiz Régis. *Op. cit.*, pp. 104-106; CARVALHO, Érika Mendes de. O bem jurídico protegido nos delitos florestais. *Revista dos Tribunais*, São Paulo, v. 89, n. 776, p. 471 e ss., jun. 2000.

126 BUSTOS RAMÍREZ, 1994, p. 119 *apud* HAVA GARCÍA, Esther. *Op. cit.*, p. 30. (trad. livre da autora)

127 LEITE, José Rubens Morato; AYALA, Patrick de Araújo. *Op. cit.*, p. 83.

patrimônios histórico, artístico, turístico, paisagístico e arqueológico[128]. Para Dussart, o meio ambiente compreende "o homem (com seus problemas) ou de qualquer outro animal, ou vegetal; uma espécie viva insere-se em um tecido de coações entre os seres que ocupam o meio que os acolhe e este mesmo meio"[129].

De acordo com Giannini, conforme reza a atual legislação ambiental italiana, o ambiente deve ser contemplado numa perspectiva tripla: 1) o ambiente ao qual fazem referência a normativa (de caráter preeminentemente conservacionista) e o movimento ideológico relativo à paisagem, que englobaria tanto as áreas naturais, com especiais características geológicas, botânicas ou fônicas (por exemplo, vulcões, bosques, parques naturais) como aqueles outros espaços, transformados pelo homem, de singular valor estético ou cultural (centros históricos, zonas monumentais, etc.); 2) o ambiente ao que fazem referência a normativa e o movimento ideológico relativo à defesa do solo, do ar e da água (prevenção e repressão da contaminação); e 3) o ambiente ao que se referem a normativa e os estudos sobre urbanismo, que abarcaria toda a problemática da ordenação do território[130].

Por sua vez, GUSTAPANE compreende que o termo ambiente serve para compreender uma realidade formada "pelo conjunto dos elementos naturais e/ou artificiais que incidem necessariamente desde o exterior sobre a formação estético-cultural, psicofísica, socioeconômica da pessoa"[131].

Entretanto, uma parcela da doutrina adota o conceito restrito de ambiente, tal como García-Matos e Escobar Roca, que não concordam com concepções tão amplas de "meio ambiente", pois acreditam que, desta forma,

---

128 SILVA, José Afonso da. *Op. cit.*, p. 20.

129 DUSSART, B. *Conceitos e unidades em ecologia*. Enciclopédia de Ecologia *apud* MACHADO, Paulo Affonso Leme. *Op. cit.*, p. 60.

130 GIANNINI, 1973, pp. 23-25 *apud* HAVA GARCÍA, Esther. *Op. cit.*, p. 33.

131 GUSTAPANE, 1991, p. 19 *apud* HAVA GARCÍA, Esther. *Ibidem*, p. 33. (trad. livre do autor)

há um prejuízo na construção de uma teoria jurídica ambiental correta[132] e se torna impossível um tratamento coerente e homogêneo da matéria[133].

Defensor de uma concepção altamente restritiva de meio ambiente, Martín Mateo faz uma distinção entre tutela do ambiente e tutela dos recursos naturais. Para o autor, o meio ambiente faz parte de um bloco do qual alguns elementos, tais como os biológicos ou minerais, por exemplo, "exigem um tratamento distinto e não necessariamente coincidente com o que aportam as técnicas jurídicas utilizadas frente à problemática ambiental"[134]. E completa sua concepção, de forma pragmática e racionalista, com uma justificação quase que sarcástica: "diferente de certas posições emocionais e ideológicas que parecem evocar a adesão a um credo quase esotérico no que a natureza assume uma função de valor imanente e absoluto"[135].

Defensores da corrente intermediária, a qual parece ser a mais acertada, no que concerne ao contexto de delimitação penal[136], Luiz Régis Prado[137] e Nelson Bugalho[138] sustentam que a interpretação do bem jurídico-penal no Brasil, conforme o que se depreende do art. 225 da Constituição Federal Brasileira, é no sentido de se aderir à corrente intermediária e não globalizante, compreendendo-se os elementos precipuamente naturais (ar, água,

---

132 GARCÍA MATOS, 1993, p. 1113 *apud* HAVA GARCÍA, Esther. *Ibidem,* p. 34.

133 ESCOBAR ROCA, 1995, p. 49 *apud* HAVA GARCÍA, Esther. *Ibidem,* p. 34.

134 MARTÍN MATEO, 1988, p. 36 *apud* HAVA GARCÍA, Esther. *Ibidem,* p. 37. (trad. livre da autora)

135 MARTÍN MATEO, 1991, pp. 86-87 *apud* HAVA GARCÍA, Esther. *Ibidem,* p. 37. (trad. livre da autora)

136 É majoritária na Doutrina Penal Européia, representada por nomes, tais quais: Bacigalupo Zapater, Berdugo Gómez de la Torre, Cuesta Arzamendi, Muñoz Conde, Queralt Jiménez, Nuvolone, Eser, Tiedermann (Cf. REYNA ALFARO, Luis Miguel. *Op. cit.,* p. 219).

137 PRADO, Luiz Régis. *Op. cit.,* p. 56.

138 BUGALHO, Nelson Roberto. *Op. cit.,* p. 304.

solo, fauna e flora), tendo o "ambiente cultural" (art. 216 CF/88) e o "urbanismo" (art. 182 CF/88) sido tratados em outros pontos da Carta Magna.

No mesmo sentido, merece menção Canotilho, que busca referências do conteúdo ou dos elementos do meio ambiente a partir de uma interpretação constitucional. Assim sendo, segundo ele, são componentes do "ambiente", segundo o art. 6º da Constituição Portuguesa de 1976: o ar, a luz, a água, o solo vivo e o subsolo, a flora e a fauna[139].

Para Inês Horta Pinto, e aqui vale uma lição bem precisa, penalmente, o "ambiente não é protegido de forma absoluta, no seu todo", já que, do conceito amplo ofertado pela Constituição Portuguesa, compreendendo-se a proteção do patrimônio histórico, cultural e arquitetônico, no âmbito penal, há uma clara restrição, em atendimento ao princípio da intervenção penal mínima, para se fazer tutelar penalmente apenas alguns dos componentes ambientais[140].

No mesmo sentido, Cuesta Aguado afirma que é necessário fazer a distinção entre meio ambiente e outros valores e bens jurídicos relacionados, tais como: o urbanismo, a qualidade de vida etc. Para a autora, é preciso diferenciar o meio ambiente dos elementos que o integram, tal como a biodiversidade, que alcançou proteção autônoma (apesar de ser um elemento derivado de ambiente)[141].

Assim, enquanto grande parte da doutrina ambiental adota o conceito amplo[142], o qual possui, indubitavelmente, o valor de abarcar todo o caráter

---

139 CANOTILHO, José Joaquim Gomes. *Protecção do Ambiente e Direito de Propriedade* (Crítica de Jurisprudência Ambiental). Coimbra: Coimbra Editora, 1995, p. 14.

140 PINTO, Inês Horta. Direito penal do ambiente: a complexa construção dos tipos, a acessoriedade administrativa e o défice de aplicação. In: COSTA, José de Faria; SILVA, Marco Antonio Marques da. (orgs.). *Direito penal especial, processo penal e direitos fundamentais*: visão luso-brasileira. São Paulo: Quartier Latin, 2006, p. 1098.

141 CUESTA AGUADO, Paz Mercedes de la. *Op. cit.*, pp. 114-115.

142 Esta divisão do meio ambiente nestes quatro aspectos foi adotada no Brasil por autores,

de fundamentalidade do bem para a qualidade de vida humana, no que tange ao Direito Penal, isto parece impraticável, pois é preciso delimitar o conteúdo dos diversos componentes ambientais que serão passíveis de agressão típica[143].

Das noções elencadas, resta mais compatível com as limitações jurídico-penais, nos termos que ora se defende, a definição de Rodriguez Mourullo, para quem o ambiente é "o conjunto de elementos naturais – o ar, a água, o solo e sua conformação paisagística, a fauna e a flora – que acompanham e formam o substrato físico da existência do homem"[144], já que, de suas atividades vitais incidem sempre, em alguma medida, em sua conformação.

1.3.2 Caráter supra-individual: visão ecocêntrica e antropocêntrica

Além da questão terminológica, não há um consenso doutrinário acerca do caráter de proteção do meio ambiente em relação à titularidade de sua fruição (individual ou coletiva)[145] e ao aspecto do foco protetivo principal relativo aos elementos integrantes de sua composição (visão

---

como: FIORILLO, Celso Antônio Pacheco. *Op. cit.*, p. 73; MILARÉ, Édis. *Op. cit.*; SILVA, José Afonso da. *Op. cit.*

143 Neste sentido: PALAZZO, Francesco Carlo. Principios fundamentales y opciones político-criminales en la tutela penal del ambiente en Italia. In: *Revista Penal*, Barcelona, n. 4, pp. 74-75, jul. 1999.

144 RODRÍGUEZ MOURULLO, Gonzalo. Limitaciones del derecho penal del medio ambiente: alternativas politicocriminales. In: DIAS, Jorge de Figueiredo *et alii*(org.). *Tutela jurídica do meio ambiente: presente e futuro*. Coimbra: Coimbra Editora, 2005. 210 p., 22 cm. (Studia Iuridica; v. 81. Colloquia; 13). ISBN 972-32-1292-7. p. 159-177, p. 163. (trad. livre da autora)

145 Neste sentido, seguem os debates das teorias dualistas e monistas, acerca dos bens jurídicos, as quais divergem quanto à possibilidade de existência de bens jurídicos individuais e/ou coletivos (ou supra-individuais).

antropocêntrica ou ecocêntrica)[146].

Sustenta a doutrina dualista especializada que há uma distinção entre bens jurídicos individuais dos coletivos[147], ou universais. Os primeiros, conforme já enfatizado, são aqueles que servem de interesse a uma pessoa ou a um grupo de pessoas. Por sua vez, os bens coletivos dizem respeito a uma

---

146 As teorias ainda se divergem quanto à vertente de proteção dos elementos integrantes do meio ambiente, seja sob uma perspectiva antropocêntrica (a proteção dos elementos naturais voltada à proteção de interesses humanos) ou ecocêntrica (compreendendo-se, dentro de certos limites, a proteção de elementos ambientais em si – caráter autônomo de proteção).

147 Dada a inconteste superação da dicotomia entre *público versus privado,* com base nas teorias gerais do Direito surgidas a partir da década de 70, precisamente a do italiano Mauro Capeletti (Cf. ALMEIDA, Gregório Assagra de. *Direito Material Coletivo.* Superação da *Summa Divisio* Direito Público e Direito Privado Por uma nova *Summa Divisio* Constitucionalizada. Belo Horizonte: Del Rey, 2008, p. 378) surgem agora novas vertentes de classificação dos direitos/interesses. Segundo leciona Mazzilli, os interesses transindividuais (ou seja, aqueles que ultrapassam a esfera meramente privada ou particular do sujeito) podem ser subdivididos em três espécies: os difusos, os coletivos e os individuais homogêneos. Os difusos são interesses pertencentes a um grupo indeterminado de sujeitos comuns; têm a característica de serem indivisíveis e possuem origem numa situação fática que une os demais detentores. Já os interesses coletivos pertencem a um grupo de indivíduos determinável (indeterminado apenas de forma superficial ou breve) e gozam de indivisibilidade. Seus sujeitos estão unidos por uma relação jurídica original. Por fim, os interesses individuais homogêneos são também assim considerados como transindividuais, pois, apesar de pertencerem a um grupo determinável de pessoas e possuírem uma origem comum, são, contudo, interesses divisíveis. São exemplos, na sequência, de interesses difusos: os moradores de uma região afetada pela poluição de um córrego; de interesses coletivos: indivíduos ligados por Contratos de Adesão; de interesses individuais homogêneos: pessoas que adquiriram determinado produto em série, que possui defeitos de fabricação. (Cf. MAZZILLI, Hugo Nigro. *A defesa dos interesses difusos em juízo:* meio ambiente, consumidor, patrimônio cultural, patrimônio público e outros interesses. 24. ed. São Paulo: Saraiva, 2011)

generalidade de pessoas[148]. A concepção dualista, segundo Santana Vega, é minoritária nas Doutrinas espanhola e alemã, e tem Tiedemann[149] um de seus principais precursores, o qual contrapõe os bens individuais dos supra-individuais como categorias independentes e "desconectadas"[150].

De acordo com essa acepção, o meio ambiente é perfeitamente considerado como um bem jurídico coletivo ou supra-individual[151], já que

---

148 De acordo com Hefendehl, também fazem referência ao termo, com a expressão "bem comum", outros autores, tais como Lampe (*Gedanken zum materiellen Straftatbegriff*, In: GEPPERT/BOHNERT/RENGIER (comps.), *Festschrift für Rudolf Schmitt*, Tübingen, 1992, pp. 77, 87, nota 32 *apud* HEFENDEHL, Roland. [*et alii*] (Orgs.). *La teoria del bien jurídico*. Fundamento de legitimación del Derecho Penal o juego de abalorios dogmático? Trad. Rafael Alcácer, María Martín e Íñigo Ortiz de Urbina. Barcelona: Marcial Pons Ediciones Jurídicas y Sociales, 2007, pp. 147-158), que tecem críticas à categoria de bens jurídicos universais (prefere a expressão "bens jurídicos sociais"), justamente porque o autor acredita que aquela expressão (universais) dá impressão de que tais bens poderiam ter extensão a diversos lugares e em tempos diversos. Para Lampe, estes bens são ainda mais dependentes da cultura dominante do que os próprios já reconhecidos bens jurídicos individiduais (*apud* HEFENDEHL, Roland. *Ibidem*, p. 149).

149 Na visão de Klaus Tiedemann, o Direito Penal não deve se curvar à indiscutível lesividade social das novas formas de criminalidade, *não-convencionais*. Conforme observa, o Estado Social Democrático de Direito moderno deve ampliar suas searas de proteção para abranger bens como o meio ambiente e a ordem econômica, por exemplo, não numa condição de que sejam bens jurídicos individuais, mas porque revelam, neles próprios, uma caractetística autônoma de valoração. Segundo ele, os bens jurídicos coletivos são valores comunitários autônomos, que devem ter reconhecida a proteção penal. Aliás, interessante a consideração feita por este autor, de que o Direito Penal tem uma função (já assinalada anteriormente por Durkheim) de *contribuir para a antecipação de valores* na sociedade, intitulada por ele de *Vorreiterfunktion*, que equivale à expressão *função de pioneirismo* (TIEDEMANN, Klaus. *Tatbesandsfunktionen im Nebenstrafrecht*, 1969, p. 106 *apud* GRECO, Luís. *Op. cit.*, pp. 5-6).

150 SANTANA VEGA, Dulce María. *Op. cit.*, p. 84.

151 Zaffaroni afirma que a categoria de "interesses difusos", desenvolvida por outras áreas do Direito, quando transportada para o Direito Penal, identifica-se com os "bens

corresponde às condições indispensáveis para a sadia qualidade de vida e o equilíbrio ecossistêmico pertencentes a uma generalidade de sujeitos indeterminados.

Depreende-se de Hefendehl que o meio ambiente é considerado um bem jurídico coletivo, já que se caracteriza pelo fato de que todos os membros da sociedade podem disfrutá-lo, não sendo possível que apenas um setor social seja relacionado a ele. Entretanto, o autor sustenta que cada bem jurídico coletivo, assim especificado o meio ambiente, será dotado de uma técnica particular e adequada de tutela[152].

Admitindo os interesses intrínsecos da coletividade a partir do paradigma de riscos futuros na sociedade moderna, porém, sem adotar a concepção de "bens jurídicos", Stratenwerth tem algumas considerações importantes sobre a ampliação dos níveis de proteção pelo Direito Penal. Para o autor, as tradicionais figuras dogmáticas estão obsoletas frente aos atuais riscos, inclusive com o potencial de inviabilizar sequer a vida na Terra. É neste contexto que o autor trata dos novos delitos *referidos ao futuro (zukunftsberzogene Delikte)*, por meio dos quais se afeta o meio ambiente e as gerações futuras, sendo eles compostos por características diversas das

---

jurídicos coletivos", nos quais está contido o meio ambiente, pois considera que é um bem cuja relação de disponibilidade é comum a todos os habitantes, ou seja, que uma ou várias pessoas podem usar ("porque todos vivimos en cierto médio ambiente, respiramos, bebemos água, nos alimentamos, etc. nuestra vida depende del medio ambiente. disponemos del medio ambiente (lo usamos) constantemente" (ZAFFARONI, Eugenio Raúl. Reflexiones sobre el derecho penal ambiental. In: *Estudios sobre justicia penal:* homenaje ao Profesor Julio B. J. Maier. Buenos Aires: Del Puerto, 2005, p. 145).

152 HEFENDEHL, Roland. *Op. cit.*, p. 150. Para o autor, o grande problema é: comprovar qual a estrutura delitiva adequada para sua proteção - se será por crimes de dano ou lesão, perigo concreto ou perigo abstrato - ao se definirem os bens jurídicos coletivos. E segue afirmando que o Direito Penal deve sim se ocupar de riscos futuros porque, em se tratando de bens coletivos, muitas vezes, é difícil haver um dano real e imediato por uma conduta vista de forma isolada.

costumeiramente associadas ao Direito Penal[153].

Neste sentido, ao se proteger o meio ambiente, Stratenwerth acredita que o conteúdo de proteção baseia-se na *existência de uma determinada ordem da vida* que seja merecedora de tutela, pelo caráter de representar uma concepção comum daquilo que se acredita ser uma vida boa[154].

Kuhlen, partindo da teoria dualista de bem jurídico, concorda que, se o legislador revelasse, a partir do debate popular, a real necessidade de bens coletivos, não haveria razão pela qual a Dogmática não trabalhasse com este conteúdo material de injusto e se limitasse apenas aos bens jurídicos individuais. Desta forma o autor concebe o meio ambiente como bem coletivo, digno de tutela penal[155].

Mais um autor que sustenta o dualismo dos bens jurídicos é Figueiredo Dias, para quem os chamados bens jurídicos supra-individuais não dependem dos individuais para serem considerados legítimos, sendo desnecessária a recondução àqueles ou dependentes de soma para aferir a totalidade,

---

153 STRATENWERTH, Günter. *Op. cit.*, p. 371.

154 STRATENWERTH, Günter. *Ibidem,* p. 371. STRATENWERTH trabalha inclusive com a ideia de delitos que não afetam bens jurídicos, como meras violações de normas comportamentais nos setores sociais em que a consciência da danosidade das condutas já estejam difundidas na população. Daí que, para tais delitos ausentes de bens jurídicos, a técnica de tutela poderia ser, legitimamente, através dos tipos de perigo (precipuamente o abstrato).

155 A partir das construções de Kuhlen, que, de certa forma, remonta à preocupação de Habermas (*Op. cit.*, p. 22) pela necessidade de consenso social baseado no agir comunicativo. O primeiro sustenta que, numa democracia, não é possível afirmar que a doutrina sempre seja melhor, ou mais correta, do que o trabalho do legislador. Isto porque é no Poder Legislativo que há, de fato, a oitiva da população, e, mesmo diante das objeções do populismo pelo Direito Penal, não seria errado acreditar na legitimidade das normas penais e insistir em sua efetividade (KUHLEN, Lothar. *Die Deutsche Strafrechtswissenschaft vor der Jahrausendwende*, 2000, p. 66 e ss. *apud* GRECO, Luís. *Op. cit.*, p. 14).

dado o seu caráter, indiscutivelmente, autônomo[156].

Divergindo dos autores acima, mas ainda considerando haver diferenças entre bens individuais e coletivos, Mata y Martin afiança que o meio ambiente encontra-se numa posição intermediária, pois, segundo ele, é bem de caráter "suprapessoal", cuja titularidade não pertence a uma pessoa determinada, ou seja, "que por sua natureza não pode ser atribuído a uma pessoa titular exclusivamente, sendo considerado um terceiro gênero de bens jurídicos, entre os individuais e os coletivos"[157].

---

156 DIAS, Jorge de Figueiredo. *Op. cit.*, p. 384.

157 Cf. MATA Y MARTÍN, Ricardo M. *Bienes Jurídicos Intermedios y delitos de peligro.* Aproximación a los Presupuestos de la técnica de peligro para los delitos que protegen bienes jurídicos intermedios (—tutela penal del medio ambiente, delitos económicos, seguridad del tráfico—). Granada: Comares, 1997, p. 24. (tradução livre da autora). Dentro desta concepção, cabe citar também a construção de Schünemann acerca dos "bens jurídicos intermediários espiritualizados", ou seja, aqueles bens coletivos sem referência a bens individuais, sendo que esta construção alude à estrutura ou às instituições básicas de funcionamento do Estado (*v.g.* Administração Pública, ordem econômica e meio ambiente, numa visão não-antropocêntrica). Esses tipos de bens jurídicos são tipificados pelo legislador, preferencialmente, através das técnicas de perigo abstrato. Esta técnica é escolhida e difere da usual dos bens jurídicos individuais (crimes de lesão) porque o autor afirma que, nos bens intermediários, não é possível, por meio de ações isoladas, exaurir ou danificar de uma vez o bem jurídico. Por isso, a técnica dos crimes de perigo. Segundo Schünemann, os bens intermediários são bens coletivos imateriais, mas dependem de que se recorra a outro bem jurídico menos abstrato, bastando a mera conduta para a subsunção ao tipo penal. Só escapam à imputação os ataques mínimos, insignificantes (Cf. SCHÜNEMANN, Bernd. *Moderne Tendenzen in der Dogmatik der Fahrlassigkeits- und Gefahrdungsdelikte*, JA, 1975, págs. 793 ss. *apud* SOTO NAVARRO, Suzana. *La protección penal de los bienes colectivos en la sociedad moderna.* Granada: Comares, 2003, p. 181). Santana Vega também identifica outros tipos de bens jurídicos: os individuais, os gerais, os coletivos e os intermediários, ou bens jurídicos institucionais. Nesta concepção, os bens jurídicos institucionais encontrar-se-iam em posição central entre os bens coletivos e os individuais, e seriam distintos destes em três principais aspectos, relativos: a) aos interesses protegidos (quando relacionam-se a um grupo setorizado de indivíduos); b) aos sujeitos

De outro lado, desconsiderando todos os argumentos acima expostos, estão os partidários das teorias monistas acerca dos bens jurídicos, que não aceitam a possibilidade de existência conjunta e autônoma de bens coletivos e individuais. Também Costa afirma que as teorias monistas podem ser subdivididas em dois grupos, a depender da explicação da origem e da unidade do conceito de bem jurídico: as teorias monistas-estatais (cuja origem dos bens individuais está na coletividade)[158] e as monistas-pessoais (cuja origem

---

passivos (quando as vítimas ficam diluídas no contexto social; ocorre uma *desindividualização*); e, c) à ação delitiva (quando a penalização é antecipada para evitar determinadas condutas que expõem tais bens em risco; valendo-se, então, das formas típicas de perigo concreto e abstrato) (SANTANA VEGA, Dulce María. *Op. cit.*, pp. 100-103).

158 A teoria monista-estatal traz como pressupostos da existência dos bens jurídicos individuais a própria existência da coletividade e do Estado. Binding foi um dos primeiros autores a sustentar uma concepção monista-coletivista, ou estatal. Para ele, só haveria de se sustentar bens jurídicos a partir de uma ideia de comunidade (Cf. SANTANA VEGA, Dulce María. *Op. cit.*, p. 85). Posteriormente, esta ideologia monista-estatal, ou coletivista, foi associada a contextos penais ditatoriais, dentre os quais aqueles relacionados aos autores ligados à Escola de Kiel e a concepções marxistas de Direito Penal, para os quais a ideia de bens individuais só existe por necessidade ou atribuição do Estado ou da Comunidade (SANTANA VEGA, Dulce María, *Ibidem*, p. 85). Mais tarde, esta teoria encontrou adeptos no funcionalismo penal, precipuamente entre aqueles que não concebem a noção de Direito Penal como proteção de bens jurídicos e sim de outros conceitos para substituí-los. A escusa para esta adoção também parte de uma necessidade de se buscar uma "sociologia legitimadora" para os fins do Estado Social de Direito. Podem ser alocadas, neste contexto, as concepções de Amelung (AMELUNG, Knut. *Rechtsgüterschutz*, 1972, pp. 354-358 e ss. *apud* SANTANA VEGA, Dulce María, *Ibidem*, p. 87), que intenta substituir o conceito de bens jurídicos por proteção da "funcionalidade dos sistemas sociais". Outro grande expoente é Jakobs (*Sociedad, norma y persona en una teoría de un Derecho penal funcional*. Trad. M. Canelo Meliá y Bernardo Feijoó Sánchez. Civitas: Madrid, 1996, p. 15 e ss.), que, como já alicerçado, afirma que o fim do Direito Penal é garantir a identidade normativa. Enfim, para ambos, a identidade do indivíduo e seus interesses pessoais tornam-se mediatos em relação aos interesses do sistema social. Também neste diapasão, Klaus Günther afirma, por exemplo, que a consciência individual só surge na interação social, em que o indivíduo consegue ter sua dimensão de si próprio frente aos demais

dos bens individuais está nos interesses da personalidade)[159].

Por sua vez, adeptos da Escola de Frankfurt[160], bem como outros autores, defendem a teoria monista pessoal de bem jurídico, a qual considera que o fundamento e origem principal da existência dos bens jurídicos deve ser a pessoa humana, ou seja, as necessidades vinculativamente pessoais. Esta concepção, certamente, consubstancia-se na própria ideia de dignidade da pessoa humana como referência do Estado de Direito. Hassemer não é contra uma perspectiva de bens jurídicos universais ou coletivos (ou estatais). Entretanto, ele funcionaliza tais bens a partir da pessoa humana, de forma que somente se pode aceitá-los se forem servir a interesses humanos. Por exemplo, no Direito Penal ambiental, o bem jurídico, para Hassemer, não seria o meio ambiente em si mesmo, mas somente na dimensão de necessidade para a vida e a saúde humanas[161]. Neste mesmo sentido, como afirma Bustos Ramírez e os demais adeptos da teoria pessoal do bem jurídico, o meio ambiente só pode ser tido como essencial, enquanto ligado às

---

(GÜNTHER, Klaus. Möglichkeiten einer diskursethischen begründung des Strafrechts. In: JUNG, Heike; MÜLLER-DIETZ, Heinz; NEUMANN, Ulrich (Orgs.) *Recht und Moral*: Beiträge zu einer Standortestimmung. Baden-Baden: Nomos, 1991, pp. 210-211 *apud* COSTA, Helena Regina Lobo da. *Proteção Penal Ambiental*. Viabilidade. Efetividade. Tutela por outros ramos do direito. São Paulo: Saraiva, 2010, p. 21).

159 Cf. COSTA, Helena Regina Lobo da. *Ibidem*, p. 20. Neste sentido, Hassemer ainda relaciona à proteção dos bens jurídicos universais a três máximas político-criminais importantes: a sujeição daqueles à *hierarquia dos interesses pessoais*; *a percepção valorativa da sociedade*, ou seja, a sua necessidade de a proteção advir de uma prática social que se constitui comunicativa e historicamente; e, por fim, a promoção de uma ideologia social em favor da teoria pessoal de bens jurídicos que leve em conta, principalmente, a função subsidiária do Direito Penal (Cf. HASSEMER, Winfried. Derecho penal simbólico y protección de bienes jurídicos. In: VARIOS AUTORES. *Pena y Estado*. Santiago: Editorial Jurídica Conosur, 1995, pp. 23-36. Disponível na Internet em: <http://biblioteca.d2g.com>. Acesso em 20.mai.2012, p. 23).

160 Ver HASSEMER, Winfried. *Op. cit.*, In: GRECO, Luís, *Op. cit.*, p. 22.

161 Cf. HASSEMER, Winfried. *Ibidem*, p. 22.

necessidades basilares do indivíduo[162].

Para Corcoy Bidasolo, as especulações de que o Direito Penal não seria eficaz diante da proteção de bens supra-individuais, de certo modo, carece de fundamento, pois a autora acredita que, se houvesse vontade política para tanto, seria possível dotar o sistema policial e judicial dos meios necessários para se fazer frente a essas novas formas de criminalidade[163]. Com isso, a autora afirma que o Direito Penal deve ser hábil sim, por exemplo, na tutela do meio ambiente, desde que tal conteúdo se lastreie nos interesses fundamentais da vida social da pessoa[164].

---

162 Para Ramírez, a diferença entre os bens jurídicos tradicionais puramente individuais (ou de "corte individual") e os coletivos é que os primeiros dizem respeito a necessidades na relação um-outro (vida, integridade física, etc.) e, os segundos, são "macrossociais", pois dizem respeito às necessidades de todos e de cada um dos membros da coletividade, ou de um grupo social (consumidores, trabalhadores etc) e devem ser tutelados pelo Estado para se evitar discrepâncias sociais e econômicas (BUSTOS RAMÍREZ, Juan J.. Necesidad de la pena, función simbólica y bien jurídico medio ambiente, In: *Pena y Estado*, núm. I, 1991, pp. 102-103).

163 CORCOY BIDASOLO, Mirentxu. *Delitos de peligro e protección de bienes jurídico-penales supraindividuales*. Nuevas formas de delincuencia y reinterpretación de los tipos penales clásicos. Valencia: Tirant lo Blanch, 1999, p. 190.

164 CORCOY BIDASOLO, Mirentxu. *Ibidem*, p. 184. Aliás, Bidasolo até faz uma ressalva importante: a teoria pessoal do bem jurídico afirma que os bens puramente supra-individuais deveriam ser protegidos pelo Direito de Intervenção, porém, as dificuldades de persecução penal seriam as mesmas, assim como seria a indeterminação quanto ao objeto de proteção, já que seria um Direito Instrumental novo que, inclusive, teria menos garantias que o Direito Penal. No Brasil, Juarez Tavares recusa a classificação de bens jurídicos coletivos ou estatais e individuais, pois afirma, rigorosamente, a necessária característica pessoal que deve existir nos bens coletivos, já que, quando se fala em proteger um interesse meramente estatal, a capacidade crítica da teoria do bem jurídico deve primar pelo reconhecimento (ou não) de ele estar relaciondo a uma condição de existência, ou melhora da vida da pessoa humana, sob pena de se enfraquecer o âmbito de legitimação das incriminações derivadas ou baseadas meramente em funções ou interesses puramente institucionais (TAVARES, Juarez. *Teoria do Injusto Penal*. 3. ed. Belo Horizonte, Del Rey, 2003, pp. 202 e ss.). Luiz Régis Prado afirma que

Renato Silveira, de certo modo, compartilha com as preocupações funcionais de Hassemer, não se deixando "seduzir" pela tentadora proposta clamorosa da expansão do Direito Penal, para interesses não-pessoais. Entretanto, o próprio autor faz uma ressalva, afirmando que isto não quer dizer que os bens jurídicos supra-individuais não devam ser considerados, pois, conforme salientado, a proteção penal do meio ambiente deve sim ocorrer, desde que se haja obediência aos limites principiológicos[165].

Com base nessas concepções, inúmeros posicionamentos surgem para explicar o conteúdo e fundamento da proteção do meio ambiente. Para Régis Prado, há três correntes: a) a antropocêntrica absoluta (a proteção do ambiente é feita exclusivamente para evitar danos ou lesões ao homem); b) a ecocêntrica absoluta (o ambiente é um bem jurídico autônomo) e c) a antropo-ecocêntrica ou mista (que aceita bens jurídicos ambientais autônomos e de caráter antropo-ecocêntrico)[166].

Há ainda outra interessante classificação feita por Hohmann, na qual se vislumbram quatro linhas diversas formadas por: a) uma concepção ecológica como bens de proteção autônoma; b) uma concepção ecológica antropocentricamente suavizada, segundo a qual os bens jurídicos ecológicos têm valor intrínseco e também servem de base para as presentes e futuras gerações; c) uma concepção econômica, em que os bens jurídicos estariam protegidos conforme determinado por certas autoridades em dado Estado; e, d)

---

bens jurídicos difusos (de caráter plural e indeterminado) e coletivos (que afetam um número determinável de pessoas) devem ter como ligação ou ponto de referência o indivíduo e, citando Carbonell Mateu, afirma que "o que fica aqui sufragado é que o indivíduo enquanto pessoa, o cidadão, deve ser sempre o destinatário maior de toda norma jurídica, há de ser a referência última de qualquer bem jurídico" (CARBONELL MATEU, J. C. Breves reflexiones sobre la tutela de los llamados intereses difusos. In: BOIX REIG, J. (Dir.). *Intereses difusos y Derecho Penal*, p. 16. *apud* PRADO, Luiz Régis. *Op. cit.*, p. 103).

165 Cf. SILVEIRA, Renato de Mello Jorge. *Op. cit.*, p. 69.

166 PRADO, Luiz Régis. *Ibidem*, pp. 108-109.

uma concepção pessoal de bens jurídicos ambientais, como os relativos à vida, à integridade física e à saúde[167].

A linha ecocêntrica[168] absoluta considera o meio ambiente como valor em si mesmo e, dependendo da situação, isto pode ser sopesado até em desfavor do homem, caso este atente contra os elementos constitutivos: ar, água, solo, fauna e flora.

Figueiredo Dias, apesar de não ter se filiado a um ecocentrismo exagerado, manifestou, em um de seus escritos, a possibilidade de existência de bens jurídicos ecológicos de valor intrínseco, ou seja, que, para sua proteção, não tenham que, necessariamente, ser reconduzidos a uma necessidade ou a um interesse puramente humano e pessoal[169].

Roxin afirma que, na Constituição alemã, é possível conceber uma regulação que admite a proteção dos fundamentos naturais da sobrevivência e dos animais, em responsabilidade pelas futuras gerações, o que amplia o conceito de bem jurídico, estendendo para o contrato social os seres (animais e gerações futuras) que fazem parte do círculo do homem[170]. Sobre este mesmo assunto, Mendoza Buergo constata que, na Alemanha, houve uma

---

167 HOHMANN, Olaf, p. 179-187 *apud* COSTA, Helena Regina Lobo da. *Op. cit.*, p. 23.

168 São partidários desta forma de se conceber o bem jurídico "ambiente", dentre outros, Jonas (JONAS, Hans. *El principio de responsabilidad: ensayo de uma ética para la civilización tecnológica*. Barcelona: Herder, 1995, p. 229 e ss.), Milaré (*Op. cit.*, p. 115 e ss.), dentre outros.

169 DIAS, Jorge de Figueiredo. *Op. cit.*, p. 382. O autor cita como exemplo clássico a proteção de aves marítimas em extinção. Para ele, mesmo que não haja nenhum bem jurídico individual relacionado diretamente à vida ou à saúde humanas, deve-se proteger penalmente este âmbito da fauna, por sua condição de relação vital relevante (Cf. DIAS, Jorge de Figueiredo. *Op. cit.*, p. 192; Idem. *Direito penal do ambiente*: 20/09/2008. São Paulo: IBCCRIM - Instituto Brasileiro de Ciências Criminais, 2008. Vol. 1 e 2. (Curso de pós-graduação em direito penal econômico europeu). Curso de pós-graduação em Direito Penal econômico).

170 ROXIN, Claus. *Op. cit.*, p. 33.

mudança de perspectiva de proteção a partir da Reforma de 1980, nos termos do Projeto Alternativo do Código Penal Alemão sobre as questões ambientais. A autora pontua que, antes da referida reforma, a legislação alemã só previa tipos penais ambientais que tivessem uma relação direta de proteção ante aos danos e perigos para a vida e para a saúde humana. Entretanto, o legislador alemão, talvez por influência das tendências antropo-ecocêntricas, começou a prescrever condutas típicas que reconhecem bens jurídicos ecológicos independentes, materializados nos elementos tais como água, ar e solo[171].

Andrew von Hirsch ressalta que, no Direito Penal do Ambiente, ao se proteger determinados recursos naturais (*v.g.* fauna e flora), pelos defensores da teoria pessoal do bem jurídico, não seria legítimo proteger o bem jurídico "manutenção da diversidade" por seu caráter intrínseco, apenas justificado em relação aos interesses das pessoas. Entretanto, o autor afirma que a sobrevivência de determinadas espécies, por exemplo, constitui, em si mesma, um valor merecedor de proteção, pois, segundo ele, não se pode vincular esta tutela à qualidade de vida das pessoas, nem se pode dizer que há uma pretensão neste sentido em relação aos indivíduos. O que pode haver é um dever moral de proteção da diversidade ecológica. Aliás, também não se pode partir de uma pretensão da espécie, ou de seus membros, como se, por exemplo, baleias tivessem integridade física[172].

Stratenwerth, quando afirma um *Direito Penal referido ao futuro*, manifesta-se favoravelmente ao abandono de uma cosmovisão meramente antropocêntrica, típica da modernidade primária, ou da época do Iluminismo. Para o autor, não apenas os direitos das gerações futuras, mas também os da própria natureza em si, devem fazer jus à proteção penal,

---

171 MENDOZA BUERGO, Blanca. *El derecho penal en la sociedad del riesgo*. Madrid: Civitas, 2001, p. 71.

172 HIRSCH, Andrew von. *El concepto de bien jurídico y el "principio del daño"*. In: HEFENDEHL, Roland (org.). *Op. cit.*, p. 51.

independentemente de serem postulados como bens jurídicos[173].

Muñoz Conde também confirma que não se pode reduzir a importância do meio ambiente ao caráter meramente "antropocêntrico", "já que também encontram nele outros fatores de tipo sócio-econômico, tais como a utilização racional dos recursos naturais, ou culturais, como a qualidade de vida, ou a solidariedade internacional ou com as gerações futuras"[174].

Diametralmente opostos a esses posicionamentos, estão os autores[175] que defendem uma visão antropocêntrica (moderada ou radical) dos bens jurídicos coletivos envolvendo o meio ambiente. A este tipo de cosmovisão, classicamente relacionada ao próprio Direito – e às suas finalidades, de regular a vida humana e manter a sua existência e dignidade – parece quase que natural da ciência jurídica, e até um tanto quanto redundante, afirmar que os bens jurídicos seguem uma linha antropocêntrica, o que é óbvio.

Para Helena Regina Lobo da Costa[176] e Juarez Tavares[177], a proteção do meio ambiente só se dará de forma legítima se adotada uma concepção antropocêntrica, não de forma a não se reconhecer o caráter autônomo de proteção do meio ambiente, mas por, enfaticamente, exigir a vinculação de sua tutela com um bem jurídico necessário para a pessoa humana.

Para Luiz Régis Prado, o conceito jurídico-penal de ambiente tem uma dimensão antropo-ecocêntrica, o que quer dizer que deve ser tutelado não

---

173 STRATENWERTH, Günter. *Op. cit.*, p. 689 *apud* GRECO, Luís. *Op. cit.*, pp. 10-11.

174 MUÑOZ CONDE, Francisco. A proteção penal do meio ambiente no direito penal espanhol. In: *Fascículos de Ciências Penais*, Porto Alegre, v. 1, n. 5, p. 85, jul. 1988.

175 Na Constituição Brasileira de 1988, o meio ambiente (art. 225) está alocado dentro dos direitos sociais da pessoa humana, e, como enfatizado, está relacionado tanto às condições de equilíbrio, quanto à indispensabilidade à sadia qualidade de vida humana, tanto para as presentes quanto para as futuras gerações.

176 COSTA, Helena Regina. *Op. cit.*, p. 32.

177 TAVARES, Juarez. *Op. cit.*, p. 217.

apenas por ser útil ao homem, mas porque é indispensável à sua sobrevivência. Aliás, sobre este entendimento, Rodriguez Ramos[178] afirma que este é um bem jurídico *metaindividual sistematicamente autônomo,* o que lhe dota de substantividade própria, não se confundindo com os demais bens jurídicos individuais ou coletivos (v.g. saúde pública, propriedade etc).

Maria Carmen Alastuey Dobón[179] faz uma importante crítica à concepção antropocêntrica de bem jurídico, na dimensão em que afirma que os bens jurídicos supra-individuais – *in casu,* o meio ambiente -, não são dependentes dos individuais, de maneira que, se aqueles são lesionados, necessariamente haverá uma direta afetação dos segundos. Também Kuhlen[180] conclui que o reconhecimento de bens jurídicos da generalidade não implica que eles derivem de bens individuais.

Pode se perceber, em dado grau, que a posição defendida por Palazzo também reconhece a necessidade de se atenuar um antropocentrismo exacerbado. Para o autor, não há dúvidas de que a vertente antropocêntrica do meio ambiente é a que se encontra mais adequada aos postulados modernos de política criminal. Entretanto, enfatiza a dificuldade em que se insere o meio ambiente ao ser reconhecido como exigência prioritária relativa aos interesses em conflito com o desenvolvimento e frente à sua persistente devastação. Por isso, esse autor sugere que uma visão um pouco ecocêntrica, no sentido de proteção de bens ecológicos "em si", evita uma "mediação protetiva" entre o bem e as funções públicas de governo[181].

No âmbito do que foi exposto, defende-se, neste trabalho, a mesma linha

---

178 Cf. RODRIGUEZ RAMOS, Luis. *Op. cit.,* p. 306.

179 ALASTUEY DOBÓN, Maria Carmen. *Op. cit.,* p. 219.

180 KUHLEN, Lothar, p. 704 *apud* ALASTUEY DOBÓN, Maria Carmen. *Ibidem,* p. 219.

181 PALAZZO, Francesco Carlo. *Op. cit.,* p. 75.

sustentada por Figueiredo Dias[182], Palazzo[183] e por Dobón[184], no sentido de que, mesmo sendo incompatível com o Direito Penal a existência de uma vertente ecocêntrica radical de bem jurídico do meio ambiente, é preciso resguardar-lhe certo grau de autonomia em relação aos demais bens coletivos, pois sua proteção desempenha uma função positiva para a manutenção das bases imprescindíveis para a autorrealização humana e, definitivamente, para o livre desenvolvimento da personalidade do homem. O grande marco de autonomia é que a ligação que o meio ambiente, como bem jurídico coletivo, tem com os demais bens individuais não se limita às presentes, mas também às futuras gerações, estando, portanto, num grau superior de hierarquia, no que refere aos demais bens coletivos[185]. Esta perspectiva *para o futuro* é coerente com o art. 45 da Constituição Espanhola de 1976 e com o art. 225 da Brasileira de 1988.

1.3.3 Dignidade penal e necessidade de tutela penal do meio ambiente

A partir de uma teoria constitucionalista de bem jurídico, reconhece-se que o objeto jurídico de tutela penal deve ter substrato e importe fático na Constituição (de um Estado Democrático de Direito). Assim como assevera

---

182 DIAS, Jorge de Figueiredo. *Op. cit.*, p. 190-191. Nas palavras do autor: "Mas a minha concepção pretende igualmente afastar-se – e aqui reside o mais difícil, mas também o essencial – de uma concepção *antropocêntrica* dos bens jurídicos ecológicos, ligada a um entendimento 'monista-pessoal' do bem jurídico, tal como é hoje vivamente preconizada, entre outros, por Hassemer e, de uma forma mais geral, pela chamada 'Escola de Frankfurt'. (...) Com esta formulação, uma tal tese parece-me incompatível com o reconhecimento de verdadeiros bens jurídicos ecológicos. Estes devem ser aceitos, sem tergiversações, como autênticos *bens jurídicos colectivos.* (...) O carácter coletivo do bem jurídico ecológico não exclui decerto a existência de interesses individuais que com ele convergem..." (DIAS, Jorge de Figueiredo. *Ibidem*, p. 191).

183 PALAZZO, Francesco Carlo. *Op. cit.*, p. 75.

184 ALASTUEY DOBÓN, Maria Carmen. *Ibidem*, pp. 225-227.

185 ALASTUEY DOBÓN, Maria Carmen. *Ibidem*, pp. 225-227.

Mir Puig, o fato de um determinado bem configurar um bem jurídico, ou seja, um importante valor consagrado inclusive constitucionalmente, não lhe dá o caráter de bem jurídico-penal, isto porque, "nem todo bem jurídico requer tutela penal, nem todo bem jurídico há de se converter num berm jurídico-penal"[186].

Para que um bem jurídico, em conotação político-criminal, possa assim ser considerado um bem jurídico-penal, são necessárias duas condições: "importância social e necessidade de proteção pelo Direito Penal"[187]. Aliás, Rodríguez Mourullo acrescenta ainda um terceiro critério: "a eficácia de proteção"[188], que será tratado mais à frente, no âmbito das discussões dogmáticas sobre a legitimidade da intervenção penal do ambiente.

A dignidade penal, conforme se depreende de Manuel da Costa Andrade, é "um juízo qualificado de intolerabilidade social, assente na valoração ético-social de uma conduta, na perspectiva de sua criminalização e punibilidade"[189]. Em outras palavras, significa que o bem jurídico é de uma relevância tão grande para determinada sociedade que sua proteção é fator

---

186 MIR PUIG, Santiago. *El Derecho Penal en el estado social y democrático de derecho*. Barcelona: Ed. Ariel, p. 159 e ss. (tradução livre da autora)

187 MIR PUIG, Santiago. *Ibidem*, p. 162.

188 Assim como Max Ernst Mayer, o referido autor espanhol destaca três critérios ou qualidades para que um bem jurídico mereça proteção penal. Entretanto, o primeiro destaca, além do merecimento e da necessidade, o quesito da "suscetibilidade" de tutela, o que, para Mourullo, quer dizer "eficácia", no sentido de que, a referida proteção possa ser executada com eficácia pelo sistema penal. Diante destes aspectos, Reyna Alfaro adverte, contudo, que a "eficácia do sistema penal na proteção de bens jurídicos deriva da atuação de seus operadores, ou seja, é um problema de índole processual que não se deve considerar como transcendente na determinação do conteúdo material do conceito em discussão" (REYNA ALFARO, Luis Miguel. *Op. cit.*, p. 215, trad. livre da autora).

189 ANDRADE, Manuel da Costa. A dignidade penal e a carência de tutela penal como referência de uma doutrina teleológico-racional do crime. In: *Revista Portuguesa de Ciência Criminal*, Lisboa, Aequitas, abr./jun. 1992.

inarredável para o desenvolvimento da pessoa humana, num aspecto de preceitos mínimos de existência digna[190]. Assim, mesmo que um bem seja considerado digno de proteção penal, isto não quer dizer que a tutela será feita em relação a quaisquer ofensas. Graças ao caráter fragmentário da intervenção punitiva, apenas uma parcela de ofensas é objeto de tutela penal.

A colocação feita por Fábio Roberto D'Ávila também deve ser trazida ao debate. Para o autor, é preciso atestar a legitimidade dos injustos-típicos, pois, mesmo diante das pretensões político-criminais do Estado, nem tudo pode ser objeto de incriminação. Esta análise de legitimidade parte, necessariamente, da ótica da dignidade do bem jurídico, sendo que esta investigação parte "de uma noção de bem jurídico cujo conteúdo, além de estar em harmonia com a ordem axiológico-constitucional, seja trans-sistemático em relação à ordem jurídica e concretizável em realidades suscetíveis de viabilizar uma posterior análise de ofensividade"[191].

Outro importante argumento em favor da dignidade do meio ambiente como bem jurídico é o que pode ser extraído de Pierpaolo Cruz Bottini, para quem o desenvolvimento do indivíduo não ocorre de forma egoística, mas prescinde de mútuas relações existentes com todos. Desta forma, para o autor, se houvesse a supressão do meio ambiente, através de sua constante

---

190 CRUZ, Ana Paula Fernandes Nogueira da. A importância da tutela penal do meio ambiente. In: *Revista de Direito Ambiental*, São Paulo, v. 8, n. 31, jul./set. 2003, p. 61.

191 D'ÁVILA, Fábio Roberto. *Ofensividade em Direito Penal*. Escritos sobre a teoria do crime como ofensa a bens jurídicos. Porto Alegre: Livraria do Advogado, 2009, p. 106. Com base nestes preceitos, D'ávila (*Ibidem,* pp. 106-108) entende que, diante das especificidades do bem jurídico ambiental e das exigências constitucionais que condicionam, de certa forma, à legitimidade material do ilícito, o grande debate se dará, principalmente, quanto aos limites relativos às técnicas de tutela penal ambiental, questionando-se, principalmente, os delitos de perigo abstrato e os crimes de acumulação, que são, sem dúvidas, os pontos mais debatidos hoje, tanto na Alemanha, quanto na Espanha, na Itália, no Brasil e em outros países, com uma extensa carga de legislação penal ambiental.

degradação, certamente isto ofenderia o desenvolvimento de cada cidadão. Em suma, preservar o meio ambiente é fator indispensável para a promoção da dignidade e do desenvolvimento de cada um dos indivíduos de uma sociedade[192].

No que tange ao critério da necessidade de tutela penal do meio ambiente como bem jurídico, é preciso ressaltar que o Direito Penal sempre deverá atuar como *ultima ratio*, ou seja, apenas na medida em que os demais ramos do ordenamento não forem suficientemente eficazes para a salvaguarda da coexistência pacífica entre os indivíduos.

A necessidade deve ser orientada, portanto, por um juízo de ponderação entre o grau de relevância do bem jurídico e a "danosidade social em comparação com a importância do direito restringido e o grau de sua restrição penal, ao se avaliar a carência da tutela penal"[193]. Nestes termos, *in casu*, deve ser sopesada a proteção do meio ambiente (bem a ser tutelado) em relação à liberdade ou, indiretamente também, ao patrimônio (bens sacrificados pela incidência do Direito Penal através de penas privativas de liberdade, pecuniárias ou de multa). Desta forma, o legislador infraconstitucional deve verificar, na tipificação das condutas contra o meio ambiente, se a lesão, ou o perigo de lesão, representa uma ofensa tal que justifique a necessária atuação penal.

Conforme foi asseverado, em vários casos, a proteção penal do meio ambiente se impõe perante a atual sensação de insegurança diante dos riscos assumidos pelo processo de industrialização e pela inserção de novas tecnologias. Restou demonstrado, também, que tais riscos ambientais podem, diante de determinadas atividades potencialmente poluidoras, gerar danos irreparáveis ao equilíbrio dos ecossistemas e, precipuamente, à vida e à saúde de várias pessoas, animais e plantas. Além deste fator, o risco, há o fato de

---

192 BOTTINI, Pierpaolo Cruz. *Crimes de perigo abstrato*. São Paulo: Revista dos Tribunais, 2010, pp. 182-183.

193 CRUZ, Ana Paula Fernandes Nogueira da. *Op. cit.*, p. 73.

que são tantas as agressões ambientais em nome de interesses econômico-empresariais que somente a ameaça de pena criminal, em alguns casos, é fator a inibir determinados comportamentos, dada sua carga negativa na vida dos indivíduos.

No sentido de se justificar a necessidade de tutela penal do ambiente, cabem as precisas lições de Eduardo Ortega Martin, para quem a utilização deste ramo jurídico para a proteção do ambiente, em determinadas circunstâncias tem se demonstrado indispensável, "não só em função da própria relevância dos bens protegidos e da gravidade das condutas a perseguir (o que seria natural), senão também pela maior eficácia dissuasória que a sanção penal possuir"[194].

1.3.4 Proteção Penal Ambiental como obrigação expressa constitucional

Em vários textos constitucionais, conforme anteriormente elucidado, o constituinte originário não se contentou apenas em declarar o meio ambiente são e equilibrado como direito fundamental, e foi além: tanto no Brasil, quanto na Espanha, por exemplo, houve a expressa menção à prescrição de sanções penais e administrativas contra os atos lesivos ao referido direito. Entretanto, no âmbito doutrinário, não obstante a redação clara e inequívoca dos referidos textos constitucionais, discute-se sobre a possibilidade ou não de obrigações constitucionais de criminalização.

De acordo com Francesco Carlo Palazzo, as determinações de proteção penal de bens jurídicos incluídos modernamente no quadro de valores com relevância constitucional, conduzem para uma caracterização da imagem do Estado ativo e empenhado (também penalmente) na busca de metas capazes de transformar a sociedade, bem como, na tutela de interesses "de dimensões ultraindividual e coletivas, exaltando, continuamente, o papel

---

194 MARTIN, Eduardo Ortega. *Os delitos contra a flora e a fauna*. Direito penal administrativo. Granada: Comares, 1997, p. 31.

instrumental do direito penal com respeito à política criminal, ainda quando sob auspícios – por assim dizer – da Constituição"[195].

Para o referido autor, a Constituição, dentro de certos limites, "enumera" os bens merecedores de tutela e pode ainda estabelecer uma hierarquia de valores, a fim de que o legislador infraconstitucional incrimine, de forma legítima, o que foi traçado como relevante constitucionalmente[196]. Apesar disso, o jurista afirma que a ordem dos bens tuteláveis não é necessariamente idêntica à ordem dos valores constitucionais, dependendendo, em todo caso, de que haja suficiente necessidade social de proteção penal para legitimar a incriminação[197].

Havendo dúvidas sobre como compelir o legislador ordinário a cumprir os mandatos constitucionais expressos, Santana Vega afirma que, hoje, a teoria constitucionalista avançou muito e, na maioria dos países, as Cortes Constitucionais fazem o controle das normas, inclusive da inconstitucionalidade por omissão[198].

Considerando-se o texto expresso constitucional como uma obrigação de criminalização, no Brasil, por exemplo, a omissão do legislador infraconstitucional em editar normas penais de proteção ao meio ambiente pode ensejar a propositura de ação de inconstitucionalidade por omissão, nos

---

195 PALAZZO, Francesco Carlo. *Valores constitucionais e direito penal.* Trad. Gérson P. dos Santos. Porto Alegre: Sérgio Antonio Fabris, 1989, pp. 103-104.

196 PALAZZO, Francesco Carlo. *Ibidem*, pp. 84-86.

197 PALAZZO, Francesco Carlo. *Ibidem*, p. 88.

198 Cf. SANTANA VEGA, Dulce María. *Op. cit.*, p. 65. A autora faz a distinção entre omissão absoluta e parcial, sendo a primeira mais grave e clara, ou seja, quando o legislador infraconstitucional não cumpre a determinação constitucional de criminalizar condutas contra o meio ambiente. Seria uma omissão relativa, por exemplo, se o legislador constitucional declarasse que meio ambiente compreende valores paisagísticos e culturais e o legislador infraconstitucional só punisse os crimes contra os paisagísticos (*Ibidem*, pp. 67-68).

termos do art. 102, I, *a,* c/c art. 103, § 2º, da Constituição Federal[199].

Faria Costa é totalmente contra esse tipo de posicionamento. Para ele, que a Constituição desenvolve uma função sistemática e de orientação normativa, não há que se negar, mas isto não implica em admitir que só seria legítima a tutela penal de bens consagrados constitucionalmente. Isto conduziria a afirmar uma noção estática de bens jurídicos e que a Constituição fosse o único catálogo representativo dos mesmos[200].

De forma semelhante, Ângelo Roberto Ilha da Silva sustenta que a Lei Fundamental de um país nem sempre apresentará "um rol exaustivo" de valores ou bens tuteláveis pelo Direito Penal. Para ele, há muitos bens que, mesmo não estando expressamente elencados na Constituição, podem, por interpretação teleológica, ser alcançados e, como tal, merecerão o *status* de bem de relevância penal[201].

Santana Vega tece importantes considerações sobre a obrigatoriedade ou não de proibição penal emanada de normas constitucionais. A autora afirma que, de fato, a partir de uma teoria constitucionalista de bem jurídico, a Carta Magna aparece como um motivo decisivo de que não há crime se

---

199 Neste sentido: CRUZ, Ana Paula Fernandes Nogueira da. A importância da tutela penal do meio ambiente. *Revista de Direito Ambiental,* São Paulo, v. 8, n. 31, pp. 58-99, jul./set. 2003; BUGALHO, Nelson R. Contornos do bem jurídico-penal ambiente. In: *Revista do Advogado,* São Paulo, v. 29, n. 102, pp. 87-94, mar. 2009; *Idem,* A tutela penal das unidades de conservação. In: *Revista de Direito Ambiental,* São Paulo, v. 10, n. 38, p.182-203, abr./jun. 2005; *Idem,* Sociedade de risco e intervenção do direito penal na proteção do ambiente. In: *Ciências Penais:* Revista da Associação Brasileira de Professores de Ciências Penais, São Paulo, v. 4, n. 6, pp. 286-323, jan./jun. 2007.

200 COSTA, José Francisco de Faria. *O perigo em Direito Penal.* Coimbra: Editora Coimbra, 2000, pp. 198-199. No mesmo sentido, outro autor lusitano, esclarece que "não existem *imposições constitucionais implícitas de criminalização*" (DIAS, Jorge de Figueiredo. *Op. cit.,* p. 181).

201 SILVA, Ângelo Roberto Ilha da. *Dos crimes de perigo abstrato em face da Constituição.* São Paulo: Editora Revista dos Tribunais, 2003, pp. 86-88.

não houver ofensa a bens jurídicos de transcendência constitucional. Entretanto, a autora indica que tal premissa não implica na afirmação imediata de que o modelo constitucionalista de bem jurídico também determina ao legislador a obrigatoriedade de escolher o Direito Penal para sua proteção[202]. Logicamente, não haveria maiores problemas em relacionar-se a isso o grau de liberalidade que o legislador possui ao disciplinar matérias constitucionais elegendo este ou outro sistema de controle social que julgar mais adequado ou efetivo.

Vega, no entanto, enfatiza o problema acima delineado precisamente quando, em Constituições como a Espanhola[203] e a Brasileira, por exemplo, preveem a obrigação expressa de se criminalizar determinadas condutas ofensivas a bens coletivos, tais como o meio ambiente. Na visão da autora, não obstante haver obrigações expressas ou tácitas de criminalização de ofensas ao meio ambiente, não se deve olvidar, de forma alguma, do caráter de subsidiariedade e intervenção mínima do Direito Penal, pois, em matéria de atuação sancionatória, este ramo tem papel último ou secundário, havendo, pois o Direito Administrativo Sancionador ou o Direito Civil *ex ante*[204]. Isto porque, para ela, o legislador é livre para disciplinar a proteção penal da forma como julgar conveniente, logicamente, com respeito aos

---

202 SANTANA VEGA, Dulce María. *Op. cit.*, p. 60.

203 Santana Vega aponta que há uma discussão, na Espanha, acerca dos dispositivos constitucionais 46 e 45.3, que tratam da proteção penal do meio ambiente, precipuamente o segundo, em que há uma determinação de sancionamento penal "ou" administrativo. Entretanto, a autora afirma que a ordem constitucional foi primar pela sanção penal, enquanto a dourina interpreta, à luz do princípio da intervenção mínima, que a ameaça de pena só deve existir como *ultima ratio*. Mas, a autora adverte que não é a Constituição que deve se adequar à interpretação dos juristas, mas sim o contrário, como que se admitisse a imposição constitucional de intervenção penal sob pena de não se proteger, como manda a Lei Maior (SANTANA VEGA, Dulce María, *Op. cit.*, pp. 63-64).

204 Cf. SANTANA VEGA, Dulce María. *Ibidem*, pp. 63-64.

demais princípios constitucionais fundamentais.

Vão nesse sentido as lições de Luiz Régis Prado, que afirma que a Carta Magna Brasileira de 1988 estabeleceu "um mandato expresso de criminalização das condutas lesivas ao meio ambiente"[205]. Sendo assim, entende-se como uma determinação constitucional da necessária proteção deste bem pelo Direito Penal, de forma que a Carta Magna, com isso, tenha dirimido quaisquer dúvidas acerca da indispensabilidade de uma tutela penal ambiental. Porém, o autor ressalta o caráter subsidiário e de mínima intervenção penal, não obstante a expressa previsão do mandato constitucional: "reconhecem-se a existência e a relevância do ambiente para o homem e sua autonomia como bem jurídico, devendo, para tanto, o ordenamento jurídico lançar mão inclusive da pena, ainda que em *ultima ratio*, para garanti-lo"[206].

Conforme o exposto, não obstante a presença do mandato expresso de criminalização do meio ambiente tal como estampado na Constituição Brasileira de 1988, ou até mesmo na Espanhola de 1976, a proteção de bens jurídicos pelo Direito Penal deve estar de acordo com os demais preceitos constitucionais (direito fundamental à liberdade, por exemplo), já que a legitimidade e os próprios limites de atuação do *ius puniendi* devem ser sistematicamente interpretados com vistas à concretização das garantias

---

205 PRADO, Luiz Régis. *Op. cit.*, p. 80.

206 PRADO, Luiz Régis. *Ibidem,* p. 80. Neste mesmo diapasão, Vladmir e Gilberto Freitas enaltecem a importância da proteção penal ambiental e a expressa ordem constitucional de criminalização das condutas ofensivas ao meio ambiente: "a importância da tutela penal do meio ambiente de há muito vem sendo destacada. Basta lembrar que no XII Congresso Internacional de Direito Penal, realizado em Varsóvia em 1975, foi aprovada a resolução de tratar como delitos contra a humanidade e submeter a grave repressão as agressões ao meio ambiente". No Brasil, abre espaço a essa resolução e expressamente a impõe a Constituição Federal de 1988, no art. 225 § 3º, quando estabelece que "as condutas e atividades lesivas ao meio ambiente sujeitarão os infratores, pessoas físicas ou jurídicas, a sanções penais" (FREITAS, Vladimir Passos de; FREITAS, Gilberto Passos de. *Op. cit.*, p. 31.).

relativas à existência segura de bens jurídicos essenciais à conservação da dignidade humana[207].

---

207 Precisa também é a consideração de TELLES, no sentido de que "mesmo que a Constituição não tivesse determinado a responsabilidade criminal por danos ao meio ambiente, a tutela penal desse bem jurídico estaria justificada pela importância dos bens ambientais à vida humana, mormente os recursos naturais; pela irreversibilidade dos danos e pelo caráter transindividual e intergeneracional. Vale dizer, se os danos causados ao patrimônio de *uma* pessoa recebem o agasalho do direito penal (e, diga-se de passagem, com penas severas), com mais razão será a tutela penal do meio ambiente; patrimônio de *todos,* inclusive das futuras gerações" (TELLES, Michelle Taveira. Dos fundamentos jurídicos da tutela penal do meio ambiente. In: *Boletim Científico da Escola Superior do Ministério Público da União*, Brasília, v. 3, n. 11, p. 76, abr./jun. 2004).

EXPANSÃO DO DIREITO PENAL E MEIO AMBIENTE: ASPESCTOS DOGMÁTICOS E POLÍTICO-CRIMINAIS

2

2.1 A proteção do meio ambiente como reflexo da "expansão do direito penal" na sociedade de risco

Como alhures destacado, a complexidade social proporcionada pelos processos de globalização de mercados e de compartilhamento de riscos das atividades industriais, comerciais e tecnológicas que marcam esta nova sociedade mundial levou, invariavelmente, a uma situação de insegurança nas relações jurídicas, chamando-se, então, o Direito Penal para tutelar os novos interesses percebidos então com tais transformações.

O meio ambiente encontra-se num dos pontos mais importantes desta discussão, pois sua temática envolve a essencialidade do bem para a concretização da dignidade da pessoa humana, tanto em relação às presentes quanto às futuras gerações (perspectiva voltada para o futuro) e, de outro âmbito, no que tange ao perigo iminente na escassez dos recursos e elementos naturais (água, solo, ar, flora e fauna), através das atividades em busca do crescimento econômico.

Este cenário, transportado para as discussões jurídicas, representa um dos grandes desafios para a Dogmática Penal Contemporânea, a saber:

como o Direito Penal deverá atuar na prevenção e na persecução penal desta nova criminalidade que, dadas as suas características específicas, o enfrentamento pela tradicional teoria do injusto penal parece não estar apto para possibilitar soluções tão adequadas[208].

Antes que se decida, assim como sugere Hassemer[209], se recorrer a outra forma de controle social, tal como o Direito de Intervenção ou o Direito Civil, em substituição total ao Direito Penal, intenta-se, no presente trabalho, vislumbrar os aspectos mais problemáticos sobre o fenômeno conhecido como "expansão da tutela penal" e verificar se isto logrou, ou não, alternativas viáveis de sustentação legítima da proteção penal do ambiente, como um novo âmbito de atuação punitiva.

Para que se possa identificar as possíveis influências da então "sociedade de risco", ou "parâmetro de segurança", no Direito Penal, mais especialmente na proteção penal ambiental, no que tange à forma de tutela escolhida pelo legislador (com ênfase no aspecto da acessoriedade administrativa), é preciso esclarecer alguns pontos cruciais sobre a ideia deste novo paradigma social no âmbito do *ius puniendi*. Conforme já sustentado por Beck[210], houve a mudança no potencial dos perigos[211] atuais, quando comparados

---

208 Cf. SOUZA, Luciano Anderson de. *Expansão do Direito Penal e Globalização*. São Paulo: Quartier Latin, 2007, p. 61.

209 Cf. HASSEMER, Winfried. Características e Crises do Moderno Direito Penal. In: *Revista de Estudos Criminais*, [Tradução de Pablo Rodrigo Alflen da Silva, de Kennzeichen und Krisen des modernen Strafrechts], n.º 08, 2003, pp. 54-66, também publicada em *Revista Síntese de Direito Penal e Processual Penal*, n.º 18, 2003, p. 144-157; *Idem*, Desenvolvimentos Previsíveis na Dogmática do Direito Penal e na Política Criminal. In: *Revista Eletrônica de Direitos Humanos e Política Criminal*. [Trad. Tradução de Pablo Rodrigo Alflen da Silva] do artigo "*Absehbare Entwicklungen in Strafrechtsdogmatik und Kriminalpolitik*", publicado originariamente em Prittwitz/Manoledakis (Hrsg.) Strafrechtsprobleme an der Jahrtausendwende, 1. Aufl., 2000, pp. 17-25.

210 Cf. BECK, Ulrich. *Op. cit.*, p. 66 e ss.

211 Como já inclusive destacado anteriormente, a diferença entre risco e perigo, apesar de

aos de épocas anteriores, já que os de agora são artificiais e não meramente causados por infortúnios naturais, pois são produzidos pela atividade do homem e vinculados à sua decisão. Aliás, estes perigos ameaçam um número indeterminado e potencialmente alto de pessoas, ameaçando, por vezes, toda a humanidade (já que estão relacionados à exploração e ao manejo de energia nuclear, produtos químicos, recursos alimentícios, riscos ecológicos, etc.). A globalização não produz só riquezas, produz novos riscos[212] também.

Ainda segundo Beck, tais riscos são consequências secundárias do progresso tecnológico, com efeitos indesejados e imprevisíveis. O problema, segundo o autor, está nos efeitos acessórios, de ordem social, econômica e política, que vêm por trás dos efeitos imediatos que certas atividades possam desencadear para a vida humana e para os animais[213]. A inserção da noção

---

essas palavras serem, semanticamente, quase idênticas, é, muitas vezes, discutida na dogmática jurídico-penal. Para Luhmann, por exemplo, o risco é atrelado a uma decisão racional, mesmo que suas consequências sejam desconhecidas, enquanto que o perigo tem a ver com um dano eventual que decorre de uma causa exterior, da qual ainda não se alcançou o domínio. Vide: LUHMANN, Niklas. El concepto de riesgo. In: BERIAN, Josetxo (org.). *Las consecuencias perversas de la modernidad*. Barcelona: Anthropos, 1996, p. 126 e ss.

212 De acordo com Di Giorgio: "o risco não é nem uma condição existencial do homem, muito menos uma categoria ontológica da sociedade moderna, e tampouco o resultado perverso do trabalho da característica das decisões, uma modalidade da construção de estruturas através do necessário tratamento das contingências. É uma modalidade da relação com o futuro; é uma forma de determinação das indeterminações segundo a diferença de probabilidade/improbabilidade" (DI GIORGIO, Raffaele. O risco na sociedade contemporânea. Tradução de Cristiano Paixão, Daniela Nicola e Samantha Dobrowolski. In: *Revista do Centro de Ciências Jurídicas da Universidade Federal de Santa Catarina*, n.º 28, Ano 15, junho de 1994 - p. 45-54. Disponível na Internet em: file:////Platao/www/arquivos/RevistasCCJ/Seque...Giorgi-O_risco_na_sociedade_contemporanea.html. Acesso em: jun.2012).

213 Cf. BECK, Ulrich. *Ibidem*, p. 66 e ss. Seelmann questiona se tais perigos são, de fato, imprevisíveis e incontroláveis, ou se, ao revés, é possível encontrar alguma maneira de

destes riscos faz surgir um problema real de imputação e de atribuição das responsabilidades pelas consequências indesejadas, não só às pessoas físicas, mas também às jurídicas (incluindo-se as autoridades administrativas), pois, diferentemente da primeira modernidade, não há mais como culpar Deuses pelas forças da natureza ou pelo destino das pessoas. Desta forma, segundo Beck, surge um problema, não só em relação à quantificação ou qualificação destes riscos, mas também em relação à culpabilidade ou à responsabilização a eles relacionadas[214].

Com isso, surge o segundo aspecto que define a sociedade de risco: a complexidade organizacional e seus desdobramentos nas relações de responsabilidade, dados os novos contextos coletivos, em detrimento de situações meramente individuais. Segundo Buergo, quanto mais complexa e aperfeiçoada é uma organização, mais o indivíduo se sente menos responsável pelas suas ações, já que este acaba considerando que "não é o único" a tomar determinada conduta ou "que sua contribuição é irrisória", em determinada situação[215]. Estes aspectos condicionam-se ao binômio "insegurança-risco", ou seja, leva-se a uma sensação subjetiva de insegurança[216], podendo haver, ou não, perigos a se temer. Assim, em nome da intensa demanda por segurança, busca-se, a todo custo, não só desenvolver uma proteção objetiva de riscos e perigos, mas também a necessidade de se sustentar

---

mensurá-los. Cf. SEELMANN, *Iuris*, núm. 1, 1994, p. 273, nota 4,, bem como Luhmann, N. *Soziologie des Risikos*, 1991, pp. 54-117 *apud* MENDOZA BUERGO, Blanca. *Op. cit.*, p. 28.

214 BECK, Ulrich. *Op. cit.*, p. 66 e ss.

215 MENDOZA BUERGO, Blanca. *Op. cit.,* p. 29.

216 Cf. F. X. KAUFMANN, *Normen und Institutionen als Mittel zur Bewaltigung von Unsicherheit*: Die Sicht der Soziologie, In *Gesellschaft und Unsicherheit*, 1987, pp. 37 ss. citado por HERZOG, Unsicherheit, p. 52, e PRITIWITZ, *Strafrecht*, p. 49 com nota 5. Cf. Também a este respeito, mais detalhadamente, PRITTWITZ., u lt. cit., pp. 65 ss., especialmente pp. 72 ss.; HERZOG, *Unsicherheit*, pp. 56 ss. *apud* MENDOZA BUERGO, Blanca. *Op. cit*, p. 30.

a confiança deste tipo de proteção.

Segundo Salvador Netto, "a periculosidade alcança não apenas o mundo material físico, como os rios, as águas, os animais, a saúde, mas também as esferas institucionais elementares para a mantença do capitalismo de padrões avançados"[217]. Diante de todos estes fatores, conforme aponta Silva Sánchez, ocorre o fenômeno da expansão do Direito Penal, que, assim, se vê forçado a controlar esses novos perigos[218]. O autor afirma, em sua obra, que a sociedade atual tem graves problemas de *vertebração interna,* ou seja, a acirrada competitividade gera o aumento da violência e da "criminalidade de rua" ou de "massas"[219]. Entretanto, ele não confunde "expansão do Direito Penal", nas sociedades pós-industriais, com o movimento punitivista "Law and Order" (Lei e Ordem) existente, principalmente, nos Estados Unidos na década de 70, isso porque, neste, havia um clamor social pela criação de novas leis criminais, por mais penas e por maior rigor relativo à criminalidade já conhecida - de rua ou de massas (patrimonial e violenta).

Já a "expansão" (aqui designada) se refere à ampliação da atuação do Direito Penal para abarcar novas realidades traduzidas em novos bens jurídico-penais até então não protegidos, ou considerados, tendo em vista uma necessidade de segurança diante dos riscos sociais e tecnológicos advindos pelos avanços pós-industrialização. Além disso, o progresso técnico-científico altera a forma de criminalidade tradicional transformando-a em

---

217 SALVADOR NETTO, Alamiro Velludo. *Tipicidade Penal e Sociedade de Risco.* São Paulo: Editora Quartier Latin, 2006, p. 94.

218 SILVA SÁNCHEZ, Jesús-María. *A expansão do direito penal. Aspectos da política criminal nas sociedades pós-industriais.* 2. ed. Trad. Luiz Otávio de Oliveira Rocha. São Paulo: Revista dos Tribunais, 2011, p. 33 e ss. O autor, entretanto, acredita que, para o "direito penal dos riscos" deve haver uma "segunda velocidade" de intervenção penal, ou seja, um sistema que respeite os princípios de um Estado Democrático de Direito, mesmo que de forma flexibilizada. Portanto, isso importará um abrandamento do rigor das sanções (conforme será abordado mais à frente).

219 SILVA SÁNCHEZ, Jesús-María. *Ibidem*, p. 39 e ss.

"criminalidade cibernética e organizada"[220].

Silva Sánchez cita três causas para a ocorrência do fenômeno da expansão do Direito Penal, quais sejam: primeiro, pressupõe-se uma conformação, ou generalização, de realidades novas que até então não existiam e com as quais o indivíduo passou a ter que lidar; segundo, iniciou-se um processo de deterioração de realidades que eram tradicionalmente vastas e, agora, os indivíduos passaram a lidar com a escassez de seus recursos (*v.g.* o meio ambiente); e, em terceiro lugar, algumas realidades, até então não tão destacáveis, passaram a ser dotadas de valor essencial, graças à evolução social e cultural por que experimentaram algumas sociedades (v.g. patrimônio paisagístico, artístico, histórico e cultural)[221]. Caracteriza-se esta nova sociedade também pela existência de inúmeros *sujeitos passivos*[222], representados pelos consumidores, pelos aposentados, pelos pensionistas, etc., que revelam uma certa acomodação ou inação diante das mudanças sociais e que, diante dos acontecimentos danosos, não consideram a hipótese de azar ou caso fortuito: há que se identificar sempre um culpado pelo evento danoso. Somado a isto, impõe-se ao Estado uma conduta positiva, no sentido de promover tranquilidade diante destas situações adversas.

A esse respeito, Silva Sánchez adiciona que há um fenômeno geral de *identificação social com a vítima,* em grau maior do que com o autor/sujeito ativo do delito. Surge, então, além de uma nova forma de vitimologia, uma teoria do injusto e da pena, mais voltados para a vítima[223]. E, para completar o fenômeno, Sánchez afirma que está havendo um descrédito nas outras searas de proteção (*v.g.* Direito Civil, Direito Administrativo), como se o Direito Penal representasse um instrumento infalível de "pedagogia político-

---

220 SILVA SÁNCHEZ, Jesús-María. *Ibidem*, p. 36.

221 SILVA SÁNCHEZ, Jesús-María. *Ibidem*, pp. 33-34.

222 SILVA SÁNCHEZ, Jesús-María. *Ibidem*, p. 52.

223 SILVA SÁNCHEZ, Jesús-María. *Ibidem*, pp. 64-74.

social"[224].

O Direito Penal, tradicionalmente, desde os pioneiros do Iluminismo, manteve-se na salvaguarda dos chamados bens individuais, ou seja, aqueles que dizem respeito à personalidade, ao patrimônio, dentre outros, de pessoas visivelmente identificadas com as ofensas ou situações de periclitação dos bens jurídicos. Ou seja, preocupava-se, claramente, com a vida, com a liberdade, com o patrimônio, com a honra das pessoas físicas (e até, mais modernamente, das jurídicas) especificadas.

Conforme já assinalado alhures, várias mudanças sociais, econômicas e culturais, influenciadas pela inserção de tecnologias, vêm trazendo consigo também novos riscos[225] até então desconhecidos pela Ciência Moderna. Sánchez afirma que, na medida em que o progresso técnico e científico se acentua, uma criminalidade nova, mais organizada, também se projeta no cenário mundial, levando a uma situação de insegurança em diversos setores sociais, fator típico do declínio do próprio modelo de Estado de Bem-Estar Social[226]. Diante deste contexto, por todos os lados surgem novas tendências criminalizantes (crimes contra o meio ambiente; contra a ordem econômica, tributária e as relações de consumo; contra a saúde pública; etc.), com a justificativa de que se está a proteger os novos direitos, ou interesses, advindos das relações sociais globalizadas e de risco. Como são bens muitas vezes relativos a inúmeros destinatários, nem sempre identificados em um dado momento ou local, sustenta-se, de um lado, a necessária "modernização" do Direito Penal para que se consiga lidar com a tutela desses novos bens jurídicos (coletivos ou supraindividuais).

Diferentemente da proposta de Hassemer[227], que será tratada mais

---

224 SILVA SÁNCHEZ, Jesús-María. *Ibidem*, pp. 78-79; *Idem, Aproximación al Derecho Penal contemporáneo*. Barcelona: Bosch Editor S.A., 1992.

225 Cf. já discutido anteriormente e citado por Beck, Ulrich. *Op. cit.*, p. 19 e ss.

226 Cf. SILVA SÁNCHEZ, Jesús-María. *Op. cit.*, pp. 33-39.

227 Hassemer (*Op. cit.*) sustenta o Direito de Intervenção (e não o Direito Penal) como

abaixo, a viabilidade da tutela penal não é descartada por Silva Sánchez, diante dessa nova criminalidade. Eis que surge a construção de um Direito Penal de *segunda velocidade* para abranger bens jurídicos, como o ambiente, difusos ou coletivos (diferentemente do de *primeira velocidade*, que é voltado aos bens jurídicos individuais tradicionalmente construído)[228].

Para verificar se tal *upgrade* da Dogmática Penal Tradicional (sempre baseada em bens jurídicos individuais) é legitimamente possível, algumas noções prévias deverão ser contornadas. Esta situação obriga a transformação do Direito Penal clássico (idealista), estandardizado pelos corolários liberais, em um "Direito Penal da Segurança[229]" (ou "Direito Penal do Risco"), já que suas técnicas rudimentares não conseguem promover nenhum grau de eficiência na proteção de novos bens[230].

A partir das lições de Bidasolo, pode-se correlacionar a ideia de necessidade de precaução[231] no Direito Penal com a explicação histórica da

---

hábil para tutelar situações sem bem jurídico aparente, ou de bens que não possam ser remetidos a interesses pessoais (conforme será pontuado nos próximos pontos do estudo).

228 Cf. SILVA SÁNCHEZ, Jésus-María. *Op. cit.*, p. 141.

229 Expressão utilizada por Kindhäuser (1992, p. 229 *apud* MENDOZA BUERGO, Blanca. *Op. cit.*, p. 34), para quem "o homem é o primeiro fator de insegurança na sociedade de risco".

230 Cf. SALVADOR NETTO, Alamiro Velludo. *Op. cit.,* p. 94.

231 A ideia de precaução está intimamente ligada à limitação ou ao gerenciamento de riscos. Entretanto, a prevenção atua onde os riscos são conhecidos e testados cientificamente. A precaução adentra a seara dos riscos hipotéticos, ou sem absoluta certeza científica. A inserção deste princípio de forma expressa nos ordenamentos jurídicos deu-se com a determinação do Princípio 15 da Declaração do Rio de Janeiro sobre Meio Ambiente e Desenvolvimento, de 1992. Até então, não havia a menção de técnica de prudência tão específica quanto a precaução, que só foi levada em conta, de forma mais precisa, nas negociações da Convenção de Viena de 1985 sobre a proteção da Camada de Ozônio, já que a falta de certeza científica, no que tange aos gases tóxicos que destroem tão importante película da atmosfera terrestre, impôs a adoção de

inserção dos riscos globais. Da mudança de paradigma da sociedade burguesa do século XVIII, houve uma profunda alteração no modo de produção, que, de artesanal, se tornou industrial, pautado na produção em massa, a partir das inovações tecnológicas que capacitaram as indústrias à produção em larga escala[232]. Neste aspecto, Bottini argumenta que este tipo de modelo econômico intensificou também a pesquisa científica para impulsionar, cada vez mais, o caminhar tecnológico das forças de produção, de forma que o autor chega a afirmar que a ideia do *risco* passa a caminhar com o desenvolvimento da sociedade. Logicamente, os riscos, inicialmente, eram amenizados em sua dimensão negativa, uma vez que eram efeitos decorrentes da busca pelo progresso e bem-estar da população[233].

Tanto Beck[234] quanto Bottini[235] afirmam que, deste cenário de intensa utilização de tecnologias, houve uma desatenção quanto ao planejamento e a avaliação dos desdobramentos indesejáveis do avanço industrial econômico, promovendo-se, na visão de Beck, um efeito reverso: ao invés de se alcançar a certeza sobre determinadas atividades, houve um verdadeiro incremento de situações novas, desconhecidas e incertas.

---

medidas restritivas à comercialização de certos gases "possivelmente" poluentes (FIORILLO, Celso Antônio Pacheco. *Op. cit.*, p. 121). Sobre o princípio da precaução: LOPEZ, Teresa Ancona. *Princípio da precaução e evolução da Responsabilidade Civil.* São Paulo: Quartier Latin, 2010.

232 CORCOY BIDASOLO, Mirentxu. *Límites objetivos y subjetivos a la intervención penal en el control de riesgos.* Valencia: Tirant lo Blanch, 1999, p. 33 e 34.

233 BOTTINI, Pierpaolo Cruz. *Crimes de perigo abstrato e princípio da precaução na sociedade de risco.* Prefácio de Antônio Luís Chaves Camargo; apresentação: Márcio Thomaz Bastos. São Paulo: Revista dos Tribunais, 2007, p. 48.

234 BECK, Ulrich. *Op. cit.*, p. 17.

235 Em resumo, conclui Pierpaolo Cruz Bottini (*Op. cit.*, p. 47) que a rapidez dos avanços científicos, das técnicas e dos insumos de produção "não se faz acompanhar pelo conhecimento científico sobre os efeitos destas inovações, nem sobre os potenciais perigos oriundos de sua aplicação em processos produtivos: é o que gera risco".

O que se pretende com o uso de um princípio da precaução no âmbito do Direito Penal é obstar à requisição de certeza científica para se empreender ações voltadas para a preservação ambiental, quando, muitas vezes, caso resultados imprevisíveis ocorressem, os danos poderiam ser mais prejudiciais do que a própria conduta preventiva *ex ante*.

O medo e a insegurança, somados à necessidade de precaução, alteram as tipificações penais, no que tange aos aspectos de causação de dano, ou de perigo, e também vai gerar reflexos no tema da culpabilidade. Isto se deve à já mencionada falta de exatidão quanto aos riscos, ou mecanismos, que podem causar danos, já que, como afirma Beck, na sociedade de risco moderna, as próprias pessoas produzem, por elas próprias, os riscos que, muitas vezes, passam despercebidos, tornando o futuro algo totalmente imprevisível[236].

Prittwitz afirma que a expansão do Direito Penal se dá de forma tridimensional: primeiro, surgem novos bens jurídicos a serem tutelados pelo Direito Penal, tal como o meio ambiente; segundo, a fronteira entre a conduta punível das não puníveis é alargada; reduzem-se os requisitos para a responsabilidade penal, com ampliação do foco da violação de bens jurídicos tutelados, para abranger também a mera colocação de perigo desses bens. E enfatiza: o Direito Penal do risco criminaliza uma conduta, não enquanto considerada socialmente inadequada, mas de modo que ela venha a ser, depois, considerada inadequada, de tal forma que se possa revitalizar a ideia da "força moralizadora do Direito Penal", com motivações extremamente éticas[237]. Aliás, a falta de certeza em relação ao potencial dos riscos, somada à imposição da função de "gerenciamento da insegurança" ao Direito Penal, decorre do ponto crucial dos reflexos da expansão do Direito Penal na sociedade de risco: a "administrativização da tutela penal".

---

236 BECK, Ulrich. *Op. cit.*, p. 66.

237 PRITTWITZ, Cornelius. Teoria e prassi del diritto penale dell'ambiente. *Rivista Trimestrale di Diritto Penale Dell'Economia*, Padova, v. 23, n. 3, p. 492, jul./set. 2010.

Esse termo é utilizado por Sánchez para designar o que Mir Puig já havia enfatizado anteriormente: que se atua em nome da primazia da gestão de ordem ou contextos coletivos (tal como o meio ambiente), em detrimento da afetação individual. Segundo Silva Sánchez é possível verificar uma característica do Direito Penal nas sociedades pós-industriais, qual seja a postura ampla de assumir "a lesividade global derivada de acumulações ou repetições, tradicionalmente própria do administrativo. (...) convertendo-se [o Direito Penal] em um Direito de gestão ordinária de grandes problemas sociais"[238].

É justamente neste contexto que se insere a problemática do presente trabalho: na atual configuração do Direito Penal do Risco, a proteção penal do meio ambiente tem se baseado nas técnicas de reenvio (conceitual, normativo ou de ato) ao Direito Administrativo, na tentativa de gerenciar o nível de risco permitido das condutas potencialmente lesivas ao equilíbrio das condições ambientais. Desta forma, os limites antes existentes entre ilícito penal e ilícito administrativo podem restar um tanto quanto incertos, já que, aparentemente, a função do Direito Penal Ambiental seria exercer um reforço das sanções administrativas ambientais. A dúvida reside, portanto, nos limites em que a acessoriedade administrativa se relaciona com os tipos penais ambientais, típicos do "Direito Penal de Segurança" ou "Direito Penal do Risco", para que se possa garantir a legitimidade e a autonomia funcional de atuação do âmbito punitivo, com vistas a se garantir os princípios delimitadores clássicos, que informam a intervenção penal.

Antes, porém, de se adentrar o tema, em específico, e feitas as abordagens gerais das influências do processo de expansão da tutela penal na sociedade de risco, intenta-se analisar as possibilidades dogmáticas e político-criminais de intervenção punitiva, relativa ao meio ambiente, para, em seguida, apurar o problema das citadas técnicas de reenvio administrativo.

---

238 SILVA SÁNCHEZ, Jesús-María. *Op. cit.*, pp. 155-156.

2.2 Divergências dogmáticas acerca da legitimidade e eficácia da tutela penal ambiental

Conforme já bem explicitado, a partir da segunda metade do século XX, novos problemas vieram a acionar a atenção do ordenamento jurídico diante de uma intensa destruição e piora nas condições do meio ambiente, sem contar as previsões de caráter catastrófico sobre a destruição da natureza, que põe em risco a própria sobrevivência da raça humana.

Entretanto, para que se delimite o campo das funções de atuação legítima do Direito Penal do Ambiente, diante das pressões ensejadas pela "sociedade de risco", inicialmente, faz-se de suma importância apontar quais são os principais problemas argumentativos advindos das necessidades de expansão da tutela punitiva característicos deste paradigma social.

Nesse sentido, a discussão sobre a viabilidade, ou não, da tutela de bens jurídicos pelo Direito Penal torna-se relevante para a compreensão da intervenção penal na proteção do meio ambiente, seja como bem jurídico, seja como valor ou interesse de caráter transindividual, já que este tipo de atuação foi recomendado pela Constituição Federal desde 1988. A preocupação torna-se evidente, pois, além do caráter individual de promoção da sadia qualidade de vida, o meio ambiente possui também seu traço supra-individual ou difuso, como bem indispensável para as presentes e futuras gerações.

Apesar da determinação constitucional, o tema não é tão simples quanto parece. A presente matéria envolve aspectos de Dogmática e Política Criminal, áreas que investigam, além das técnicas adequadas de tutela, as próprias funções do Direito Penal na atualidade. O Direito Penal, como ramo integrante do ordenamento jurídico, na visão de Ferreira, "não pode assim deixar de oferecer a sua contribuição para essa missão salvadora, justificando-se a sua intervenção não somente pela gravidade desse problema e pela sua universalidade"[239], mas porque, modernamente, se insere dentro dos direitos fundamentais que devem ser tutelados por esta esfera, a título de *ultima ratio*.

Cabem também importantes ressalvas, no que se refere ao tema "tutela penal do meio ambiente", conforme bem salientado por Silveira: "paixões à parte, ladeando-se o radicalismo de certos ambientalistas, sua presença somente poderá ser aceita se respeitado o princípio da subsidiaridedade, pois, d'outra forma, desconfigurado estaria o Direito Penal liberal"[240].

Miguel Reale Júnior vê com maus olhos a tendência, tanto no Brasil quanto em outros países, de se considerar, no Direito Penal, "a cura para todos os males". Segundo ele, a crescente atuação do Estado, sob o argumento de que se intenta tutelar novos direitos – difusos e coletivos – incorre num aumento considerável de leis incriminadoras, que, segundo o autor, "de forma alguma merecem agasalho no campo penal"[241]. E, mais, o jurista chega a afirmar que se trata de uma mera "ilusão penal", pois o fato de se utilizar o medo e a intimidação penal para controlar condutas acaba por gerar mais insegurança e descrença na sociedade, em torno das autoridades, pois passa-se a crer que só com muita intimidação é que vai haver segurança[242].

Diante dessas premissas, entre "missão" e "ilusão" do Direito Penal na proteção do meio ambiente, torna-se inarredável a reconstrução de alguns conceitos dogmáticos indispensáveis para a tomada de posição acerca da legitimidade (ou não) da atuação do *ius puniendi* estatal, diante das funções modernamente assumidas.

---

239 FERREIRA, Ivete Senise. *Op. cit.*, p. 68.

240 SILVEIRA, Renato de Mello Jorge Silveira. *Op. cit.*, p. 137.

241 REALE JÚNIOR, Miguel. A Lei de Crimes Ambientais. In: *Revista Forense* 345/121, 1999.

242 REALE JÚNIOR, Miguel. *Ibidem.*

2.2.1 Argumentos de resistência pela Escola de Frankfurt: crise de legitimação e inefetividade

O atual contexto do cenário político-criminal, tanto no Brasil como na Alemanha e Espanha, revela, nos mais variados debates, a necessária recondução da atuação penal do Estado com vistas ao atendimento dos preceitos do Direito Penal Mínimo, dada a "vocação restritiva" inerente a este ramo do ordenamento frente ao detalhamento dos direitos fundamentais[243]. Apesar de destacarem a importância da proteção do meio ambiente[244] como condição indispensável à qualidade de vida e à saúde humanas, alguns autores ligados à chamada Escola de Frankfurt[245] vêm tecendo uma série de considerações críticas de forma a resistir contra o movimento de expansão legislativa e dogmática que vise abarcar o Direito Penal Ambiental. Para tanto, partem da premissa de que o Direito Penal deve ser limitado ao

---

243 Também apontam para esta característica: MACHADO, Fábio Guedes de Paula; GIÁCOMO, Roberta Catarina. Novas teses dogmáticas jurídico-penais para a proteção do bem jurídico ecológico na sociedade de risco. *Revista Liberdades*, n. 2, Instituto Brasileiro de Ciências Criminais, p. 39-55, set/dez. 2009. Disponível na Internet em: http://www.revistaliberdades.org.br/site/outrasEdicoes/outrasEdicoesExibir.php?rcon_id=17. Acesso em: set.2012.

244 Nas palavras de Hassemer: "A minha oposição ao direito penal do ambiente, é bom que fique aqui registrado, não pode ser confundida com qualquer menosprezo pelo ambiente ou pela ecologia, muito pelo contrário." (HASSEMER, Winfried. A preservação do ambiente por meio do direito penal. Conferência ministrada na Universidade Lusíada – Porto, no âmbito do I Congresso Internacional de direito do Ambiente, com tradução simultânea do alemão por Carlos Eduardo Vasconcelos, adaptada para publicação por Paulo de Sousa Mendes. In: *Notícias do Direito Brasileiro*. Nova Série. UNB, n° 4 – 2° Semestre de 1997, p. 29).

245 As premissas da Escola de Frankfurt são encabeçadas por Winfried Hassemer, seu mais conhecido expoente, e também por Prittwitz, Herzog, Naucke, Muñoz Conde, dentre vários outros. No Brasil, alguns de seus mais importantes seguidores são, sem dúvidas: Miguel Reale Jr.(*Op. cit.*) e Helena Regina Lobo da Costa (*Op. cit.*).

máximo, o que implica sua incidência apenas sobre aquelas condutas que violem, de maneira agressiva, os bens individuais indispensáveis para a vida em comum, como a vida, a saúde, a propriedade, etc.

Deste modo, serão levantados os principais argumentos teóricos contra o direito penal ambiental, sustentados por alguns dos principais partidários da denominada "Escola de Frankfurt", quais sejam: Winfried Hassemer e Cornelius Prittwitz, e, na sequência, algumas considerações críticas serão formuladas em relação aos posicionamentos dos referidos juristas.

a) Winfried Hassemer: função simbólica e o Direito de Intervenção

Analisando-se as objeções de Winfried Hassemer, em relação ao Direito Penal do Ambiente, precipuamente aquelas tecidas no I Congresso Internacional de Direito do Ambiente, percebe-se a ênfase dada pelo autor à ideia de que a contribuição do Direito Penal para a tutela do meio ambiente é contraproducente, isto porque esse autor não concorda com o afastamento principiológico clássico liberal em nome da utilização de instrumentos mais severos do que os já existentes apenas para diminuir a sensação geral de insegurança própria da sociedade de riscos[246].

Hassemer assevera que, até a década de 80, a proteção penal do meio ambiente na Alemanha era sim feita de forma satisfatória, atendendo aos primados do Direito Penal Mínimo Clássico, através de três premissas: a proteção de bens jurídicos individuais (vida, integridade física, saúde, patrimônio etc.); a incriminação de alguns tipos de perigo comum (ligados à liberação de energia nuclear, ou à criação de perigo de explosão nuclear); e a previsão, na legislação esparsa, de uma série de normas administrativas ambientais de cunho preventivo-ordenadoras, com algumas sanções penais

---

246 HASSEMER, Winfried. *Op. cit.*, p. 29.

correlatas[247].

Entretanto, com a pressão para se criar um autêntico Direito Penal de proteção ao meio ambiente, foram unificadas as condutas penais ambientais no Código Penal Alemão, criando-se um novo Capítulo cujas penas foram agravadas, e novas infrações penais também foram criadas, a exemplo clássico da adoção de uma tendência expansionista. Com isso, houve um resultado negativo e oposto aos fins da reforma: o *déficit* de execução nos crimes ali inovados, seja por um problema de cifra negra e seletividade da atuação penal, seja pelas dificuldades processuais no que tange às provas, o que possibilita as absolvições penais e aumenta o número de benefícios processuais de trancamento ou suspensão do processo ainda em sua fase inicial[248].

Tanto Hassemer quanto Munõz Conde[249] afirmam que não é possível dotar o Direito Penal das exigências típicas do Direito Ambiental em geral, pois o primeiro não se compactua com um prisma preventivo e ampliador das responsabilidades dos agentes no âmbito das organizações complexas inerentes às necessidades ambientais.

O principal autor da Escola de Frankfurt, Hassemer, fundamenta seu discurso de resistência contra a proteção penal ambiental em quatro principais motivos: primeiro, a falta de autonomia da tutela penal face à *acessoriedade administrativa*; segundo, o problema da *imputação da responsabilidade criminal* diante do complexo contexto causal; terceiro, a inalcançabilidade do(s) *fim(ns) das penas*; e, por último, o *caráter simbólico* do Direito Penal Ambiental[250].

No que tange ao primeiro problema, o relativo à acessoriedade

---

247 HASSEMER, Winfried. *Ibidem*, p. 29.

248 HASSEMER, Winfried. *Ibidem*, p. 30.

249 Conforme citação do autor feita por Hassemer: "*o direito penal não é instrumento adequado para lidar com este tipo de problemas*" (HASSEMER, Winfried. *Ibidem*, p. 30).

250 HASSEMER, Winfried. *Ibidem*, p. 31-33.

administrativa no Direito Penal Ambiental, Hassemer afirma que a tutela punitiva tem seus limites traçados pelo Direito Administrativo, já que o juiz penal não tem condições de definir o conteúdo do injusto somente com base na lei penal. Desta forma, para o autor: "a acessoriedade administrativa faz com que o ilícito penal deixe de ser visível. Na prática, a matéria da ilicitude penal passa a ser objeto de negociação direta entre a Administração e o potencial infrator. Com isto, o Direito Penal perde credibilidade para a generalidade dos cidadãos"[251].

Relativo ao segundo argumento de resistência, Hassemer afirma que os critérios restritos de imputação da responsabilidade criminal individual não se aplicam no âmbito dos crimes ambientais, já que, para ele, neste âmbito, a responsabilidade é quase sempre coletiva, pois é "produto final de uma conjugação de vontades extremamente complexa, intervindo aqui toda uma série de variáveis técnicas, que têm de ser consideradas"[252]. Assim, o autor considera que pode acontecer de apenas um ou outro pagar pela conduta de outrem, o que afeta não só a eficácia, mas, sobretudo, a dignidade do Direito Penal[253].

A terceira objeção de Hassemer refere-se aos fins da pena: para ele, além da ressocialização não ser possível, a prevenção geral positiva que se logra com o Direito Penal Ambiental é "ilusória", pois os verdadeiros poluidores dificilmente são penalizados, o que, em muito, provoca uma maior descrença neste setor punitivo[254].

---

251 HASSEMER, Winfried. *Ibidem*, p. 32.

252 HASSEMER, Winfried. *Ibidem*, p. 32.

253 HASSEMER, Winfried. *Ibidem*, p. 32.

254 HASSEMER, Winfried. *Ibidem*, pp. 32-33. Neste mesmo sentido a árdua crítica criminológica de: ZAFFARONI, Eugénio Raúl. Reflexiones sobre el derecho penal ambiental. In: *Estudios sobre justicia penal:* homenaje ao Profesor Julio B. J. Maier. Buenos Aires: Del Puerto, 2005. 1008 p. ISBN 987-9120-72-8 [Classificação: 343.2 E85]. pp. 143-152. O referido autor argentino afirma que: "(...) a idolatria do poder punitivo é patente; sua exploração por um frontalismo penal autoritário e irresponsável é

E, por fim, ressalta que o quarto motivo de resistência ao Direito Penal do Ambiente está em seu caráter eminentemente simbólico. Isto significa que não se presta à efetiva proteção de bens jurídicos e, por outro lado, apenas serve de manobra política para a conformação ou a "tranquilização" sociais[255].

Conforme bem leciona Mendoza Buergo, para a grande maioria dos autores, de todas as possíveis funções que o Direito Penal possa pretender desempenhar na sociedade do século XXI, a única que não deve assumir é a função meramente simbólica, pois esta seria irreal ou ineficaz aos problemas que o *jus puniendi* possa querer resolver[256].

Em outros momentos, Hassemer já havia feito consideração sobre esse ponto deslegitimador de tutela penal, afirmando que a função simbólica ocorre quando há a promulgação de leis que possuem uma falsa aparência de efetividade e instrumentalidade, que contém um elemento de engano quanto aos motivos e intenções históricas do legislador. Simbólica, num sentido crítico da expressão, é a função de um Direito Penal "no qual as funções latentes predominam sobre as manifestas"[257], ou seja, do qual se faz

---

manifestada no mundo todo. A incapacidade dos políticos para resolver os problemas, os leva a usar a lei penal como publicidade enganosa e, assim, o Direito Penal se converte em uma propaganda desleal muito perigosa, de forma que as democracias estão ameaçadas pela crescente corrupção mafiosa de um poder punitivo arbitrário, com espaços de decisão seletiva, nas quais as corporações policiais representam os poderes políticos crescentemente desconcertados e inconscientes da cessão de seus âmbitos. Há, pois, uma propaganda massiva que desencadeia o reforço dos prejuízos e dos apelos publicitários da incitação vindicativa, o que configura uma opinião pública que alimenta falsidades e reações irracionais e primitivas" (*Ibidem*, p. 151, tradução livre da autora).

255 HASSEMER, Winfried. *Op. cit.*, p. 33.

256 MENDOZA BUERGO, Blanca. *Op. cit.*, p. 128.

257 Cf. HASSEMER, Winfried. Op. cit., p. 30 e ss. Sobre a diferenciação feita por Hassemer acerca das funções "manifestas" e das funções "latentes", tem-se, *verbis:* "(...) se entiende (...) por 'funciones manifiestas' llanamente las condiciones objetivas de

pensar e esperar outros objetivos além dos descritos nas normas.

Considerando tais posicionamentos, é possível aplicar, no estudo da tutela penal do meio ambiente, a preocupação com a busca de funções *manifestas* e não meramente latentes, ou seja, é preciso observar que, embora haja uma funcionalização desse âmbito do Direito Penal, para atender aos anseios da sociedade de risco, não é possível, em alguns casos, esperar da intervenção punitiva funções para além do que a própria norma prevê, sob pena de se incorrer num simbolismo exacerbado e ilegítimo.

Diante de todo o exposto, Hassemer indica que há, contudo, algumas soluções para um Direito Ambiental moderno e eficiente. O primeiro passo seria relegar à tutela penal apenas uma concepção monista-pessoal de bens jurídicos, ou seja, só se devem proteger os bens jurídicos clássicos que tenham direta referência à pessoa humana (vida, saúde, integridade física etc.) e, para algumas hipóteses, deve-se admitir a forma de tutela através do perigo comum (nas questões sobre energia nuclear, como dito anteriormente). Propõe, em segundo lugar, para as questões expansivas não abarcadas pelo Direito Penal do Ambiente, a atuação de um "Direito de Intervenção", que seria composto por uma mescla de outros sistemas (Direito Penal, Direito Civil, Direito Administrativo, Fiscal, Econômico etc.) que tenham relação direta com o direito ambiental.

Neste âmbito, a atuação deverá se dar de forma preventiva (antecipando-se o âmbito de punição), e poderá dispensar os critérios individuais de imputação da responsabilidade (adotando-se a responsabilização coletiva): 1) impondo sanções de cunho patrimonial ou administrativo rigorosas

---

realización de la norma, las que la propia norma alcanza en su formulación: una regulación del conjunto global de casos singulares que caen en el ámbito de aplicación de la norma, esto es, la protección del bien jurídico previsto en la norma. Las 'funciones latentes', a diferencia, son múltiples, se sobreponen parcialmente unas a otras y son descritas ampliamente en la literatura: desde la satisfacción de una 'necesidad de actuar' a un apaciguamiento de la población, hasta la demostración de un Estado fuerte". (HASSEMER, Winfried. *Ibidem*, p. 31) ("decretar a dissolução de entes coletivos, encerrar as empresas poluidoras, suspender as respectivas atividades ou setores de atividade, entre outras medidas"[258]); 2) agindo de forma global (já que a questão é relativa ao mundo como um todo integrado); e 3) utilizando, em último caso, e apenas para algumas medidas protetivas ambientais (*v.g.* papel da administração no controle de produtos perigosos), a intervenção penal, não para a proteção de bens jurídicos ambientais, mas como "instrumento a garantir o cumprimento dos deveres impostos pela Administração"[259].

Hassemer acredita que os propósitos do Direito Ambiental, nessa nova configuração, devem, sobretudo, fazer com que os custos da poluição e da exploração ambiental sejam repassados àqueles que se beneficiam com ela; exigindo-se uma reorganização da política fiscal dos Estados com vistas a se proteger o meio ambiente e, sobretudo, promover uma maior transparência da Administração Pública para com a população em geral, no que tange a todas as atividades e riscos ecológicos[260].

Entre os autores brasileiros que mais se aprofundaram no tema e mantém, assim como os anteriores, argumentos de resistência contra o Direito Penal do Ambiente, está Helena Regina Lobo da Costa, para quem este âmbito de atuação punitiva "além de seu déficit de legitimidade, apresenta efeitos contraprodutivos, isto é, desfuncionais à proteção ambiental. (...) há indicadores que auxiliam na identificação do uso simbólico do direito penal, tais como: a inefetividade instrumental, a incapacidade da norma penal simbólica de produzir resultados instrumentais manifestos (...)"[261].

---

258 HASSEMER, Winfried. *Op. cit.,* p. 34.

259 HASSEMER, Winfried. *Ibidem*, p. 34.

260 HASSEMER, Winfried. *Ibidem*, p. 34.

261 COSTA, Helena Regina Lobo da. *Op. cit.*, p. 248. No mesmo diapasão encontram-se também outros autores brasileiros bastante atuantes no sentido de defender a descriminalização dos crimes ambientais e pugnar pela reestruturação do Direito Administrativo, notadamente em sua vertente sancionadora, como caminho para se preservar

Diante das arguições da autora, o Direito Administrativo seria o ramo mais adequado para tratar da questão ambiental, já que atua tanto no âmbito preventivo quanto no sancionador. E mais: com a descriminalização ampla de infrações penais ambientais, somada à correção conjuntural dos problemas de ordem material e processual administrativos (notadamente a questão organizacional e o atendimento de princípios processuais, tais como o da imparcialidade da entidade julgadora dos ilícitos administrativos), obter-se-iam resultados mais satisfatórios e menos contraproducentes[262].

Com base nessas e noutras discussões relativas às oposições a um Direito Penal Ambiental, verifica-se que os grandes pontos de embate são: primeiro, a possibilidade de evolução do Direito Penal, em nome da sociedade de riscos e de sua respectiva necessidade de segurança ou prevenção; segundo, a manutenção dos preceitos instituídos pelo "Direito Penal Clássico" em detrimento do Direito Penal "expansivo" ou "do risco", do qual se carece tanto efetividade quanto legitimidade; e, por último, das possibilidades de adoção ou de incremento de funções preventivas ao Direito Penal.

b) Cornelius Prittwitz e a ineficácia real da tutela penal ambiental

Ainda na seara de autores que se opõem à funcionalização do Direito Penal do Ambiente diante da sociedade de riscos, está Cornelius Prittwitz

---

a atuação legítima do Direito Penal, preservando-se os postulados garantísticos clássicos do Estado Democrático de Direito. Dentre eles, estão, principalmente: REALE JR., Miguel. *Op. cit.,*; SOUZA, Luciano Anderson. *Análise da legitimidade da proteção penal da ordem econômica.* Faculdade de Direito da Universidade de São Paulo (Tese de Doutorado). São Paulo, 2011; MORAES, Márcia Elayne Berbich de. *A (In)eficiência do Direito Penal Moderno para a Tutela do Meio Ambiente (Lei n. 9.605/98) na Sociedade de Risco.* Rio de Janeiro: Editora Lumen Juris, 2004.

262 COSTA, Helena Regina Lobo da. *Ibidem,* pp. 249-250.

que, de forma muito semelhante ao já demarcado por Hassemer, traz algumas objeções particulares ao tema. Prittwitz sustenta que o Direito Penal do Ambiente pertence ao Direito Penal Econômico, o que, por si, já traduz um dilema fundamental entre a teoria e a prática, próprio de uma sociedade em constante evolução industrial e tecnológica e, ao mesmo tempo, atenta para as crises financeiras globais. O autor aponta várias discrepâncias entre as necessidades, as possibilidades, a eficácia e a legitimidade da proteção penal do meio ambiente na sociedade de risco[263].

Sustenta Prittwitz que, no plano ideal, o Direito Penal Ambiental representa, na sociedade atual, um importante fator ordenador da ecologia, enquanto resultado de uma política ambiental unívoca. Assim, neste plano idealístico, havendo um conflito entre a "ecologia" e a "economia", devem prevalecer as normas ambientais de respeito àquela. Além disso, no prisma ideal, a proteção penal do meio ambiente goza de aplicabilidade garantida, face à estrutura orgânica judicial especializada, bem como, possui também eficácia, diante da atuação preventiva diante dos riscos ambientais[264].

Já no âmbito real, Prittwitz afirma que o Direito Penal não desempenha nenhum papel na questão do balanceamento entre economia e ecologia. Isto, segundo enfatiza o autor, se deve à falta de claridade de suas normas, que têm profunda acessoriedade administrativa. Por outro lado, os órgãos de aplicação do Direito Penal Ambiental não dispõem, no plano real, da necessária competência especializada (fora a falta de recursos humanos), deixando à autoridade administrativa uma capacidade de agir de modo mais flexível. Ressalta ainda o autor a ineficácia preventiva geral e especial, dada a baixa aplicabilidade prática e à falta de reconhecimento[265].

---

263 PRITTWITZ, Cornelius. Teoria e prassi del diritto penale dell'ambiente. *Rivista Trimestrale di Diritto Penale Dell'Economia*, Padova, v. 23, n. 3, p. 487-488, jul./set. 2010.

264 PRITTWITZ, Cornelius. *Ibidem*, p. 488.

265 PRITTWITZ, Cornelius. *Ibidem*, pp. 489-490.

Essas "discrepâncias extremas", assevera Prittwitz, devem-se ao fato de que o Direito Penal Ambiental é um "Direito Penal do Risco", contexto este de uma concessão expansiva do Direito Penal (ao lado de conceitos como o de "Direito Penal do Inimigo"[266]), marcada por um foco central de prevenção de riscos importantes, que, em nome da criminalidade organizada, não se mantém mais fragmentário, e sim, expansivo[267]. Assim como Prittwitz, o autor afirma que o que ocorre é apenas uma "função assecuratória simbólica da insegurança da sociedade de risco"[268].

Além disso, outra razão para o Direito Penal Ambiental não se

---

266 Sobre o "Direito Penal do Inimigo" (*Feindstrafrecht*) ou ou de "3ª Velocidade", importante considerar, respectivamente, as obras de Günther Jakobs (JAKOBS, Günther. *Direito Penal do Inimigo*. 2. Tiragem. Organização e Introdução: Luiz Moreira, Eugênio Pacelli de Oliveira. Trad. Gérlia Batista de Oliveira Mendes. Rio de Janeiro: Lumen Juris, 2009) e a de Jesus-María Silva Sánchez (*Op. cit.*, pp. 193-205). JAKOBS (*Ibidem*, p. 112) que baseia, inicialmente, sua teoria em tradicionais ideias filosóficas de Estado, de Direito e de Contrato Social, tais como as de Hobbes, Rousseau e Kant. Há três principais características num chamado "direito penal máximo ou do inimigo", quais sejam: a antecipação da punibilidade do "inimigo"; a supressão de garantias penais e processuais típicas de um Direito Penal Democrático (mínimo, para o cidadão), além do recrudescimento das penas impostas, e, por último, a implementação legislativa mais severa aos inimigos (cujas figuras clássicas são: os terroristas, traficantes internacionais etc.). Assim, numa sociedade que possa ter capacidade de distinguir o "cidadão" do "inimigo", há que se funcionalizar um sistema normativo penal específico a cada um destes infratores: ao primeiro, o objetivo da pena é a manutenção da vigência da norma (prevenção geral positiva) e, ao segundo, por não ser considerada "pessoa" no sentido de oferecer uma garantia cognitiva comportamental suficiente, a atuação penal será utilizada para combater perigos. Por sua vez, Silva Sánchez acredita na possibilidade de existência de um Direito Penal de 3ª velocidade, no qual a aplicação de penas privativas de liberdade, em nome do patamar de segurança, restrinja mais garantias. Entretanto, vê apenas como uma hipótese que se legitimaria em situações de extrema necessidade e urgência, sendo, portanto, ilegítimas quaisquer adoções temerárias ou ocasionais pelos Estados (*Op. cit.*, pp. 204-205).

267 PRITTWITZ, Cornelius. *Ibidem*, pp. 492-493.

268 PRITTWITZ, Cornelius. *Ibidem*, p. 493. (tradução livre da autora)

substabelecer, segundo a ótica de Prittwitz, seria face ao caráter global e supranacional das ameaças e riscos ambientais. No âmbito europeu, muitas vezes, há divergências entre a Jurisprudência interna e as Cortes de Justiça Européias, notadamente após a ampliação das competências de Direito Penal do Ambiente da União Européia, face ao Tratado de Lisboa. Deste modo, para uma eficácia da tutela penal do ambiente, é preciso uma boa cooperação e uma constante comunicação com as normas comunitárias, harmonizando-se assim os eventuais conflitos com o Dreito Penal Nacional[269].

E, assim como o colega alemão, Prittwitz também vê com ar crítico a acessoriedade administrativa do Direito Penal Ambiental, pois afirma que, quanto mais acessório é o Direito Penal em relação ao Direito administrativo, menos é transparente, e, por conseguinte, menos prevenção geral (positiva ou negativa) se obtém com sua normativa[270].

Entretanto, conclui o autor, que a perda da importância prática do Direito Penal Ambiental só pode significar uma boa notícia se revelar, ao mesmo tempo, uma maior eficácia ambiental do papel dos demais órgãos de proteção, tal como as autoridades administrativas. Ou seja, em tempos como os atuais, de crise econômica, se, além do Direito Penal Ambiental, os demais ramos não forem eficazes na política de proteção do meio ambiente, isto se configuraria como um sinal totalmente negativo[271].

c) Considerações críticas

Foi visto, por parte dos adeptos da Escola de Frankfurt, que, diante dos

---

269 PRITTWITZ, Cornelius. *Ibidem*, pp. 494-495.

270 PRITTWITZ, Cornelius. *Ibidem*, pp. 496-497.

271 PRITTWITZ, Cornelius. *Ibidem*, p. 498.

problemas suscitados de efetividade e legitimidade da tutela penal ambiental, o que se deve é relegar ao *ius puniendi* a proteção exclusiva de bens jurídicos individuais relacionados ao meio ambiente, tais como a vida, a saúde, etc. Além disso, não é possível, em nome dos princípios penais clássicos, alargar o âmbito estrutural do injusto para acolher formas de tipificação baseadas no gerenciamento de riscos, tal como os crimes de perigo (notadamente os de perigo abstrato), mas apenas alguns poucos tipos de perigo comum (relacionado às atividades nucleares). E, por fim, deve-se optar pela descriminalização e atuação precípua do Direito Administrativo Ambiental, por ser estruturalmente o mais adequado e eficaz diante desta nova criminalidade.

Entretanto, no que se refere à concepção que pretende se adotar no presente estudo, algumas ressalvas merecem ser tecidas em relação à tese da resistência. De pronto, concorda-se, em parte, com os autores acima, que o fenômeno da "expansão do Direito Penal" é sustentado de forma negativa, como uma forma de utilização perversa e de conotação tranquilizadora, como se fosse o único mecanismo para a resolução dos problemas sociais[272]. Na posição diametralmente oposta, encontra-se a proposta de flexibilização dos instrumentos dogmáticos e das regras de atribuições de responsabilidades, a fim de que o Direito Penal angarie condições para atuar na proteção aos bens jurídicos supra-individuais e no controle dos novos fenômenos do risco, já que, nesta concepção, ele é a condição de estabilidade da sociedade do risco, posição esta desenvolvida neste trabalho.

---

272 Não se pretende aqui, conforme bem assinala Alex Santiago, "cair na cilada do Estado-espetáculo, que tenta enganar a população com a mensagem que a simples edição de uma lei resolve o problema, é mister reconhecer que o Direito tem a característica única de processar, de uma maneira que nenhum outro sistema pode fazer, as expectativas normativas capazes de manter-se a si mesmas em situações de conflito" (SANTIAGO, Alex Fernandes. Compreendendo o papel do Direito Penal na defesa do meio ambiente. In: *Revista de Direito Ambiental*, São Paulo, v. 16, n. 61, p.77-107, jan./mar. 2011, pp. 79-80).

Entretanto, não se pode simplesmente abdicar de uma funcionalização penal, embora restritiva e subsidiária, para a proteção de novos bens jurídicos supra-individuais, frutos do contexto no qual se insere a sociedade mundial no século XXI.

A primeira objeção que se faz à Escola de Frankfurt reside na questão relativa ao "déficit de execução" do Direito Penal Ambiental. Ora, este fator só é assim verificado quando os órgãos e instâncias formais encarregadas pela persecução penal e pela aplicação da lei não atuarem da forma esperada em lei[273]. Em outras palavras, é preciso ressaltar que, mesmo que um determinado ilícito penal ambiental não goze de reconhecimento social, porém havendo materialidade e autoria, o Ministério Público, por exemplo, não poderá se furtar de atuar com responsabilidade e respeito ao direito ao meio ambiente, dado o seu caráter supra-individual.

No que toca à falência dos fins da pena no que tange ao Direito Penal Ambiental, advoga-se aqui que este também é um fator que merece objeção.

---

273 Neste mesmo sentido, faz-se menção à crítica de Santiago (*Op. cit.*, p. 81): "Dizer que o Direito Penal não significa nenhuma barreira intransponível, signifca ignorar as próprias limitações do Direito Penal, dependente que é de seu entorno, conforme salientado supra. Se fosse assim, poder-se-ia dizer o mesmo em relação a delitos tão antigos como a própria humanidade como, por exemplo, o homicídio. Apesar da proteção do Direito Penal, seguem sendo praticados homicídios, e não há nenhuma expectativa que não mais o serão. E isso não autoriza que, em sã consciência, alguém se aventure a dizer que o Direito Penal não deva estender sua proteção para este grave caso. O fato é que posições extremadas conduzem à ausência da mais grave das sanções para um tema vital, que é a defesa do meio ambiente e culminam, como assinala Figueiredo Dias, por colocar o princípio da subsidiariedade ou da *ultima ratio* de pernas para o ar, "ao subtrair à tutela penal precisamente as condutas socialmente tão gravosas que põem simultaneamente em causa a vida planetária e a dignidade das pessoas e a solidariedade com as outras pessoas - as que existem e as que hão de vir" ameaça que difere radicalmente de todas as exposições de perigo de que já se ocupou até agora o Direito Penal". Referência também a: DIAS, Jorge de Figueiredo. O direito penal entre a "sociedade industrial" e a "sociedade de risco". In: *RBCCrim*, 33/48-50; STRATENWERTH, Günter. *Op. cit.*, p. 67.

De certo modo, não só na proteção do meio ambiente, mas em vários outros setores, há certo descrédito em relação à utilização do sistema penal[274].

Afirmar que, em razão disso, deve-se afastar por completo a atuação punitiva, implicaria, imediatamente, abolir por completo todo o sistema penal, o que, sabe-se que é algo incompatível com o atual estágio evolutivo das sociedades contemporâneas, que ainda dependem, em caráter de *ultima ratio,* da ingerência penal como forma de salvaguardar os próprios direitos fundamentais dispostos constitucionalmente, das ofensas mais intoleráveis à vida social.

Nesse aspecto, preciosa é a afirmação de Blanco Lozano de que "o Direito Penal não é nem pode ser uma solução para todos os problemas da sociedade"[275], no sentido de que, nem mesmo atuando mínima e subsidiariamente, é a melhor das soluções pois "sua atuação supõe o fracasso de todos os demais mecanismos jurídicos e sociais tuteladores dos bens e valores fundamentais da vida em comunidade".

Diante desse contexto, o Direito Penal é uma necessidade, mas também, é indicador de um fracasso[276]. "Toda sociedade que tenha que recorrer ao Direito Penal, isto é, toda sociedade, é, portanto, em certo modo e de uma certa forma que nos parece inevitável, uma sociedade fracassada"[277].

---

274 Concorda-se, também, com o sustentado por Santiago (*Op. cit.,* pp. 81-82): "As críticas que dirigem a suposta ineficácia do Direito Penal incidem em terrível equívoco, verdadeiro erro de perspectiva. A contribuição do Direito Penal há de ser, inevitavelmente, modesta. É de sua natureza que seja assim. Não é o desiderato das normas penais melhorar sem mais nem menos a situação ambiental nem reduzir por si só os agentes contaminantes senão em um quadro de uma complexa estratégia da qual forma somente uma pequena parte, o que já foi salientado, pretendem prevenir comportamentos que atentem contra o meio ambiente de um modo ilícito e, cumulativamente e não disjuntivamente, que sejam comportamentos graves".

275 BLANCO LOZANO, Carlos. *Op. cit.,* p. 720.

276 BLANCO LOZANO, Carlos. *Ibidem,* p. 721.

277 BLANCO LOZANO, Carlos. *Ibidem,* p. 721.

A ausência de um Direito Penal, pelo menos atualmente, adverte Ferrajoli, representaria uma ausência inaceitável de garantia contra as reações informais de violência ou justiça privada, de forma que a prevenção geral subsidiária negativa ainda é parte de um "utilitarismo reformado" indispensável[278]. Ainda mais em se tratando de um valor indispensável a um número indeterminado de indivíduos, a proteção se faz ainda mais necessária. Aliás, quando Hassemer afirma que a ressocialização nos crimes ambientais não é necessária, não parece ser uma consideração acertada, quando à luz do preceito da humanização das penas, o caráter preventivo especial denota grande relevância no momento de execução das sanções penais.

Ademais, a prevenção, tanto no aspecto geral quanto no especial, deve ser perseguida não só, mas precipuamente, pelo Direito Penal Ambiental, já que inegável é o caráter dissuassório ou ameaçador que as penas criminais possuem, e, assim, tanto surtirão efeito sobre um pequeno agricultor, quanto num grande empresário, no sentido de lhes promover uma estigmatização social ou publicidade negativa[279].

Outro ponto que se contrapõe ao sustentado pelos partidários da Escola de Frankfurt é a questão da intocabilidade dos princípios penais clássicos, que, numa atuação em prol do meio ambiente, estariam sendo "flexibilizados" em nome de uma atuação ampla, preventiva e de imputação coletiva.

Ora, neste ponto é preciso se evitar o que Palazzo intitulou de "metafísica das garantias". Ou seja, afirmar que os princípios e garantias clássicos devem permanecer imutáveis aos novos condicionamentos sociais é contrapor-se ao caráter inerente à Ciência Jurídica, que é relativizada

---

278 FERRAJOLI, Luigi. *El Derecho Penal Mínimo*. Traducción de Roberto Bergalli. Disponível na Internet em: www.rechtd.unisinos.br/pdf/107.pdf. Acesso em set. 2012, p. 11; Idem, *Derecho y razón*. Teoría del Garantismo Penal. Trad. de Perfecto Andrés Ibáñez, Alfonso Ruiz Miguel, Juan Carlos Bayón Mohino, Juan Terradillos Basoco, Rocío Cantarero Bandrés. Madrid: Editorial Trotta, 1995, pp. 331-332.

279 Neste sentido, TELLES, Michelle Taveira. *Op. cit.*, p. 84.

historicamente[280].

O Direito – e isto inclui o Direito Penal - deve acompanhar o seu tempo, de forma que as garantias e princípios penais sofram um condicionamento da realidade social e de suas transformações. Em nenhum momento histórico, houve absolutização das garantias penais clássicas, já que sua configuração sempre depende de uma racionalidade e de uma proporcionalidade instrumental entre a sanção e a salvaguarda de algum direito fundamental[281]. Aliás, a conformação técnico-jurídica que assumem as garantias penais não são rígidas ou imodificáveis, o que se mantém, obviamente, é a exigência de determinada garantia, mesmo que se possa mudar o meio para a realização de tal exigência[282].

Afirma-se que o Direito Penal Clássico e Liberal sempre se apoiou na tutela de bens jurídicos meramente individuais, tipificando condutas lesivas ou danosas aos mesmos. Porém, isso é questionável, se se observar, por exemplo, que, o próprio Código Penal Napoleônico – primeira codificação liberal – já continha tipos penais de proteção ao Estado e à Administração Pública, que, apenas mediatamente se referem a interesses individualmente humanos assim considerados. Aliás, a própria proteção penal da ordem tributária é, neste sentido, algo que sempre se considerou necessário e que, não obstante, não passa de uma tutela de interesses metaindividuais com pouca referência a bens jurídicos individuais[283].

Além disso, é totalmente injustificável considerar que os bens jurídicos coletivos ou supra-individuais estão numa situação de inferior necessidade protetiva em relação aos individuais, como se estes fossem mais importantes do que os primeiros. Esta consagração se deu historicamente porque os

---

280 PALAZZO, Francesco Carlo. *Op. cit.*, p. 71.

281 PALAZZO, Francesco Carlo. *Ibidem*, p. 71.

282 PALAZZO, Francesco Carlo. *Ibidem*, p. 71.

283 Neste sentido, defende DIAS, Jorge de Figueiredo. *Op. cit.*

primeiros e mais graves ataques a direitos humanos se davam de forma a lesionar bens jurídicos individuais (tal como a vida, a saúde, a integridade corporal etc.). Entretanto, modernamente, tem-se percebido que as ofensas sociais mais repugnantes ao contexto social têm sido aquelas que atingem um número maior e indeterminado de indivíduos, a bens que não podem ser usufruídos por apenas alguns, mas por vários, tal como é o meio ambiente, a ordem econômica e financeira etc.

O meio ambiente, como bem transindividual e difuso, goza de importância igual, ou quiçá, de maior nível em relação a bens jurídicos individuais, pois, conforme já salientado alhures, é condição mínima para a existência humana e para o exercício dos demais direitos de forma digna. Portanto, não há que se obstaculizar a proteção deste bem coletivo, até mesmo porque, direta ou indiretamente, ele está relacionado a bens individuais, de igual importância dentro de um contexto jurídico-penal.

De fato, o caráter coletivo ou supraindividual o dota de características específicas em relação aos bens jurídicos individuais, de forma que, as técnicas de tipificação e imputação, tradicionalmente construídas para estes, podem se revelar ineficazes para a proteção do meio ambiente. Assim, por exemplo, não há, logicamente, que se falar em crimes de perigo abstrato ou de cumulação diante de bens individuais como a vida ou a saúde, que são de fruição individual. Porém, quando se trata de interesses coletivos, em que a utilização é feita por todos e, não é possível se chegar a um resultado de esgotamento, ou lesão total do bem, as técnicas de perigo[284](concreto[285] ou abstrato[286]) são a única forma de coibir a piora na utilização racional dos

---

284 Para Alamiro Velludo, a integração da ideia de risco à tipicidade remonta claramente às influências da sociologia luhminiana, que funcionaliza o Direito para atender à dinâmica social (Cf. SALVADOR NETTO, Alamiro Velludo. *Op. cit.*, p. 95). Assim, surgem as modalidades dogmáticas dos tipos penais de perigo, cujo fundamento de criação reside na ideia de gerenciamento de riscos, a partir do etiquetamento de padrões permitidos e proibidos (Cf. SALVADOR NETTO, Alamiro Velludo. *Ibidem*, p. 108). Conforme pontua Blanca Buergo, através destas novas técnicas de tipificação, baseadas no perigo, não se busca apenas evitar a produção de modo imprudente do resultado lesivo, mas, sim, de adiantar a prevenção para garantir maior segurança. Tais formas de criminalização, baseadas no perigo, logram punir simplesmente a realização da conduta prevista no tipo sem possibilitar sequer uma necessária revisão, por ocasião da aplicação da pena, se realmente tal atividade é ou não perigosa, deixando apenas do legislador (no momento de criar as normas), a cargo da valoração do perigo (MENDOZA BUERGO, Blanca. *Op. cit.*, p. 79).

285 Fábio Roberto D'Ávila (*Op. cit.*, p. 109 e ss.) e Faria Costa (*O perigo em direito penal. Contributo para a sua fundamentação e compreensão dogmáticas.* Coimbra: Coimbra Ed., 1992, p. 641 e ss.) sustentam a ideia de que, nos crimes de perigo concreto (ou de *concreto pôr-em-perigo*), há a *exigência de um bem jurídico no raio de ação da conduta perigosa,* ou seja, é preciso haver um juízo de verificação do perigo *ex post* à realização da conduta. Na legislação penal ambiental brasileira é possível localizar alguns delitos de perigo concreto, a citar: a utilização de floresta de preservação permanente, infringindo-se as normas de sua proteção (art. 38 da Lei 9.605/98); o crime de poluição que possa resultar em danos à saúde humana (o art. 54 da referida Lei de Crimes Ambientais Brasileira); a disseminação de doença ou praga que possam causar danos à agricultura, à pecuária, à fauna, etc. (art. 61); a fabricação, venda, transporte ou soltura de balões que possam provocar incêndios nas florestas (art. 42), etc.

286 Pierpaolo Bottini, após as considerações sobre o princípio da precaução inserido no Direito Penal sob o prisma da sociedade de risco, afirma que a tipicidade objetiva dos tipos penais de perigo abstrato não se perfaz apenas com o empreendimento da conduta descrita no tipo legal: é preciso haver a constatação da periculosidade da atividade em relação aos bens protegidos, que, segundo o autor, esta verificação pelo juiz será realizada a partir de uma análise *ex ante,* "considerando-se os conhecimentos especiais do autor e os conhecimentos científicos disponíveis sobre os cursos causais

bens ambientais[287].

---

decorrentes do comportamento," (BOTTINI, Pierpaolo Cruz. *Op. cit.*, p. 297). Entretanto, bem salienta Bottini, que o Direito Penal pode prescrever os tipos penais de perigo abstrato, sob as condições acima, desde que com parcimônia. Mas, se em razão de anseios simbólicos, utiliza-se o Direito Penal como técnica de gerenciamento de riscos ou de precaução, isto se torna uma tarefa problemática, de difícil legitimação, e que, se os tipos penais forem construídos como formas de se presumir a periculosidade, remontando a delitos de mera conduta, sem a possibilidade de comprovação do risco *ex ante*, pode-se gerar um problema de inversão do ônus da prova para o réu, violando-se a garantia do estado de inocência constitucionalmente assegurada (BOTTINI, Pierpaolo Cruz. *Ibidem*, p. 297).

287 Neste sentido: DIAS, Jorge de Figueiredo. *Op. cit.*; FREITAS, Gilberto Passos de. *Op. cit.*, p. 61; FERREIRA, Ivete Senise; *Op. cit.*, p. 66 e ss. Tem-se, neste diapasão, importante noção com a posição de Rodriguez Mourullo, Gonzalo. *Op. cit.*, pp. 168-175, que defende a proteção penal do ambiente por meio dos tradicionais delitos de lesão e dos delitos de periculosidade concreta, ou de idoneidade (perigo concreto-abstrato) mas sem a utilização dos crimes de perigo abstrato e dos delitos de cumulação. Sobre os delitos de aptidão ou de idoneidade, considera-se importante o esclarecimento feito por Bottini, para quem o motivo da criação desta estrutura foi justificar determinados dispositivos que, embora não fossem exigidos para a configuração da tipicidade, da ameaça concreta a bem jurídico, não se assemelhavam aos tipos de perigo abstrato puro porque não se conformavam com realizações formais da conduta. Para Pierpaolo, estes tipos de crimes "exigiam a produção de um ambiente de perigo em potencial, em abstrato, ou seja, que a atividade proibida ao menos criasse condições para afetar os interesses juridicamente relevantes, mas, ao mesmo tempo, não condicionavam a ameaça efetiva de nenhum bem jurídico concreto" (BOTTINI, Pierpaolo Cruz. *Ibidem*, p. 115). De acordo com Mendoza Buergo, os delitos de "aptidão ou de idoneidade" possuem graus diversos de abstração ou concreção do perigo requerido no tipo, incluindo alguns elementos típicos que descrevam expressamente a periculosidade da conduta ou meios utilizados. A autora afirma que esta construção é uma forma de enriquecer o conteúdo definitório dos elementos que compõem a periculosidade da conduta (Cf. MENDOZA BUERGO, Blanca. *Op. cit.*, p. 23). Interessante também a consideração feita por Erika Mendes de Carvalho acerca do condicionamento da punibilidade dos tipos penais de perigo abstrato a determinados "valores-limite", para que, assim, o legislador convertesse os referidos tipos nas figuras intermediárias conhecidas como os crimes de perigo abstrato-concreto. A autora acredita que tais elementos

Quanto à questão de que os problemas ambientais são globais e supra-nacionais, sendo um óbice ao Direito Interno a eficácia de uma política ambiental isolada, também não merece guarida a resistência dos autores no que tange ao papel subsidiário de proteção penal do ambiente no prisma interno. É inegável a necessária coordenação e mútua cooperação dos países em relação a diversos crimes transnacionais, tais como os ambientais, os econômicos, os ligados a terrorismo, etc. Entretanto, isto não significa que o Estado Nacional deva depender de normativa internacional, ou que tenha que se abdicar de proteger penalmente importantes bens jurídicos de projeção internacional. Pelo contrário, como já sustentado acima, num contexto de globalização e de sociedade de riscos, o papel dos Estados Nacionais é de gestão e de atuação positiva na proteção dos direitos fundamentais, incluindo-se notadamente o meio ambiente; mesmo que, em última hipótese, esta tutela tenha de ser realizada pelo Direito Penal.

Dessa forma, mesmo que as normas comunitárias (*v.g.* da União Européia[288] ou, *in casu,* as do Mercosul[289]) indiquem uma flexibilização da garantia ao meio ambiente sadio e equilibrado, em prol de interesses

---

indicativos de periculosidade objetiva da conduta, do ponto de vista *ex ante,* funcionariam como "autênticas condições objetivas de punibilidade" (CARVALHO, Erika Mendes de. A técnica dos valores-limite e os delitos de perigo abstrato. In: *Boletim IBCCRIM.* São Paulo: IBCCRIM, ano 19 (2011), n. 228, p. 14-15, nov., 2011).

288 Aliás, a atuação do Direito Penal na proteção do meio ambiente foi acolhida pela Diretiva 2008/99/CE do Parlamento Europeu e do Conselho, de 19.11.2008, considerada importante juntamente com as sanções civis e administrativas, dado o "caráter dissuasório das sanções penais às atividades prejudiciais ao meio ambiente" (Cf. SANTIAGO, Alex Fernandes. *Op. cit.,* p. 87).

289 Há um Acordo-Quadro sobre Meio Ambiente do Mercosul em que os Estados Membros celebraram um termo de regulamentação das ações de proteção e cooperação ambiental. Sobre os termos deste acordo, veja-se: MERCOSUL. *Acordo-Quadro sobre Meio Ambiente do Mercosul.* Disponível em: http://www.mercosur.int/msweb/Normas/normas_web/Decisiones/PT/Dec_002_001_Acordo%20Meio%20Ambiente_MCS_Ata%201_01.PDF. Acesso em: nov.2012.

econômicos, cabe aos poderes internos dos Estados Nacionais Democráticos estabelecer um critério de ponderação hábil a confirmar se tal permissibilidade, concretamente, não provocará uma instabilidade social intolerável no plano interno.

A última objeção, no que tange à acessoriedade administrativa, tema específico deste estudo, apesar de ser tratado mais detalhadamente nos próximos capítulos, também merece, de antemão, ser refutado diante das oposições feitas anteriormente.

O fato de o Direito Penal do Ambiente, em razão de sua especificidade, depender da normativa ou de atos administrativos, não representa, por si só, um obstáculo insuperável de legitimação. Pelo contrário, conforme se defenderá, esta característica é indispensável para a configuração dos ilícitos penais ambientais e é responsável por delimitar o âmbito de atuação mínima e subsidiária da tutela penal em relação à atuação administrativa ambiental. Isto não significa que o Direito Penal tenha perdido sua autonomia em relação aos demais ramos, no caso, ao Direito Administrativo. Pelo contrário, esse caráter só enfatiza que sua atuação é residual, porém há uma dependência meramente relativa entre as instâncias, já que a estrutura dogmática e os juízos de imputação do Direito Penal são distintos de um Direito Administrativo Sancionador.

Será demonstrado que não há problema algum em se realizar, no âmbito do Direito Penal Ambiental, um reforço das funções administrativas na preservação do meio ambiente, desde que se prisme, em definitivo, pela exclusiva proteção de bens jurídicos nos limites de sua atuação pelo Direito Penal. Portanto, será demonstrado, em momento oportuno, que as normas penais ambientais que fazem referência ou reenvio à matéria administrativa podem existir sem carecerem de clareza, ou sem violar preceitos penais clássicos, pois, conforme aqui defendido, é possível conformá-los com a necessidade subsidiária de intervenção penal.

Ante o exposto, verifica-se que é possível, sim, funcionalizar o Direito Penal Ambiental, de modo a compatibilizá-lo com uma atuação restritiva, subsidiária e, portanto, legítima e eficaz, do ponto de vista dogmático-penal e político-criminal. Deste modo, a proteção penal garantirá o mínimo das expectativas sociais essenciais, já que, diante de sua ausência total de atuação "daria lugar a reações disfuncionais e, na medida em que exista o risco de que elas ocorram"[290].

2.2.2 Argumentos favoráveis à expansão, modernização e funcionalização do direito penal ambiental

A preocupação com a legitimação da atuação do Direito Penal na sociedade não é recente, mas, sensivelmente, a partir do século XX, por ocasião das crises econômicas, do incremento da população carcerária e do alto índice da reincidência, passou-se a levar em consideração as críticas feitas pela Sociologia Criminal à real situação do Direito Penal, principalmente quanto às suas pretensas funções, desempenhada, por longos anos, unicamente como retribuição pela prática dos delitos[291]. Daí, então, a visão puramente formalista de Direito Penal foi sendo abandonada, com o intuito de se dotar o *jus puniendi* de outras funções, precipuamente, as preventivas (geral e especial) e, portanto, mais relacionadas às necessidades sociais.

Von Liszt[292] concebia o Direito Penal como uma ciência com a função

---

290 Conforme bem salientam, no mesmo diapasão, Machado, Fábio Guedes de Paula e Giácomo, Roberta Catarina. *Op. cit.*, p. 42.

291 Por muito tempo perdurou-se as ideias advindas das teorias absolutas acerca das funções do Direito Penal, representadas por KANT e HEGEL, para quem, a missão deste ramo do direito era simplesmente buscar a retribuição moral (KANT) ou a retribuição jurídica (HEGEL) a partir da aplicação das penas. Na realidade, nenhuma outra função poderia ser atribuída ao Direito Penal, pois, para KANT, isso "coisificaria" o homem a serviço de pretensos fins estatais. Neste sentido: SANTOS, Juarez Cirino dos. *Direito Penal*. Parte Geral. 4. ed. rev. e atual. Florianópolis: Conceito Editorial, 2010, p. 421 e ss.; PRADO, Luiz Régis. *Curso de Direito Penal Brasileiro*. Parte Geral. Vol. 1. São Paulo: Revista dos Tribunais, 2011, p. 514.

292 Cf. VON LISZT, Franz. *Tratado de derecho penal*. Trad. Luís Jimenéz de Asúa. 3. ed.

de ser instrumento delimitador do poder jurídico estatal, conhecido como a "Magna Carta do criminoso". Este autor também considerava importantes os conhecimentos da Ciência da Política Criminal, mas advertia que seu objeto não poderia se confundir com o da dogmática penal, que possuía caráter científico diverso. Portanto, para Franz Von Liszt, a Política Criminal não poderia transpor os limites legais e garantísticos trazidos pelo Direito Penal[293].

Roxin[294], por sua vez, colocou um fim a esse impasse e, a partir de sua proposta funcionalista teleológica, reconheceu que um Direito Penal que pretende estar consetâneo à realidade para a qual é destinado, deve perseguir fins político-criminais, e, com isso, remodela toda a teoria do delito, baseando-se na necessidade de prevenção de crimes e redução da violência estatal na esfera das relações humanas. Diante das diversas tendências político-criminais decorrentes do posicionamento de Roxin, Figueiredo Dias[295]demonstra certo receio em relação à amplitude desta finalidade para atender a anseios sistêmico-sociais e, por isso, afirma que é necessário delimitar os parâmetros axiológicos das funções da Política Criminal com critérios normativos que têm como base o princípio da dignidade da pessoa humana.

Jakobs[296], por sua vez, adota uma noção funcionalista sistêmica-normativista de Direito Penal, reconhecendo, ao mesmo tempo, a capacidade de promover a confiança e a manutenção das expectativas normativas dos indivíduos, o que deve se esperar de um sistema jurídico *autopoiético*[297].

Madrid: Reus, 1994, p. 80 e ss.

293 Cf. D'ÁVILA, Fábio Roberto. *Op. cit.*, p. 20.

294 Cf. ROXIN, Claus. *Op. cit.*, p. 20.

295 DIAS, Jorge de Figueiredo. *Direito Penal*. Parte Geral. Tomo I. 1. ed. brasileira. São Paulo: Editora Revista dos Tribunais; Coimbra: Coimbra Editora, 2007, p. 275.

296 Cf. JAKOBS, Günther. *Op. cit.*, p. 55.

297 Cf. JAKOBS, Günther. *Op. cit.* p. 55. A partir do conceito trazido em Luhmann,

A indagação sobre a necessidade de uma funcionalização da dogmática penal na tutela do meio ambiente pode ser enfrentada por meio de uma série de abordagens, dentre as quais podem ser destacados, de um lado, o grupo dos autores que partem da aceitação de uma funcionalização do Direito Penal e suas categorias fundamentais, o que lhe permite uma adaptação às novas expectativas e tarefas, precipuamente aquelas em que surgem das relações de interação coletiva, e, dentro deste grupo, há que se diferenciar os que acolhem expressamente um ponto de partida funcionalista[298], dos que apenas assim o são tacitamente[299] (ou seja, sem assumir declaradamente uma postura funcionalista, embora admitindo a intervenção penal diferenciada face às novas tendências e expectativas sociais). De outro lado, há um grupo de autores que, de forma expressa ou tácita, acolhem a ideia de "segurança" como diretriz do paradigma de sistema penal baseado numa sociedade risco[300]. Por outro lado, há, ainda, aqueles[301] que rechaçam a aceitação da ideia de novos riscos diversos dos vividos pela humanidade em tempos anteriores, porém, de certa forma, acabam concordando com o paradigma de mudanças, ao tratarem de novas técnicas de tutela, como por exemplo, os crimes de perigo abstrato e os delitos de cumulação[302].

Diante das inúmeras teses atualmente que, de uma forma ou outra, concebem a possibilidade de proteção penal ambiental, algumas merecem

---

entende-se que os sistemas sociais "autopoiéticos" são aqueles dotados de uma característica de "auto-referência" e de "auto-reprodução" internas, ou seja, são capazes de se diferenciar e de criar seus próprios limites em relação ao exterior (ambiente). Vide: LUHMANN. *Op. cit.*, p. 42.

298 Neste sentido: JAKOBS, GÜNTHER. *Op. cit.*, p. 55.

299 Representa esta característica: SCHÜNEMANN, Bernd. *Op. cit.*, p. 113.

300 Neste sentido: KINDHÄUSER, Urs. *Op. cit.*, p. 12.

301 Por exemplo, citem-se: SEELMANN (*Op. cit.*), SCHÜNEMANN (*Op. cit.*) e KUHLEN (*Op. cit.*).

302 Cf. KUHLEN, Lothar. *Op. cit.*, p. 35.

destaque para que se possa confirmar o que se pretende neste trabalho, no sentido de dotar esta atuação de legitimidade e efetividade. Neste sentido, serão analisados os principais argumentos dos autores que defendem a necessidade de adaptação ou de modernização do direito penal para abranger o meio ambiente, dentre os quais figuram como consetâneos com os objetivos do presente estudo, as propostas de: Silva Sánchez, Kindhäuser, Kuhlen, Schünemann, Stratenwerth, Kratzsch e Tiedemann, conforme abaixo enfatizadas.

a) Silva Sánchez e o Direito Penal de 2ª Velocidade

De acordo com o sustentado por Jesus-María Silva Sánchez, em seus últimos trabalhos específicos sobre a tutela penal do meio ambiente, verifica-se um posicionamento do autor de modo moderado, em relação às tendências expansionistas, a fim de compactuar com algumas ressalvas promovidas pelos defensores de teses garantistas. Em outras palavras, Sánchez chega a admitir que um retorno ao Direito Penal tradicional, liberal clássico, é impossível diante dos novos bens e riscos, porém, não concorda com uma total flexibilização de garantias em nome desta expansão[303].

Inicialmente, cabe ressaltar que, para Silva Sánchez, um Direito Penal Clássico e Liberal, tal como a Escola de Frankfurt pretende reconstruir, "na realidade, nunca existiu como tal"[304], pois o que havia no século XIX era um sistema sancionador penal altamente rigoroso e autoritário[305], o que exigia,

---

303 SILVA SÁNCHEZ, Jesus-María. *Op. cit.*, pp. 177-191.

304 SILVA SÁNCHEZ, Jesus-María. *Ibidem*, p. 177.

305 As sanções impostas por este tão "propagado" Direito Penal Liberal Clássico do século XIX consistiam em: degredo, trabalhos forçados, penas de prisão perpétuas etc. Daí a necessidade de se pleitear garantias contra os arbítrios estatais. Hoje, contudo, as sanções (pelo menos, as inerentes aos delitos ambientais), são notadamente pecuniárias e preconizam a reparação do dano. Tanto é que a lei faculta antes mesmo da intervenção penal, a possibilidade de assinatura de Termo de Ajustamento de Conduta ou de celebrar a transação penal prevista no art. 74 da Lei 9.099/95, o que, demonstra a diferença

desta forma, um contrapeso com as garantias penais. O autor entende que nem todo sistema jurídico sancionador deve possuir as mesmas regras jurídicas, pois, mesmo no próprio sistema penal, em sentido estrito, as consequências jurídicas são "substancialmente diversas"[306].

Sánchez afirma que a expansão do Direito Penal, em geral, não é, em si, um problema; na verdade, o que é ruim é a expansão da pena privativa de liberdade[307]. É neste sentido que, de certo modo, o autor compartilha, em alguns termos, com a proposta de Hassemer de retirar do "Direito Penal Clássico" a tutela dos novos bens jurídicos coletivos, tal como o meio ambiente, delegando-se ao "Direito de Intervenção" esta nova função, sem, contudo, prever a imposição de penas privativas de liberdade[308].

Entretanto, Silva Sánchez não concorda com a delegação da tutela ao intitulado "Direito de Intervenção" proposto pelo autor da Escola de Frankfurt, isto porque o jurista espanhol não vê problemas em incluir a proteção desses novos interesses coletivos, num modelo de menor intensidade de garantias dentro do próprio Direito Penal[309], desde que não se utilize a pena privativa de liberdade.

Na visão assim sustentada, acredita-se que o Direito Penal "aporta sua maior neutralidade no que diz respeito à política, assim como a imparcialidade própria do jurisdicional", o que, se comparado ao Direito Administrativo Sancionador, torna mais difícil para o agente delituoso fazer-se valer "de *técnicas de neutralização* do juízo de desvalor (reprovações de parcialidade, politização) de que aquele (Direito Administrativo) se serve com

---

com as sanções penais "liberais" do século XIX.

306 SILVA SÁNCHEZ, Jesus-María. *Ibidem*, p. 181.

307 Um estudo recente e bem aprofundado sobre a falência da pena de prisão pode ser encontrado em: BITENCOURT, Cezar Roberto. *Falência da pena de prisão*: causas e alternativas. 4. ed. São Paulo: Saraiva, 2012.

308 SILVA SÁNCHEZ, Jesus-María. *Ibidem*, p. 183.

309 SILVA SÁNCHEZ, Jesus-María. *Ibidem*, pp. 184-185.

frequência diante da atividade sancionadora das administrações públicas"[310].

Assim, eis que o meio ambiente é um bem jurídico supra-individual, que pode vir sim a ser tutelado pelo Direito Penal, porém, em sua estrutura de 2ª velocidade, quando houver a relativização de princípios de garantia – o que já acompanha as novas técnicas de tutela inerentes à proteção do mesmo – e, neste sentido, não há que se falar em penas de prisão, mas somente em penas reparatórias, pecuniárias e privativas de direitos. Apesar de suas penas serem muito similares às sanções administrativas, diante das necessidades político-criminais existentes, ainda se manteria a característica do sistema penal, atrelada à judicialização, tendo em vista a imparcialidade máxima, assim como manter-se-iam os significados "penais" dos ilícitos e de suas respectivas sanções. Em outras palavras, o autor almeja com esta bipartição das formas de imputação e sancionamento, garantir que, por exemplo, na proteção do meio ambiente, a sanção "fosse imposta por uma instância judicial penal, de modo que preservasse (na medida do possível) os elementos de estigmatização social e de capacidade simbólico-comunicativa próprios do Direito Penal"[311].

Nesse âmbito de flexibilização, seriam perfeitamente compreensíveis, dentro de certos critérios: a imputação da pessoa jurídica, a ampliação dos critérios de autoria ou de omissão imprópria, a utilização dos crimes de perigo abstrato e os delitos de acumulação para a proteção de bens supraindividuais, como o meio ambiente. Tudo isto, reiterando-se, desde que não se aplique a pena privativa de liberdade[312].

O único lamento de SÁNCHEZ é que, nos países, em geral, esta expansão legislativa não tem abdicado da pena de prisão, o que, em termos, vem

---

310 SILVA SÁNCHEZ, Jesus-María. *Ibidem*, pp. 184-185.

311 SILVA SÁNCHEZ, Jesus-María. *Ibidem*, p. 191.

312 SILVA SÁNCHEZ, Jesus-María. *Ibidem*, pp. 190-192.

carecendo de razoabilidade político-jurídica[313].

b) Urs Kindhäuser

De acordo com as premissas sustentadas por Kindhäuser, nas sociedades industriais modernas há uma série de riscos que perpassam o indivíduo, os quais conduzem a inseguranças que só podem ser dominadas por toda a coletividade. Neste sentido, o Direito surge como um dos principais mecanismos de gerenciamento de riscos existentes e, mais precisamente, o Direito Penal se apresenta quando é preciso observar valores-limites para os riscos socialmente considerados[314].

O progresso técnico-científico não contribui de forma apenas positiva, mas colabora também para acrescer possibilidades de abusos (como os crimes ambientais e informáticos). Assim, a possibilidade desses abusos aumenta os temores individuais e coletivos que se apaziguam diante da prevenção. Esta necessidade, por sua vez, é saciada pela previsão de sanções de cunho penal. Assim, o Direito Penal se converte em "Direito Penal de Segurança Social"[315].

Logicamente, Kindhäuser reconhece que os outros ramos do Direito (como o Direito Civil e o Administrativo) podem sim fazer frente à necessidade regulamentar de segurança. Por exemplo, no âmbito da responsabilidade civil objetiva, pode-se primar por direitos de indenização com a mera colocação em perigo de determinados direitos, o que obriga muitos setores

---

313 SILVA SÁNCHEZ, Jesus-María. *Ibidem*, p. 192.

314 KINDHÄUSER, Urs. Estructura y legitimación de los delitos de peligro del derecho penal. Trad. Nuria Pastor Muñoz. *Revista Electrónica del Instituto Latinoamericano de estúdios en ciências penales y criminologia*, 004-01 (2009), pp. 1-17) Disponível na Internet em: www.ilecip.org. Acesso em: jul.2012, pp. 1-2.

315 KINDHÄUSER, Urs. *Ibidem*, p. 2 e ss. (tradução livre da autora)

a promoverem técnicas preventivas ou a realização de seguros[316].

Também no âmbito do Direito Administrativo e dos demais setores do Direito Público, o autor verifica que é possível gerenciar esses novos riscos de forma até mais significativa que o Direito Civil, seja através da exigência de autorizações para a realização de determinados comportamentos (*v.g.* licenças e permissões ambientais), seja por meio da standardização de valores-limite para a emissão de determinadas substâncias nocivas pelas empresas e o controle de atividades perigosas (*v.g.* usinas nucleares etc.)[317]. Entretanto, ainda que sejam importantes tais setores no controle das atividades de risco, os legisladores estatais, em sua maioria (o autor cita exemplificativamente, a Alemanha), ainda não acreditam que a evitação dos perigos possa ser realizada sem o Direito Penal, dada sua inerente força dissuasória no comportamento dos eventuais infratores. Isto porque, em que pese as duas formas sancionatórias estatais - administrativa e penal - é nesta última, com a previsão da pena privativa de liberdade, que se demonstra uma intervenção mais intensa do ordenamento[318].

O autor destaca que o Direito Penal, precipuamente no âmbito da dogmática-penal, sempre esteve concatenado com a realidade social na qual se inseria e que isto, invariavelmente (e não só agora), impôs-lhe a necessidade de modernizações e adaptações na estrutura do injusto. Cite-se a mudança de concepção havida de Feuerbach (que compreendia o delito como ofensa a direitos subjetivos) para Birnbaum (que criou a teoria do bem jurídico), que se apresentou mais coerente, por exemplo, para a fundamentação penal da proibição de atos lesivos contra a Administração da Justiça[319].

---

316 KINDHÄUSER, Urs. *Ibidem*, p. 2 e ss.

317 KINDHÄUSER, Urs. *Ibidem*, p. 2 e ss.

318 KINDHÄUSER, Urs. *Ibidem*, p. 2 e ss.

319 O autor cita, na passagem, o crime de "perjúrio" contra a Administração Pública e sem nenhuma vinculação direta com direitos subjetivos individuais, fazendo perder a credibilidade da tese defendida por Feuerbach (KINDHÄUSER, Urs. *Ibidem*, p. 4 e ss.)

Deste modo, Kindhäuser acredita ser perfeitamente possível a modernização do Direito Penal para abarcar as novas situações de risco, tais como as relativas ao meio ambiente, pois acredita que os bens jurídicos são característicos não só das pessoas, mas também de determinadas coisas e instituições que "servem ao livre desenvolvimento do indivíduo no Estado Democrático e Social de Direito". Diante desta compleição e, considerando-se que, em nome do patamar de segurança ora sustentado, ampliaram-se as formas de menoscabo dos bens jurídicos, admite-se como ofensas intoleráveis não apenas a lesão, mas também a colocação em perigo (concreta ou abstrata)[320].

Essa modernização não altera o caráter fragmentário e de *ultima ratio* da intervenção penal, pois este ramo só será chamado a atuar em hipóteses extremas de gerenciamento de riscos, quando razões político-criminais de segurança assim o exigirem.

c) Lothar Kuhlen

Lothar Kuhlen, ao lado de pensadores como Stratenwerth e Schünemann, defende também um Direito Penal pautado nas ideias de prevenção e segurança, diante dos novos riscos sociais e, para tanto, intentam demonstrar, não obstante as inúmeras críticas, que é preciso modernizar a estrutura dogmática diante das deficiências apresentadas pelo enfoque tradicional.

Bem observa Kuhlen que os bens jurídicos ecológicos devem ser o prisma da proteção penal do meio ambiente, já que as fontes basilares vitais (tais como: água, ar, solo) necessitam ser protegidas para que se mantenham nas respectivas qualidades que possuem[321]. No entanto, a forma utilizada

---

320 KINDHÄUSER, Urs. *Ibidem*, p. 14 e ss.

321 KUHLEN, Lothar. *Umweltstrafrecht – auf der Suche nach einer neuen Dogmatik. Zeitschrift für die gesamte Strafrechtswissenschaft* 105, 1993, pp. 699-700 *apud* COSTA, Lauren Loranda Silva. *Os crimes de acumulação no direito penal ambiental.* Porto Alegre: EDIPUCRS, 2011, p. 41 e ss.; Idem, *Os crimes de acumulação no direito penal*

para a preservação destes interesses inarredáveis do bem-estar pode se dar a partir de diferentes mecanismos e regramentos, tendo em vista o caráter intergeracional que abrange sua manutenção. Neste sentido, o autor entende que há que se fazer uma relativização no foco de proteção dos bens jurídicos ligados ao meio ambiente, pois, em alguns aspectos, a tutela é relativa diretamente aos interesses do homem, em si (visão antropocêntrica), mas em outros, também há que se proteger diretamente a natureza em si mesma (visão ecocêntrica) ou, ainda, concomitantemente, devem ser protegidos os interesses assim inter-relacionados (visão eco-antropocêntrica)[322].

A tutela penal ambiental exerce uma real proteção (e não meramente simbólica) de bens jurídicos coletivos ou universais, através da previsão de regras e respectivas sanções, segundo Kuhlen, o que faz parte dos modernos problemas de desenvolvimento do Direito Penal diante da necessidade de gestão da insegurança social, própria da sociedade de riscos. Diante do particular contexto desses bens jurídicos, exigem-se fórmulas de tutela ou tipificação diversas dos demais bens individuais, tais como os crimes de perigo abstrato e, precipuamente, os delitos de cumulação (ações individuais, em primeiro plano, inofensivas, mas que, de forma reiterada ou cumulativa, geram ofensa de perigo a bens jurídicos).

Kuhlen, de certa forma, se preocupou em contribuir com uma técnica de tutela que garantisse a transcendência das condições vitais, através da punição das condutas que pudessem ser ofensivas à manutenção destas bases constitutivas[323]. Ele afirma que, em casos de um agricultor que lança dejetos

---

ambiental. Disponível em: http://www3.pucrs.br/pucrs/files/uni/poa/direito/graduacao/tcc/tcc2/trabalhos2009_1/lauren_costa.pdf. Acesso em: jul. 2012, p. 1 e ss.

322 COSTA, Lauren Loranda Silva. *Os crimes de acumulação no direito penal ambiental.* Porto Alegre: EDIPUCRS, 2011, p. 41 e ss.

323 Cf. BECHARA, Ana Elisa Liberatore Silva. Delitos de acumulação e racionalidade da intervenção penal. In: *Boletim IBCCRIM.* São Paulo: IBCCRIM, ano 17, n. 208, p. 03-

num córrego, gerando-lhe condições desfavoráveis, e que, mesmo em longo prazo, não haja ofensa maior aos recursos hídricos, em razão de seu uso pelo homem, há que se observar, também, posteriormente, se tais condutas não vão gerar um problema para a manutenção da vida dos peixes e do ecossistema aquático, pois, em se tratando de proteção ao meio ambiente, estes itens devem ser observados tanto em relação aos homens, quanto aos animais e às plantas[324].

Bottini afirma que os delitos por acumulação não podem ser tutelados por meio dos crimes de resultado, mas sim, por meio das técnicas dos tipos penais de perigo abstrato, isto porque, por meio dos critérios tradicionais de se aferir a relação de causalidade, não se conseguiria demonstrar o risco de dano potencial por meio de uma conduta isolada; somente em caso de reiteração é que a potencialidade do risco se demonstraria claramente[325].

Em relação aos delitos de perigo abstrato por cumulação envolvendo ataques ambientais, citam-se os exemplos[326] a partir dos artigos 29 (caça de animais da fauna nativa sem autorização) e 34, I (pesca proibida), ambos da Lei 9.605/1998, em que o potencial lesivo das condutas só pode ser, de fato, constatado, sob a ótica da cumulatividade. Pense-se, por exemplo, a caça não permitida de 1(um) jacaré no Pantanal: aparentemente, é improvável

---

05, mar., 2010, pp. 03-05.

324 Cf. KUHLEN, Lothar. *Op. cit.,* p. 714-715 *apud* COSTA, Lauren Loranda Silva. *Op. cit.,* p. 41-42.

325 BOTTINI, Pierpaolo Cruz. *Op. cit.,* p. 125. Nas palavras do autor: "Não será possível atrelar, por critérios causais, o dano potencial a um ato isolado, porque este fenômeno decorre de um somatório de ações similares, que podem ser praticadas por agentes diversos. Logo, a única forma de atrelar uma conseqüência penal aos comportamentos perigosos por cumulação será a utilização, dos crimes de perigo abstrato. Surgem os delitos de perigo abstrato por acumulação (*kumulationstatbeständen*)" (*Ibidem*, p. 125).

326 Os dispositivos em comento foram citados por BOTTINI, Pierpaolo Cruz. *Ibidem*, p. 125.

que esta conduta possa levar à extinção ou à alterações bruscas no ecossistema. Entretanto, o tratamento do risco não deve ser visto de forma isolada, pois, pelo somatório de condutas aparentemente insignificantes, é que se haveria a razão penal de coibi-las.

Reconhece o autor que, para a intervenção penal no caso de delitos de cumulação (a citar como exemplo, novamente, o crime de poluição), os efeitos prejudiciais advindos com a reiteração não bastam ser hipotéticos, pois a repetição deve ser constatada na realidade, tendo em vista que, na falta de sanção penal adequada, tais condutas seriam praticadas por um número considerável de pessoas[327].

Kuhlen, mesmo tendo desenvolvido a ideia, não apóia uma utilização banalizada e indiscriminada desses tipos penais, pois impõe alguns limites para que determinadas condutas de injustos não sejam consideradas insignificantes. Ele sustenta, por exemplo, que, no caso de uma conduta de poluição que tenha sido praticada por um indivíduo, sem que haja dados de que tal conduta, naquela situação, seja algo reiterado pelos demais indivíduos, seria suficiente uma sanção administrativa. Entretanto, naquelas hipóteses de acentuada reiteração, em que se apresentasse um perigo para o bem jurídico de conteúdo ambiental, a tutela penal deveria ser convocada[328]. Aliás, Kuhlen ainda enfatiza que os delitos de cumulação não podem tutelar quaisquer tipos de bens jurídicos, pois sua destinação é justamente para proteger os bens coletivos ou universais, uma vez que, em se tratando de condutas aparentemente inócuas, mas que, em reiteração, ofendam meramente bens jurídicos individuais (tal como, ele cita, o porte de arma de fogo), não seria correto tal técnica, valendo-se o Direito Penal dos

---

327 Cf. KUHLEN, Lothar. *Op. cit.*, p. 716 *apud* COSTA, Lauren Loranda Silva. *Op. cit.*, p. 42.

328 Cf. KUHLEN, Lothar. *Op. cit.*, p. 717-718 *apud* COSTA, Lauren Loranda Silva. *Ibidem*, p. 43-44.

142

delitos de lesão ou de perigo concreto[329].

Bottini também defende a utilização desses tipos penais de perigo abstrato por cumulação, devido às exigências preventivas dos "novos âmbitos de periculosidade", que vêm surgindo na "sociedade de Direito Penal do Risco", devido ao fato de as situações inusitadas, e desconhecidas pela ciência, gerarem um novo direcionamento para a atividade legislativa, diante das novas formas de tutela, frutos da expansão do Direito Penal[330]. Logicamente, o autor ressalta que a utilização de tal técnica não pode ser desprendida de criticidade dogmática, a fim de tecer considerações mais específicas sobre sua forma de atuação e legitimidade.

É possível encontrar argumentos favoráveis também nas obras de Figueiredo Dias[331] e na de Tiedemann[332]. O primeiro sustenta a tese de que a necessidade coletiva de se conter certos riscos globais legitima a intervenção penal na conduta do agente, se houver probabilidade de que, se somada a outras condutas, a constatação empírica revelar ser cumulativa a ofensa ao bem jurídico (coletivo). Tiedemann, por sua vez, segue tendência parecida, pois afirma que certas condutas de mera desobediência não carecem de legitimidade penal, pois os efeitos cumulativos em matéria ambiental geram perigos que merecem ser sancionados.

Wohlers[333] e Hefendehl[334] também acatam a legitimação dos delitos de cumulação, por argumentações diferentes. Wohlers afirma que há alguns

---

329 Cf. KUHLEN, Lothar. *Ibidem.*, p. 722 e ss. *apud* COSTA, Lauren Loranda Silva. *Ibidem*, p. 46-48.

330 Cf. BOTTINI, Pierpaolo Cruz. *Op. cit.* p. 125.

331 FIGUEIREDO DIAS, Jorge de. *Op. cit.*, pp. 141-143.

332 TIEDEMANN, Klaus. *Derecho penal y nuevas formas de criminalidad.* Trad. M. Vásquez. Lima: Grijley, 2007, p. 291 e ss.

333 WOHLERS, Wolfgang. *Op. cit.* p. 404 e ss.

334 HEFENDEHL, Roland. *Op. cit.*, p. 150.

indivíduos (*freeloaders*[335]) que, por não seguirem os padrões de respeito às normas ambientais, por exemplo, ganhariam vantagens sobre os demais e, neste sentido, a utilização dos tipos de acumulação se justificaria, não simplesmente pela reiteração ou cumulação de condutas, mas sim pelo não seguimento da regra de proteção, o que culminaria num dano à manutenção do bem jurídico coletivo.

Hefendehl, por sua vez, também justifica a tipificação por delitos de cumulação por ser "um equivalente material para a relação de causalidade, e destaca que apenas os efeitos sinérgicos realmente esperáveis e não bagatelares podem ser considerados como passíveis de acumulação"[336]. Apesar das inúmeras críticas[337] a este modelo de sancionamento penal, os

---

335 Este termo foi utilizado por FEINBERG e citado por WOHLERS, conforme cita: COSTA, Helena Regina Lobo da. *Op. cit.*, p. 61.

336 HEFENDEHL, Roland. *Kollektive Rechtsgüter im Strafrecht*, p. 182 e ss. *apud* COSTA, Helena Regina Lobo da. *Ibidem*, p. 61.

337 De acordo com Blanca Buergo, os delitos por acumulação (*delitos acumulativos*) suscitam vários problemas, como técnica de tipificação penal. Primeiro, cita a autora, que a conduta a ser analisada isoladamente não apresenta perigo relevante, atribuindo-se um injusto penal apenas se se tiver em conta ações perpetradas por eventuais e indeterminados autores, configurando-se, assim, fatos a serem responsabilizados pelo risco em função da repetição de condutas alheias. Assim, tanto no que se refere ao aspecto do injusto penalmente relevante, quanto em relação aos princípios da culpabilidade (ou responsabilidade penal subjetiva), tais técnicas são totalmente abusivas e apresentam vantagens rechaçáveis (MENDOZA BUERGO, Blanca. *Op. cit.*, p. 36-37). Silva Sánchez também cita uma série de objeções à construção de Kuhlen. A primeira refere-se à violação do princípio da culpabilidade, ao se fundamentar a sanção penal como ofensa praticada por terceiros, sem contar que tratar de "grandes riscos como problemas meramente individuais é incorreto, pois muitas vezes, tais problemas são sistêmicos". Segundo, afirma que a sanção, neste caso, ofenderia também o princípio da proporcionalidade, pois não há uma lesão (ou perigo) atribuída pessoalmente à conduta do sujeito concreto. Sánchez não concorda com a defesa de Kuhlen de que os delitos contra o meio ambiente se mostrarão, no futuro, como problema "de grandes cifras" decorrentes da industrialização e do crescimento populacional, sendo "adequada e

argumentos defensáveis feitos por Kuhlen devem ser previamente sopesados, haja vista que, como dito, o bem jurídico coletivo ambiental tem particularidades de fruição e de ofensa diversas dos demais bens individuais (por exemplo, a vida ou o patrimônio).

Enfim, na arguição do autor, não há críticas que sejam convincentes o bastante para se opor à proteção penal do meio ambiente, por meio das técnicas de tutela ora apontadas, ou que apresentem alternativas suficientemente válidas para a renúncia, ou o afastamento, da tutela penal ambiental, diante das ainda necessárias funções cominativa e intimidativa do Direito Penal e de sua subsidiária tarefa de "pedagogia social de criação e consolidação do valor correspondente, no caso, a proteção do meio ambiente na consciência do cidadão através do instrumento penal"[338].

d) Bernd Schünemann

Schünemann concorda, em grande parte, com o sustentado acima por Kuhlen, no que tange aos atuais riscos decorrentes dos avanços técnico-científicos e ao reflexo destes nas funções atualmente assumidas pelo Direito

---

necessária" a tutela penal através dos tipos de acumulação. Pelo contrário, Silva Sánchez rechaça a possibilidade, ainda pela ótica da proporcionalidade, tendo em vista que as condutas são compartilhadas, mas a sanção penal é aplicada isoladamente a um indivíduo. O referido autor também não considera serem os delitos de acumulação uma hipótese nova de concurso de agentes, tal como a "autoria acessória". Isto porque nesta, ainda que com dificuldades doutrinárias, o agente impetra a conduta tendo o conhecimento devido de que outros incorrerão no mesmo fato, o que não o excusa da responsabilidade, independentemente de se outros também contribuíram. Por outro lado, nos crimes de acumulação, não há limites espaço-temporais que possam apontar uma relação de co-autoria: por vezes, os demais fatores são globais e, portanto, muito difíceis de serem alocados num mesmo plano de responsabilidade (SILVA SÁNCHEZ, Jesús-María. *Op. cit.*, pp. 132-135).

338 MACHADO, Fábio Guedes de Paula; GIÁCOMO, Roberta Catarina. *Op. cit.*, p. 45.

Penal na sociedade contemporânea, precipuamente, o remodelamento preventivo da tutela dos bens jurídicos coletivos, notadamente, o meio ambiente[339].

Sobre a questão ambiental, Schünemann afirma que, em que pese o fato de a degradação do ambiente ter se iniciado no Período Antigo, passando pelo desmatamento nos países europeus às margens do mediterrâneo, seguindo-se para a América pré-colombiana, inquestionavelmente, foi a partir da sociedade industrial, com a incessante exploração de matérias-primas e sua respectiva produção de detritos, que ultrapassaram a capacidade natural de regeneração, que o "meio ambiente" tornou-se uma das pautas principais em matéria de bens jurídicos carentes de tutela[340].

O autor também rechaça os argumentos defendidos pela Escola de Frankfurt, pois, ao se buscar a proteção ambiental por meio dos bens jurídicos meramente individuais, acaba-se confundindo o instrumento de tutela com o próprio objeto de tutela[341]. O teor da crítica desses autores é, na opinião de Schünemann, altamente arraigado de conservadorismo que não consegue, ademais, apontar soluções viáveis ao problema.

Neste diapasão, Schünemann critica arduamente os Estados e suas respectivas normas quando estas tratam as condições de sobrevivência da humanidade de forma menos importante, ou secundária, em relação a outras garantias individuais do indivíduo. Aponta também uma comparação

---

339 SCHÜNEMANN, Bernd. *Sobre la dogmática y la política criminal del derecho penal del médio ambiente*. Temas actuales y pemanentes del Derecho penal después del milenio. Madrid: Editora Tecnos. 2002, p. 347; Idem, *La ley Sarbanes-Oxley del 2002: Abandono del concepto de delito corporativo? Apropriadas nuevas definiciones penales?* Una comparación desde una perspectiva alemana. Trad. de Luis Miguel Reyna Alfaro. In: REYNA ALFARO, Luis Miguel (Coord.). *Derecho penal y modernidad*. Lima: Ara, 2010, p. 295 e ss.

340 SCHÜNEMANN, Bernd. *Ibidem*, p. 335.

341 SCHÜNEMANN, Bernd. *Ibidem*, p. 335.

146

emblemática: as sociedades industriais que desatendem uma proteção ecológica mínima são tão omissas quanto foram as sociedades do século XIX, no que se refere ao problema da escravidão[342].

Cabe sim a modernização do Direito Penal para abranger a proteção do meio ambiente, como forma de "conservar as bases de subsistência da humanidade", conquanto deverá ser subsidiária na tutela de bens jurídicos. Destaca Schünemann que esta é uma das funções político-criminais mais importantes a serem perseguidas na sociedade moderna[343].

Para resolver o problema relacionado à suposta crise do Direito Penal Ambiental, Schünemann traça uma série de argumentos defensáveis. O primeiro questionamento é em relação à situação de conflito existente entre a geração atual e as gerações futuras, no que tange ao limite da suportabilidade dos efeitos danosos dos crimes ambientais, ou seja, o patamar máximo que se pode admitir entre a exploração e a conservação ambiental[344].

A intervenção estatal adequada e eficaz na proteção do meio ambiente deve, seja por meio da atuação administrativa, seja, em última via, pelo Direito Penal, impor o controle e os custos ambientais atuais e futuros contra a atual sociedade altamente consumista (na qual é predominante o hedonismo – a busca por prazeres através do consumo desenfreado)[345]. Além disso, Schünemann destaca que a ameaça ecológica é global e, com isso, requer uma nova noção que ultrapasse a individualista (monista-pessoal) de proteção de bens jurídicos, de forma a se restringir a esfera de liberdade do indivíduo em nome da proteção dos interesses vitais das presentes e futuras gerações[346].

---

342 SCHÜNEMANN, Bernd. *Ibidem*, p. 335 e ss.

343 SCHÜNEMANN, Bernd. *Ibidem*, p. 352.

344 SCHÜNEMANN, Bernd. *Ibidem*, p. 352.

345 SCHÜNEMANN, Bernd. *Ibidem*, p. 368.

346 SCHÜNEMANN, Bernd. *Ibidem*, p. 362.

Ressalta também o autor que, não obstante a esta necessidade subsidiária de tutela penal ambiental, é preciso que as regulações ambientais descrevam com muita clarividência e exatidão os limites entre o risco permitido e o risco não-permitido[347]. Aliás, o autor coloca-se contra um Direito Penal Ambiental que dependa totalmente do Direito Administrativo, no sentido de que rechaça a chamada "acessoriedade administrativa" por acreditar que as normas e as regulações administrativas ambientais são facilmente burláveis pelos cidadãos, devido à forma flexível como se apresentam na prática[348].

e) Günther Stratenwerth

Günther Stratenwerth afirma que, em que pesem as perspectivas que intentam restringir o Direito Penal à proteção de bens jurídicos individuais, que, cada dia mais, a destruição (irreparável) pelo próprio homem, das bases vitais na terra, é percebida como uma ameaça que se distingue radicalmente de todas as colocações em perigo que o Direito Penal já tinha se ocupado antes[349].

Para o autor, o meio ambiente não é um bem meramente individual, nem sequer em seus elementos particulares, como terra, ar e água. Muito menos o é nos processos nos quais ele influi, como o clima, a evolução das plantas, animais, etc. Neste caso, qualquer fundamentação antropocêntrica resta demasiadamente estreita e, ainda que fosse possível, não derivaria disso nenhum ponto de apoio para a questão decisiva de quais são as ingerências na natureza – a qual tem sido explorada desde sempre pelo homem – e em que medida tais ingerências devem ser admitida, ou mesmo de modo contrário, quais seriam as intervenções que devem ser excluídas pelo homem, sob

---

347 SCHÜNEMANN, Bernd. *Ibidem*, p. 362.

348 SCHÜNEMANN, Bernd. *Ibidem*, p. 360.

349 STRATENWERTH, Günter. *Op. cit.*, p. 67.

certas circunstâncias, a serem sancionadas penalmente[350].

Cabe perguntar tão somente se o Direito Penal é, em suma, apropriado para impor regras de conduta que se distinguem das normas tradicionais, sempre referidas a conflitos sociais atuais e que, assim mesmo, agora vão se conformando no particular paulatinamente. Mas a evolução vai nessa direção e, em vista da medida da ameaça, seria difícil censurá-la basicamente[351].

Stratenwerth se opõe ao sustentado pelos partidários da Escola de Frankfurt, pois afirma que "é de pouca utilidade ir contra uma evolução provavelmente obstinada e, justamente também necessária, somente repelindo-a, e propor como alternativa – extremamente irrealista – um 'direito preventivo de intervenção', cujos contornos são por agora, para dizer pouco, sumamente obscuros"[352].

Assinala criticamente o autor que dispensar o Direito Penal na tentativa de deslocar, a outros âmbitos do Direito, problemas que exigem do pensamento tradicional, mais do que este pode dar, não pode ser uma boa solução[353].

f) Kratzsch

Um dos autores que mais se colocou em defesa de um "Direito Penal de Segurança" foi, sem dúvidas, Kratzsch, para quem as tendências expansivas e modernizadoras penais são justificáveis, dado o caráter de "redutor de perturbações" ou de "inibidor do azar"[354]. O autor propõe uma função protetiva global pelo Direito Penal, pois este é e sempre foi um mecanismo de

---

350 STRATENWERTH, Günter. *Ibidem,* p. 67.

351 STRATENWERTH, Günter. *Ibidem,* pp. 67-68.

352 STRATENWERTH, Günter. *Ibidem,* pp. 67-68.

353 STRATENWERTH, Günter. *Ibidem,* p. 68.

354 KRATZSCH, *Verhaltensteuerung,* pp. 119 e ss. *apud* MENDOZA BUERGO, Blanca. *Op. cit.,* p. 130 e ss.

controle de riscos[355].

Assim, a tipificação sugerida para o controle dos riscos e da evitação do "azar" dá-se através dos crimes de perigo abstrato, não por uma questão de ameaça ou perigo individual ao bem jurídico, mas, sobretudo, porque representam uma "perturbação global". Assim, por meio de um controle individual, se atua controlando uma "ordem geral"[356].

O programa dogmático de Kratzsch almeja a proteção total de bens jurídicos, admitindo-se, para tanto, a expansão do Direito Penal, com a ampliação de condutas penalmente relevantes, e introduzindo estruturas de imputação não conformes com os padrões clássicos ou liberais[357].

O aspecto positivo desta teoria é, sem dúvidas, o foco de atuação global e a clara denotação de necessidade de modernização do Direito Penal até então denominado "clássico", para a tutela de bens jurídicos, tal como o meio ambiente. Entretanto, a ampla expansão e a flexibilização das garantias, de forma indiscriminada e sem critérios político-criminais limitadores, põe em risco a legitimidade constitucional de um Direito Penal denominado "Direito Penal do Risco".

g) Klaus Tiedemann

Na visão de Klaus Tiedemann, o Direito Penal não deve se curvar à indiscutível lesividade social das novas formas de criminalidade, *não-convencionais.* Conforme observa, o Estado Social Democrático de Direito moderno deve ampliar suas searas de proteção para abranger bens como o meio ambiente e a ordem econômica, por exemplo, não numa condição de que são bens jurídicos individuais, mas porque revelam, em si próprios, uma caractetística autônoma de valoração. Segundo ele, os bens jurídicos coletivos

---

355 KRATZSCH, *Ibidem,* p. 269 *apud* MENDOZA BUERGO, Blanca. *Ibidem*, p. 131.

356 KRATZSCH, *Ibidem,* p. 298 *apud* MENDOZA BUERGO, Blanca. *Ibidem*, p. 131.

357 KRATZSCH, *Ibidem apud* MENDOZA BUERGO, Blanca. *Ibidem*, p. 132.

são valores comunitários autônomos, que devem ter reconhecida a proteção penal. Aliás, interessante a consideração feita por este autor, de que o Direito Penal tem uma função (já assinalada anteriormente por Durkheim[358]), de *contribuir para a antecipação de valores* na sociedade, intitulada por ele de *Vorreiterfunktion,* que equivale à expressão *função de pioneirismo*[359].

Apesar de apresentar uma proposta um tanto quanto "corajosa", a partir da qual se confere legitimidade ao legislador para a proteção dos novos bens coletivos de forma quase irrestrita, Tiedemann ressalta que os novos tipos penais que se relacionam a estes bens são praticáveis, inclusive sob o preço de que o Direito Material abra mão da exigência da causalidade para facilitar a prova processual. E vai além: acredita que, ao invés de tipos de lesão e de perigo, acredita ser mais importante o desvalor da ação, por isso, para bens coletivos, reforça a necessidade dos delitos de mera conduta (*Tätigkeitsdelikten*)[360].

Nesse sentido, o autor reconhece claramente a necessidade de funcionalização da tutela penal para a proteção do meio ambiente, inclusive antecipando a punibilidade diante das condutas que expõem ao perigo este importante bem para a vida em comunidade.

---

358 A concepção estrutural-funcionalista de crime para Durkheim e o conceito de anomia revelam que o delito não é um fenômeno patológico, muito pelo contrário, é um evento natural a qualquer estrutura social de que se tem notícia. Em sua principal obra, "Les règles de la méthode sociologique" (1895), o autor chega inclusive a considerar as funções que o crime possui na sociedade, quais sejam: a provocação da reação social e, com isso, a conformação para a manutenção das normas penais; e, em segundo plano, a antecipação de novos sentimentos coletivos (o que, em Sócrates, representava a *antecipação da moral futura*). Sobre esta noção, ver as considerações de: BARATTA, Alessandro. *Criminologia Crítica e Crítica do Direito Penal.* Trad. Juarez Cirino dos Santos. 3. ed. Rio de Janeiro: Editora Revan, 2002, pp. 59-61.

359 TIEDEMANN, Klaus. *Tatbesandsfunktionen im Nebenstrafrecht,* 1969, p. 106 *apud* GRECO, Luís. *Op. cit.,* pp. 5-6.

360 TIEDEMANN, Klaus. *Ibidem, apud* GRECO, Luís, *Ibidem,* p. 6.

2.3 Contribuições político-criminais para a funcionalização da tutela penal ambiental

Antes de entender o que o estudo de Política Criminal pode influir nas funções e nos limites de atuação legítima do Direito Penal Ambiental no Estado Democrático de Direito, é importante que se faça uma breve diferenciação entre aquela e as demais ciências penais[361].

A ciência responsável pelo estudo empírico da violência é a Criminologia. Já à Política Criminal cabe desenvolver os estudos científicos e as medidas de combate à violência. Por sua vez, a Dogmática Jurídico-Penal e a Processual Penal versam sobre o estudo, a interpretação e a sistematização das normas penais e processuais penais vigentes[362].

Vários são os questionamentos que se fazem em relação à atuação do Direito Penal na proteção do meio ambiente na atualidade. Por exemplo: o que legitima a presença de um mecanismo coativo de tão graves consequências como o Direito Penal em uma determinada sociedade? Por que deve haver um "Direito Penal Ambiental"? Que razões valorativas impedem sua supressão ou seu afastamento da proteção do meio ambiente?

Do ponto de vista sociológico, buscar-se-á qual a função que efetivamente desenvolve o Direito Penal Ambiental. Já do ponto de vista normativo, intenta-se descobrir qual missão é assinalada ao Direito Penal Ambiental pelo Direito Positivo. E, por fim, do ponto de vista da Filosofia Jurídica (filosófico-jurídico) e da Política Criminal (político-criminal) (de *lege*

---

361 São consideradas "Ciências Penais": a Criminologia, a Dogmática Penal e Processual Penal e a Política Criminal. Ver: MASSON, Cleber. *Direito Penal Esquematizado*. Parte Geral. São Paulo: Método, 2011, p. 55.

362 BIANCHINI, Alice; GOMES, Luiz Flávio. *Direito Penal e Política Criminal*. Material da 2ª aula da Disciplina Política Criminal e Segurança Pública, ministrada no Curso de Especialização TeleVirtual em Ciências Penais – UNISUL– REDE LFG - IPAN. Slideshow 1 e ss.

ferenda) investiga-se qual(is) papel(is) deveria o Direito Penal (substantivo e instrumental) cumprir na tutela de interesses ecológicos[363].

Para Juarez Cirino dos Santos, a política criminal é, nesse contexto, "o programa do Estado para controlar a criminalidade", sendo seu núcleo representado pelo Código Penal e pelas Leis Penais Extravagantes, e seu instrumental básico constituído pelas penas criminais (ou medidas de segurança, aos inimputáveis)[364]. Entretanto, não é apenas pelo estudo das penas criminais em espécie que se compreende o conteúdo programático de política criminal de um Estado, mas, sobretudo, através do exame das funções elencadas ou atribuíveis às referidas sanções penais, quais sejam: retribuição da culpabilidade, de prevenção especial e de prevenção geral da criminalidade. Segundo Santos, na atualidade, o estudo das funções atribuídas às penas criminais mostra o grau de "esquizofrenia dos programas de política criminal", em geral, porque discurso penal e a realidade da pena caminham em direções opostas[365].

Modernamente, algumas considerações são importantes para a eleição de medidas de cunho político-criminal relativas ao Direito Penal em geral, num Estado Democrático de Direito, quais sejam: a) coibir condutas que ofendam, de forma grave, intolerável e transcendental, bens jurídicos relevantes (como forma de evitar a chamada violência informal); b) proteger o indivíduo das reações sociais que o crime desencadeia, através de normas justas (mantendo-se assim o respeito pelo direito) e eficazes (consagrando-

---

363 BIANCHINI, Alice; GOMES, Luiz Flávio. *Op. cit.*

364 SANTOS, Juarez Cirino dos. *Política Criminal: Realidade e Ilusões do Discurso Penal.* Disponível em: http://www.cirino.com.br/artigos/jcs/realidades_ilusoes_discurso_penal.pdf. Acesso em: 10.ago.2012, p. 1. Para Zaffaroni, "o conceito de política criminal é bastante nebuloso", mas, no contexto ambiental, pode significar que a utilidade dos tipos penais que requerem a afetação de um bem jurídico não deva ser exagerada, tendo-se em conta o risco de se desvirtuar sua "adequada medida de significação" (ZAFFARONI, Eugénio Raúl. *Op. cit.*, p. 150, trad. livre da autora).

365 SANTOS, Juarez Cirino dos. *Op. cit.*, p. 1 e ss.

se a crença no direito) – evitando-se assim a denominada "violência informal"; e, c) garantir a aplicação dos princípios, direitos e garantias penais de natureza constitucional, tais como: o princípio da legalidade; o princípio da igualdade; o princípio da proporcionalidade, etc. (também evitando-se práticas de violência formal)[366].

Neste sentido, a Política Criminal é uma ciência funcional: ela busca resultados práticos para a intervenção estatal, evitando-se a desatenção às garantias. Tanto o legislador, quanto o administrador e o juiz, como agentes públicos e políticos, deverão buscar as decisões e as opções político-criminalmente mais condizentes com o sistema jurídico vigente e os valores que se esperam dele na contenção da criminalidade.

Numa ótica de *Política Criminal Liberal*, o que se intenta, simplesmente, é garantir a liberdade individual, exigindo-se a imposição de limites ao poder estatal. Isto porque, sob este aspecto, conforme verificado na evolução histórica dos direitos fundamentais, as políticas liberais instituíram o chamado "Estado de Direito", em que prevalece a segurança jurídica por conceitos precisos emanados pelos princípios: da legalidade, da culpabilidade, da racionalidade e proporcionalidade da pena, etc[367].

Já numa ótica de ideologia *anárquica* e/ou *abolicionista* dos poderes estatais, as Políticas Criminais conjugam a liberdade com a igualdade material. Isto porque tais ideologias atestam que o Estado e as autoridades estabelecem os privilégios sociais e a marginalidade (configurada a ilegitimidade do Direito Penal e, por conseguinte, do Processo Penal). As políticas

---

366 BIANCHINI, Alice; GOMES, Luiz Flávio. *Op. cit.,* p. 1 e ss. Neste sentido, os termos, o caráter de informalidade ou de formalidade da violência que se deseja coibir é relativo às pessoas ou agentes eventualmente capazes de agir em nome desta. Se a violência se der por parte do próprio organismo estatal, através de seus entes, a violência será considerada formal. Do contrário, são atos de violência informal aqueles praticados pela população em geral em detrimento de bens individuais ou coletivos resguardados juridicamente.

367 BIANCHINI, Alice; GOMES, Luiz Flávio. *Ibidem,* p. 1 e ss.

154

criminais abolicionistas apregoam soluções informais ou não-penais para os conflitos sociais[368].

Uma Política Criminal de cunho *autoritário* apresenta as seguintes características: concilia a igualdade com a autoridade; busca a todo custo, o fortalecimento do Estado, do controle sobre as liberdades individuais (sob a ideia de prevenção geral); promove o enfraquecimento do princípio da legalidade, da culpabilidade pelo fato, do contraditório, do sistema acusatório, da defesa substancial, etc[369].

Em nenhum Estado é possível se constatar, sem sombra de dúvidas, a prevalência absoluta de apenas um dos modelos acima identificados, de modo que a vocação garantística do Direito Penal tende a sopesar, diante de determinadas situações, os princípios informadores da atuação punitiva em nome de direitos fundamentais igualmente importantes para a vida social.

Diante do que foi exposto, o grande entrave reside na possibilidade, ou não, de o Direito Penal, dito como "clássico" ou "tradicional", de compleição extremamente garantista, dotar-se de mecanismos hábeis à proteção de bens jurídicos coletivos ou supra-individuais, como o meio ambiente, fruto de um anseio da então "sociedade de risco".

Verificou-se que, diante da legitimidade (dignidade e necessidade de tutela penal) de que goza o meio ambiente como bem jurídico, não só constitucionalmente, mas também infraconstitucionalmente, como requisito intrínseco à condição de existência digna, tanto das presentes quanto futuras gerações, é impossível negar que, em determinada medida e em caráter de *ultima ratio*, a tutela penal há que se fazer presente no ordenamento jurídico.

Assim, verifica-se em que grau e medida esta intervenção penal, que, como visto, é reconhecidamente necessária, deve ser realizada, ou seja, quais

---

368 BIANCHINI, Alice; GOMES, Luiz Flávio. *Ibidem,* p. 1 e ss.

369 BIANCHINI, Alice; GOMES, Luiz Flávio. *Ibidem,* p. 1 e ss.

opções jurídicas de tutela devem ser utilizadas diante desses novos riscos.

Pelo que restou demonstrado, todos os ramos jurídicos que fazem parte do âmbito de proteção ambiental são levados, diante das especificidades das questões ambientais, a atuar de forma preventiva, ou seja, a evitar a ocorrência de um dano efetivo para a posterior responsabilização. Isto porque, como visto, nem sempre esta forma de tutela é eficaz diante dos efeitos altamente danosos e de difícil reparação, decorrentes de algumas práticas ofensivas contemporâneas. Além disso, outro fator que enseja a atuação preventiva é a dotação supra-individual e difusa do bem: vários são os sujeitos que estão imersos à situação de uso e fruição das condições ambientais sem que se possa esgotá-lo ou delimitá-lo a um só usuário.

O Direito Civil, por exemplo, pautado na responsabilização objetiva, atua precipuamente de forma reparatória, ou seja, quando houver eventual necessidade de reparação e recuperação do dano. Dada a falta de auto-executoriedade, em questão de prevenção de danos ambientais, apresenta muitas falhas de efetividade.

No que tange à atuação administrativa, apesar da dotação preventiva e sancionadora, não há uma série de garantias fundamentais processuais inerentes ao processo judicial (tal como autonomia, imparcialidade e independência no julgamento), o que, muitas vezes, pode contribuir para o afastamento ou abrandamento da co-responsabilidade estatal no dever de controlar e evitar perigo e lesões ao meio ambiente[370].

---

370 Conforme assevera Santiago (*Op. cit.*, p. 87): "Tantas são as pressões que ocorrem já no nascedouro da norma ambiental, *lobbies* de setores da indústria, agricultura, imobiliários, energia, que se tem a impressão que a norma ambiental prevê menos exigências realmente ecológicas e cede à pressão dos meios industriais interessados, ou a impressão que o Direito Administrativo Ambiental é antes de tudo um sistema de concessão de licenças para poluir. Depois seguem os problemas com a fiscalização ineficiente, sem funcionários em número suficiente ou sem a qualificação necessária e, o que é pior, com medo de aplicar as sanções correspondentes e desagradar poderosos. O que muitas vezes se verifica, ao final, é que a Administração Pública vive verdadeiro

Além disso, soma-se a essas condições a realidade de muitos países em que, por influências políticas ou econômicas, a questão ambiental é tratada como "questão de gabinete" nos espaços da administração pública, o que, como revelam os noticiários, mostra o alto índice de corrupção de agentes públicos na facilitação de concessão de licenças, autorizações para grandes investimentos empresariais, ainda que ecologicamente poluentes.

E, por fim, a ausência de tribunal administrativo imparcial e estruturado, somado à inafastabilidade do caráter de definitividade do poder judiciário na apreciação de decisões administrativas que possam violar direitos fundamentais, demonstram, de uma vez por todas, a inequívoca necessidade de tutela penal do meio ambiente.

Assim, o descrédito e a ineficácia, em alguns casos, dos ramos civil e administrativo[371], ensejam, mesmo numa sociedade livre e democraticamente soberana, a atuação do Direito Penal como forma última para assegurar as condições mínimas de existência planetária, diante de uma global e incessante cadeia de riscos sociais e tecnológicos.

Por mais que se negue, o Direito Penal não pode se esquivar de

---

fenômeno de captura, em que culmina por adotar a linguagem e o raciocínio dos empreendedores, cuja conduta deveria controlar". Neste mesmo sentido: OST, François. *A natureza à margem da lei: ecologia à prova do Direito*. Lisboa: Instituto Piaget, 1995, pp. 129-154.

371 A dimensão sancionatória do Direito Penal ainda possui consequências relevantes diante da atuação do Direito Civil. E, no que tange à posição do Direito Penal ante o Administrativo, sem dúvidas, o primeiro ainda apresenta maior neutralidade política, bem como maior imparcialidade nos julgamentos. Isto não significa que o ramo civil e o administrativo tenham perdido importância frente ao Direito Penal. Ressalte-se que, em matéria ambiental, a pedra angular de proteção (preventiva e, até, repressiva) deverá ser exercida pelo Direito Administrativo. Entretanto, a pressão política e econômica que a Administração Pública sofre na concessão de *lobbies,* ou na tentativa de garantir o pleno emprego e o crescimento econômico a qualquer custo, faz com que, muitas vezes, neste jogo de interesses, a proteção ambiental seja debilitada pela atuação parcial. (SANTIAGO, Alex Fernandes. *Op. cit.* 84-86).

importante função de proteção e manutenção dos bens ambientais relativos às condições vitais da humanidade, posto que os bens jurídicos individuais possuem carência de proteção penal, dado que não são dotados de superioridade hierárquica ou valorativa diante dos bens coletivos ou supraindividuais. Aliás, a ausência de intervenção punitiva para salvaguardar o meio ambiente, ainda que em caráter subsidiário e de *ultima ratio* configuraria uma omissão intolerável no quadro de funções primordiais do Estado, que, num aspecto garantístico, veda a proteção deficiente dos direitos fundamentais.

O caráter de supra-individualidade do bem jurídico ambiental exige, para uma correta atuação do Direito Penal, na proteção exclusiva de bens jurídicos, de uma dotação metdológica específica, seja agregando-se às normas administrativas o caráter de limitação dos níveis de risco permitido, seja possibilitando-se a punição diante de condutas que ponham em perigo o bem tutelado, logicamente, dentro dos padrões sistemáticos possíveis no Estado Democrático de Direito.

Entretanto, o modelo de política criminal aqui defendido não se confunde com um modelo de política de segurança ou com um "Direito Penal de Emergência", eminentemente simbólico, "marcado pela perda do caráter subsidiário e fragmentário e pela missão de instrumento político de segurança, (...) que visa a destruir as propostas de solução estrutural dos problemas sociais"[372].

Longe disso, a tutela penal de novos interesses, tal como o meio ambiente, deve propiciar uma unificação do discurso legislativo, em respeito aos princípios penais e constitucionais fundamentais, notadamente o da

---

372 BECHARA, Ana Elisa Liberatore Silva. Os discursos de emergência e o comprometimento da consideração sistêmica do direito penal. In: *Boletim IBCCRIM*. São Paulo: IBCCRIM, ano 15, n. 190, set./2008, p. 1. Disponível na Internet em: http://www.ibccrim.org.br/novo/boletim_artigo/3725-Os-discursos-de-emergencia-e-o-comprometimento-da-consideracao-sistemica-do-direito-penal. Acesso em: nov.2012.

legalidade e proporcionalidade, o que pode, em alguns momentos, ensejar a descriminalização de condutas "que em nada ofendem aos interesses sociais fundamentais convertidos a bens jurídico-penais"[373].

Apesar das importantes considerações críticas formuladas pela Escola de Frankfurt, que servem de atenção às tendências expansionistas ilimitadas, não se pode negar a necessária modernização do Direito Penal, pois, como visto, os sistemas jurídicos não são imutáveis e fechados. Muito pelo contrário, assim como qualquer ramo do ordenamento, é preciso que o Direito Penal possa ter condições sistêmicas de promover o contato com o mundo exterior, dando a conformidade histórica adequada aos princípios garantísticos, possibilitando-se, assim, a ponderação entre estes e as necessidades de regulação social.

Ante o exposto, justifica-se, portanto, a proteção penal do meio ambiente em caráter coordenado e sistemático com os demais ramos do Direito (Direito Civil, Administrativo, etc.) e outros meios de controle não-jurídicos (*v.g.* entidades educativas, associações civis, etc.), para que se possa, dentro de suas respectivas pautas de atuação, promover uma tutela eficaz e um gerenciamento de riscos sociais da sociedade contemporânea.

---

373 BECHARA, Ana Elisa Liberatore Silva. *Ibidem*, p. 1.

DA RELAÇÃO ENTRE O DIREITO PENAL E O DIREITO ADMINISTRATIVO NA PROTEÇÃO DO MEIO AMBIENTE: ACESSORIEDADE ADMINISTRATIVA

3

3.1 O diálogo das fontes para a proteção integral do meio ambiente: direito penal e direito administrativo

A característica típica do pluralismo pós-moderno ou contemporâneo presente no Direito em geral, com a existência de fontes legislativas também plurais, exige a necessária coordenação entre estas, como um dos requisitos mínimos para um sistema jurídico justo e eficiente[374]. Segundo se pode extrair da afirmação de Canaris, a ideia de sistema (para qualquer ramo do Direito) advém da necessidade de que "em qualquer labor teórico, mesmo com as relativizações culturais e sociais, exige-se que o fenômeno jurídico se apresente com uma certa regularidade, ou seja, que os confrontos de interesses tenham soluções estáveis, previsíveis, concatenadamente

---

374 MARQUES, Cláudia Lima. Diálogos entre o CDC e o CC/2002. In: PFEFFEIR, Roberto A. C.; PASQUALOTTO, Adalberto (Coords.). *Código de Defesa do Consumidor e o Código Civil de 2002: convergências e assimetrias.* Rio de Janeiro: Revista dos Tribunais, 2005. v. 26. p. 71.

imanentes"[375].

Neste mesmo sentido, Ana Elisa Bechara afirma que dado o tradicional valor agregado à sistemática, no que tange às finalidades da dogmática jurídico-penal, tem-se como necessário a apreensão conceitual de conteúdos, bem como a estrutura dos preceitos penais, a fim de colocá-los num sistema científico com coerência lógica. Com base nestes preceitos, a tarefa do estudioso do Direito Penal é possibilitar a superação de contradições aparentes surgidas na realidade, promovendo soluções harmoniosas e adequadas para com o sistema. E além do mais, enfatiza-se o caráter inacabado e aberto do sistema, frente à necessidade de enfrentamento de novos problemas[376].

Erik Jayme afirma que nos tempos atuais, de complexidade e pluralidade, a solução sistemática não pode pretender ser excludente, pelo contrário, deve ser mais fluida e permitir uma maior mobilidade e convivência de paradigmas, de forma que as leis devem ser interpretadas de forma convivente com outras em campos de atuações diferentes (ainda que aparentemente sejam planos convergentes ou diferentes)[377].

É diante deste contexto que surge a expressão "diálogo das fontes", utilizada para descrever o fenômeno moderno de se permitir a "aplicação

---

375 CANARIS, Claus-Wilhelm. *Pensamento sistemático e conceito de sistema na ciência do Direito.* 2. ed. Lisboa: Fundação Calouste Gulbenkian, 1996, p. 243. Ainda concebe o autor que: "Desta forma, a ideia de sistema em Direito traz a possibilidade do discurso científico jurídico, mas a compreensão do sistema externo, por vezes complexo, não pode ser efetuada por uma linguagem inteligível e redutora" (*Ibidem*, p. 243).

376 BECHARA, Ana Elisa Liberatore Silva. *Op. cit.*, p. 1. Nas palavras da autora: "Tal sistema, é bem verdade, não pode ser considerado como definitivo ou fechado, mas sim como suscetível a modificações e a novas harmonizações quando essas se mostrarem necessárias, no enfrentamento de novos problemas. Mas, ainda assim, e apesar de novos problemas, não é possível entender as considerações sistemáticas como carentes de valor. Em outras palavras: a noção de sistema penal, a tão duras penas conquistada, deve ser mantida" (*Ibidem*, p. 1).

377 JAYME, Erik, p. 60 e 251 *apud* MARQUES, Claudia Lima. *Ibidem*, p. 73.

simultânea, coerente e coordenada de fontes legislativas plúrimas e divergentes"[378]. Este diálogo há de ser celebrado na aplicação conjunta, complementária ou subsidiária, de forma a se superar um aparente conflito – prezando-se, sempre, pela coerência sistemática.

Na aplicação simultânea, uma das leis servirá de base conceitual para a outra, sobretudo se uma é geral e a outra é especial, ou então, se uma é a lei central ou mais atuante e a outra é um microssistema específico (*diálogo sistemático de coerência*)[379]. Por sua vez, no diálogo de aplicação coordenada de duas ou mais leis, uma pode vir a complementar a outra, a depender do âmbito de aplicação do caso concreto (*diálogo de complementariedade e subsidiariedade)*, em antinomias aparentes e indicar a aplicação complementar tanto de suas normas, quanto de seus princípios, no que couber ou que for necessário subsidiariamente[380]. Neste aspecto, se houver princípios convergentes ou comuns, o diálogo poderá ser positivo, sendo o caminho inicial para os eventuais conflitos entre normas. E, por fim, há o diálogo existente entre as influências recíprocas sistemáticas, como no caso de uma possível redefinição do campo de aplicação de uma lei especial sobre uma lei geral (diálogo de coordenação e adaptação sistemática)[381].

Diante destas considerações, e, tomando-se como parâmetro, os sistemas penal e administrativo, integrantes do grande conjunto integrado de proteção ambiental, há que se promover um diálogo entre as referidas fontes, de forma que se possa, conhecendo-se *ex ante,* a forma utilizada pelo legislador de se remeter a esta interação, indicar possíveis soluções para os conflitos aparentes entre as normas sancionatórias penais entre si e, e em relação às normas administrativas na proteção ambiental.

---

378 MARQUES, Claudia Lima. *Ibidem*, p. 71.

379 MARQUES, Claudia Lima. *Ibidem*, p. 76.

380 MARQUES, Claudia Lima. *Ibidem*, p. 76.

381 MARQUES, Claudia Lima. *Ibidem*, p. 76.

Aliás, o diálogo das fontes é sobejamente necessário no âmbito da "acessoriedade administrativa", onde uma fonte remete à outra a sua complementariedade (de conceito, de norma ou de ato), levando-se, por vezes, a questionamentos sobre o grau de autonomia e funcionalidade de um sistema em relação ao outro.

Para que este estudo do diálogo sistemático seja possível, é preciso, após as considerações sobre a atuação do direito penal ambiental, elencar as funções do direito administrativo ambiental e, se possível, chegar a um parâmetro de diferenças e similitudes hábeis a possibilitar a harmonização ou a aplicação de uma só fonte em detrimento da outra.

3.2 Do Direito Penal Ambiental

No que tange à atuação do Direito Penal Ambiental, não pairam discussões desde a determinação constitucional de intervenção punitiva no ambiente, até porque a Constituição, em seu art. 225, foi clara ao afirmar a tutela penal. O que é ainda importante se destacar o papel dos mecanismos de controle instituídos posteriormente, por determinação constitucional, a citar a Lei 9.605/98 (Lei de Crimes Ambientais), bem como a Lei 11.105/2005 (Lei de Biossegurança), dentre outras, por representarem meios repressivos e, notadamente, preventivos em relação aos novos riscos surgidos com a globalização.

Mais uma vez se valendo das lições trazidas por Luiz Régis Prado[382], com relação à proteção penal do meio ambiente, a referência ao sistema punitivo, que estabelece a distinção entre as sanções, além de ser fator importante de sua eficácia, só pode ser compreendida à luz dos princípios ínsitos na própria Constituição – numa visão lógico-sistemática e teleológica – e no sentido tradicional das categorias jurídico-penais a eles adstritas. Para o referido autor, a partir desta determinação constitucional, obriga-se ao

---

382 PRADO, Luiz Régis. *Op. cit.*, p. 76.

legislador ordinário a "construir um verdadeiro sistema normativo penal que defina, de modo certo e taxativo, as condutas puníveis e respectivas penas, em harmonia com os princípios constitucionais penais, como estrutura jurídica mínima para dar cumprimento ao estatuído na Constituição Federal"[383].

Cumprindo a mencionada determinação constitucional, a Lei 9.605/98, de 12 de fevereiro de 1998, impôs medidas administrativas e penais às condutas lesivas ao meio ambiente.

Quanto aos tipos penais, o Capítulo V, a partir do art. 29 da Lei 9.605/98, traz o rol dos crimes contra o meio ambiente, divididos em: Crimes contra a Fauna, Crimes contra a Flora, Crimes Ambientais ligados à Poluição, Crimes contra o Ordenamento Urbano e o Patrimônio Cultural e dos Crimes contra a Administração Ambiental. Quanto às espécies e aos limites das penas aplicadas, há, em sua maioria, penas privativas de liberdade de reclusão (até 5 anos) e detenção (até um ano), com causas especiais de aumento de pena, fora as penas restritivas de direitos, prestação de serviços à comunidade e multa.

Ao iniciar a abordagem da estrutura dogmática da tutela penal ambiental, faz-se de suma importância ressaltar o debate acerca da responsabilização penal das pessoas jurídicas, em tese trazido no art. 225, § 3º da Constituição, *verbis:* "as condutas e atividades consideradas lesivas ao meio ambiente sujeitarão os infratores, pessoas físicas ou jurídicas, a sanções penais e administrativas, independentemente da obrigação de reparar os danos causados". A Lei 9.605/98 não pareceu ter dirimido todas as dúvidas sobre tal celeuma, pois apesar de prever, explicitamente, a responsabilização criminal de pessoa jurídica[384], fazendo-o no artigo 3º, ensejou-se uma modernização

---

383 PRADO, Luiz Régis. *Ibidem.,* p. 76.

384 Num primeiro momento, até antes da edição da lei 9.605/98, alguns autores promoviam a interpretação constitucional de que, às pessoas jurídicas, somente poderiam ser aplicadas sanções administrativas, já que a responsabilidade penal só caberia às

nas regras de imputação penal previstas no Código Penal e demais legislações penais, que não obstante ser um tema importante, não será objeto de discussão no presente trabalho para não se perder de vista o objetivo central da proposta.

Há de se destacar também que, em razão dos princípios da precaução e da prevenção, em matéria de tipos ambientais, poucos são os crimes de dano, que exigem a lesão efetiva. A maioria dos crimes ambientais são crimes de perigo, muitos de perigo concreto, e, na maioria de perigo abstrato. Naqueles, o perigo integra o tipo como elemento normativo, de modo que o delito só se consuma com a sua real ocorrência para o bem jurídico, isto é, o perigo deve ser efetivamente comprovado. Nos de perigo abstrato, o

---

pessoas físicas. Entretanto, com a referida lei de crimes ambientais, em seu art. 3º, a dúvida acerca da possibilidade de se responsabilizar penalmente a pessoa jurídica restou aparentemente dirimida, já que a norma foi expressa, no sentido de que, tais entes estariam sob o crivo do *jus puniendi* "nos casos em que a infração fosse cometida por decisão de seu representante legal ou contratual, ou de seu órgão colegiado, no interesse ou benefício da sua entidade" (art. 3º, *caput, in fine*). Entretanto, a doutrina brasileira se posiciona majoritariamente contrária a esta acepção, baseada na *teoria da ficção jurídica* de Savigny, tais como: Cf. SALES, Sheila Jorgem Selim de. *Princípio "societas delinquere non potest" no Direito Penal Moderno*. In: PRADO, Luiz Régis; DOTTI, René Ariel (coord.). *Responsabilidade Penal da Pessoa Jurídica*. Em defesa do princípio da imputação penal subjetiva. 2. ed. rev. atual. e ampl. São Paulo: Editora Revista dos Tribunais, 2010, p. 210; SHEICARA, Sérgio Salomão. *Responsabilidade Penal da Pessoa Jurídica*. São Paulo: Editora Revista dos Tribunais, 1999, p. 86; BITTENCOURT, Cézar Roberto. *Reflexões sobre a Responsabilidade Penal da Pessoa Jurídica*. In: GOMES, Luiz Flávio (coord.). *Responsabilidade Penal da Pessoa Jurídica e Medidas Provisórias e Direito Penal*. São Paulo: Revista dos Tribunais, 1999, pp. 58-62; DOTTI, René Ariel. Meio ambiente e proteção penal. In: *Revista dos Tribunais*, fasc. 1 Civil, a. 79, v. 655, pp. 245-257, maio 1990. Dentre os que defendem a possibilidade de responsabilização penal da pessoa jurídica baseados na *teoria da realidade* de Otto Gierke, veja-se: GOMES, Celeste Leite dos Santos. *Crimes contra o meio ambiente – responsabilidade e sanção penal*. São Paulo: Oliveira Mendes, 1998, pp. 24-25; MACHADO, Fábio Guedes de Paula. *Culpabilidade no Direito Penal*. São Paulo: Quartier Latin, 2010, p. 319.

perigo constitui unicamente a *ratio legis,* inerente à ação, não necessitando de comprovação[385].

Nestes tipos penais, a legislação penal visa evitar o acontecimento do dano, por seu efeito preventivo. Basta, portanto, a mera conduta, independentemente da produção do resultado. Desse modo, o caráter sancionador está num momento anterior ao efetivo e eventual dano causado ao ambiente, o que traz um caráter intimidativo e, até mesmo, educativo.

Outra característica marcante nos crimes ambientais é a presença massiva de normas penais em branco, quais sejam aquelas em que a descrição da conduta é incompleta ou lacunosa, necessitando de complementação por outro dispositivo[386]. Há de se ressaltar também que, a maioria dos tipos penais voltados à proteção do meio ambiente possui elementos normativos que remetem o intérprete ao Direito Administrativo. Tais elementos, como ensina Miguel Reale Júnior, possuem "conteúdo variável, aferidos a partir de outras normas jurídicas, ou extrajurídicas, quando da aplicação do tipo ao fato concreto"[387].

Evidente, pois, que o Direito Penal encontra, nos termos desta lei, alguns problemas para abarcar tantos detalhes na estrutura típica, e o auxílio pelo Direito Administrativo se impõe[388]. Ademais, até para se preencher um princípio fundamental do sistema jurídico, o da unidade do Direito, é salutar que o tipo penal tenha sim este relacionamento com a esfera

---

385 PRADO, Luiz Régis. *Op. cit.,* p. 152.

386 Cuja discussão será realizada no próximo capítulo, sobre a acessoriedade de norma administrativa.

387 REALE JÚNIOR, Miguel. *Instituições de Direito Penal,* vol. 1. Rio de Janeiro: Forense, 2002, p. 38.

388 COSTA, Helena Regina Lobo da. O direito penal ambiental e as normas administrativas. In: *Boletim IBCCRIM.* São Paulo: IBCCRIM, ano 12, n. 155, out./2005, p.1. Disponível na Internet: http://www.ibccrim.org.br/novo/boletim_artigo/3089-O-direito-penal-ambiental-e-as-normas-administrativas. Acesso em: jul.2012.

administrativa, evitando-se os conhecidos problemas decorrentes de se adotar uma linha de "independência absoluta entre as instâncias", como mais à frente será pontuado.

Renato de Mello Jorge Silveira adverte, porém, sobre a proliferação da atuação na seara penal. Segundo o autor, resta saber os limites de atuação do Estado neste campo legal, pois é inegável que a preocupação penal ambiental ganhou espaço em todo o mundo a ponto de, mais recentemente, diversas incoerências estarem sendo notadas. Silveira assinala que a Lei ambiental brasileira, neste aspecto, foi profundamente criticada, já que, na sua visão, vários pontos necessitam de pormenor atenção[389].

Feitas as considerações gerais acerca da proteção penal ambiental, tal como se encontra legislada no Brasil, caberá como objetivo do presente estudo, analisar o papel da interação com o direito administrativo neste âmbito, com vistas a se relacionar as duas fontes e fundamentar uma atuação legítima e subsidiária por parte do *ius puniendi*.

3.2.1 Da sistematização das leis penais ambientais

Sabe-se que, mesmo em países de tradição do *common law*, uma boa instrumentária legislativa é um dos primeiros passos para a correta aplicação do direito penal nas relações humanas, evitando-se abusos de poder por parte do Estado e garantindo-se a sua real eficácia[390].

---

389 SILVEIRA, Renato de Melo Jorge. *Op. cit.*, p. 136.

390 "Eficácia" aqui entendida no seu aspecto social, material, também definida como "efetividade" por: BARROSO, Luis Roberto. *O Direito Constitucional e a efetividade de suas normas - limites e possibilidades da constituição brasileira.* Rio de Janeiro: Renovar, 2ª edição, 1993, p. 79. Este autor, em resumo, afirma que "a efetividade significa, portanto, a realização do Direito, o desempenho concreto de sua função social. Ela representa a materialização dos fatos, dos preceitos legais e simboliza a aproximação, tão íntima quanto possível, entre o dever-ser normativo e o ser da realidade social"(*Ibidem*, p. 79).

A coordenação das normas penais com as extrapenais é, sem dúvidas, um dos assuntos mais importantes sobre o tema que aqui se propõe, qual seja, a acessoriedade administrativa no direito penal ambiental. Para tanto, é preciso analisar as inúmeras opções de sistematização legislativa que o legislador possui e suas correlatas consequências jurídicas para a proteção penal do meio ambiente.

Analisando-se a legislação penal nacional e estrangeira, é possível se perceber algumas tendências de normativas penais ambientais, quais sejam: primeiro, a inclusão dos crimes ecológicos num mesmo Título, Capítulo ou Seção do Código Penal; segundo, a inclusão dos tipos penais em diversas leis orgânicas, cada uma referente a um assunto setorizado ambiental; terceiro, o agrupamento de todos os delitos ecológicos numa mesma lei orgânica em concordância com as leis gerais (Código Penal) e setoriais; ou, por fim, soluções mistas, como por exemplo, agrupar alguns delitos no Diploma Penal e outros em leis esparsas[391].

De acordo com Tiedemann[392], Bacigalupo[393] e tantos outros autores, para que se haja uma correta técnica de proteção legal ambiental é preciso promover uma sistematização das normas penais ambientais com as demais normas do Código Penal, de forma que os crimes contra o meio ambiente fiquem unificados aos outros, porém, em Título próprio. Isto, por exemplo, é o que ocorre nos Códigos Penais: da Alemanha de 1994 (arts. 324 e seguintes), da Espanha de 1995 (Título XVI, capítulos III e IV), de Portugal

---

391 RODRÍGUEZ RAMOS, Luis. *Alternativas de la protección penal del medio ambiente. Cuadernos de Política Criminal*, Madrid, n. 19, p. 143, 1983.

392 TIEDEMANN, Klaus. *Die Neuordnung des Umweltstrafrechts*, p. 14 *apud* PRADO, Luiz Régis. *Op. cit.*, p. 77.

393 BACIGALUPO, Enrique. La instrumentalización técnico legislativa de la proteción del médio ambiente. *Estudios Penales y Criminologicos*, 5, p. 196-197. Disponível em: http://portal.uclm.es/portal/page/portal/IDP/AREAS_TEMATI-CAS?p_acc=5&p_tipo=GDELITO&p_area=Delitos%20contra%20el%20me-dio%20ambiente&p_subarea=---&p_elem=D. Acesso em: jun.2012.

de 1995 (arts. 278 e 279) etc.

Esta sistematização e unificação[394] são indispensáveis para uma melhor compreensão do tema e do seu inter-relacionamento com os demais delitos, evitando-se assim, abusos legislativos e interpretativos no seu tratamento.

Infelizmente, na maioria dos demais países, assim como no Brasil, a matéria sobre os crimes ambientais não foi incorporada pelo Código Penal[395] (Decreto-Lei n. 2.848 de 1940), apesar de aqui haver a existência de Anteprojetos de Reforma Legislativa a este respeito[396]. Na Itália também há uma

---

394 Ao tratar dos modelos sistemáticos e as codificações civis, Antonio Menezes Cordeiro, afirma que a codificação não se confunde com uma compilação. Uma compilação implica sempre um conjunto de fontes, submetido a uma determinada ordenação. "A codificação corresponde a uma estruturação juscientífica de certas fontes. Pode dar-se um passo: a codificação implica a sujeição das fontes ao pensamento sistemático; joga-se, nela, uma consciência mais ou menos assumida do relevo da linguagem e da dimensão estruturante do todo, na cultura. A codificação torna-se possível apenas com a obtenção de um certo estágio de desenvolvimento da Ciência do Direito" (CORDEIRO, Antônio Menezes, In: CANARIS, Claus-Wilhelm. *Op. cit.*, p. LXXXV).

395 Há apenas dois dispositivos que remetem diretamente à proteção dos elementos naturais para a preservação da saúde humana, quais sejam, os crimes de envenenamento e poluição de água potável, conforme arts. 270 e 271 do Código Penal Brasileiro: "Envenenamento de água potável ou de substância alimentícia ou medicinal - Art. 270 – Envenenar água potável, de uso comum ou particular, ou substância alimentícia ou medicinal destinada a consumo: Pena - reclusão, de dez a quinze anos. (Redação dada pela Lei nº 8.072, de 25.7.1990) § 1º - Está sujeito à mesma pena quem entrega a consumo ou tem em depósito, para o fim de ser distribuída, a água ou a substância envenenada. Modalidade culposa § 2º - Se o crime é culposo: Pena - detenção, de seis meses a dois anos. Corrupção ou poluição de água potável Art. 271 - Corromper ou poluir água potável, de uso comum ou particular, tornando-a imprópria para consumo ou nociva à saúde: Pena - reclusão, de dois a cinco anos. Modalidade culposa Parágrafo único - Se o crime é culposo: Pena - detenção, de dois meses a um ano".

396 A citar, o tão questionado e criticado Projeto de Lei do Senado n.º 236, de 2012, de autoria do senador José Sarney ("Projeto Sarney"). Sobre este assunto, vale lembrar o que aponta Ana Elisa Bechara sobre as críticas do Instituto Brasileiro de Ciências Criminais à falta de sistematicidade do Anteprojeto de Reforma do Código Penal:

série de leis setoriais sobre o assunto, sendo que, no Código Penal, apenas se tem capítulo próprio à proteção do sentimento pelos animais (arts. 244)[397]. Na França também optou-se por leis setorizadas para a proteção do meio ambiente.

Segundo Luís Régis Prado, não é "conveniente nem oportuno remeter à legislação extravagante a tutela penal de um bem jurídico essencial como o meio ambiente"[398], o que explica o porquê de tantos países como a Alemanha e Espanha terem transferido uma série de tipos penais das leis especiais para o Código Penal. Segundo afirma o autor, quando se promulgam uma série de leis esparsas ou extravagantes, além de se perder na unidade sistemática, causa-se a impressão de a matéria ser menos importante do que as tratadas pelo Código Penal, bem como, não é tratada com a mesma seriedade na maioria das instituições de Ensino Superior de Direito no Brasil[399].

Neste sentido, a Lei Brasileira de Crimes Ambientais (Lei n. 9.605 de 1998) teria contribuído de forma negativa para a questão da sistematicidade e para o aperfeiçoamento da matéria ambiental, uma vez que, conforme será explicitado, inúmeras técnicas utilizadas podem dificultar um juízo de legitimação da intervenção penal a favor do meio ambiente.

Entretanto, as ponderações suscitadas por Blanco Lozano[400] e Rodríguez

---

"Qualquer ideia de reforma legislativa não pode, portanto, deixar de conferir importância à adoção de uma visão sistêmica e geral do Direito Penal, como bem se salientou no âmbito do próprio Instituto Brasileiro de Ciências Criminais, que, no ano de 1998, negou-se a oferecer sugestões ao anteprojeto de reforma penal, nos moldes então apresentados" (BECHARA, Ana Elisa Liberatore Silva. *Op. cit.*, p. 1).

397 Cf. DELPINO, Luigi. *Diritto Penale. Parte Speciale.* XVIII Edizione. Napoli: Gruppo Editoriale Esselibri Simone, 2011, p. 399 e ss.

398 PRADO, Luiz Régis. *Op. cit.*, p. 79.

399 Cf. PRADO, Luiz Régis. *Ibidem*, pp. 78-79.

400 BLANCO LOZANO, Carlos. Acerca de algunas cuestiones básicas del derecho penal ambiental en el nuevo código penal de 1995. *Cuadernos de Política Criminal*, Madrid, n. 60, p. 706, 1996.

Ramos[401] merecem guarida nesta questão, pois ambas as opções (unificação ou setorização) do legislador apresentam vantagens e desvantagens. Ao se setorizar as leis penais ambientais, tem-se como vantagens: primeiro, uma maior facilidade para o legislador, pois pode incluir, no capítulo de sanções e infrações (penais e administrativas) sem ter que se recorrer a outra norma distinta; possibilita-se a remissão direta aos conteúdos especializados (*v.g.* normas técnicas ambientais administrativas), sem incorrer nos problemas de legitimação das normas penais em branco (que mais a frente serão elucidados pormenorizadamente)[402].

No que tange às desvantagens da dispersão das normas de proteção penal ambiental, podem ser listados alguns inconvenientes: a falta de conhecimento e sistematização, bem como a desconexão normativa, sendo difícil se conhecer o conteúdo disperso em inúmeros textos legais, gerando-se carências ou lacunas legais - o que pode incorrer em desiguais formas de tratamento legal[403].

A unificação do estatuto jurídico-penal do meio ambiente num mesmo corpo legal ou mesmo num único código penal possui as vantagens no conhecimento e ordenação técnico-científico da normativa penal, diminuindo a descoordenação e os problemas concursais. Entretanto, como dito acima, acompanham-se-lhes os problemas relacionados à maior dificuldade do legislador para ditar uma norma setorial, no sentido de que terá que acompanhar sempre o estatuto jurídico-penal ao qual está vinculado, bem como,

---

401 RODRÍGUEZ RAMOS, Luis. *Op. cit.*, pp. 143-145, 1983.

402 BLANCO LOZANO, Carlos. *Ibidem*, p. 706. Neste sentido, Mourillas Cueva afirma que "ao se incluir no mesmo texto preceitos de caráter administrativo e penais, podem ser evitadas eventuais desconexões entre as referidas normativas penal e administrativa". (*Ibidem*, p. 706, trad. livre da autora).

403 BLANCO LOZANO, Carlos. *Ibidem*, p. 706. Neste mesmo sentido: TERRADILLOS BASOCO, Juan. (org.). *Derecho Penal del Medio Ambiente*. Madrid: Trotta, 1997, p. 19 e ss.

por não estar próximo às regras setoriais administrativas, aumentar-se-á a problemática das leis penais em branco[404].

Há, portanto, diversos caminhos legais a serem escolhidos pelos legisladores penais nos Estados, para a proteção penal do meio ambiente (seja por meio de Códigos Penais, Leis Especiais Setorizadas de Proteção Penal do Meio Ambiente e Leis Administrativas Sancionadoras das Infrações Ecológicas, etc.).

Conforme já salientado, tanto a Alemanha[405] quanto a Espanha se submeteram a reformas em seus tipos legais (Alemanha em 1994 e Espanha em 1995), promovendo uma unificação dos tipos penais ambientais no Código Penal em capítulo próprio. Com isso, objetivava-se mais homogeneização e coordenação entre as normativas, gerando-se, em tese, um maior conhecimento da população acerca da proibição de condutas lesivas ao meio ambiente, assim como dos crimes contra a vida e o patrimônio, por exemplo. Como consequência, esperava-se maior segurança jurídica no tratamento das questões ambientais com as demais questões do Código Penal.

Entretanto, estas perspectivas não significam uma *eficácia* real da

---

404 BLANCO LOZANO, Carlos. *Ibidem*, pp. 706-707.

405 Na opinião de Hassemer, "esta nova lei foi feita com o objetivo primordial de obter a condensação de todas as normas penais relevantes para a proteção do ambiente num único diploma legal. O legislador confiava assim na viabilidade de gerar uma espécie de sinergia normativa, que concorresse para a preservação dos valores ambientais. Ademais, a concentração de todas essas normas penais num único diploma legal também serviria para tornar a mensagem mais acessível a todos os cidadãos. Esperava-se ainda que as pessoas entendessem o significado imanente à decisão legislativa de integrar as infrações penais ambientais no próprio âmago do direito penal, que é o Código Penal. Com isso, perseguia-se um intuito de pedagogia social. Todavia, seria incorreto pensar que, com esta reforma, o legislador apenas cuidou de consolidar legislação penal avulsa preexistente. Ele muito mais longe: agravou as sanções penais cominadas para múltiplas infrações e também instituiu infrações totalmente novas. Operou-se assim uma autêntica expansão do próprio direito penal." (HASSEMER, Winfried. *Op. cit.*, pp. 29-30).

resolução dos problemas ali suscitados. Por exemplo, no que tange à publicização e conhecimento da matéria proibitiva penal ambiental. Há uma falsa ilusão de que, estando no Código Penal, a normativa seria mais bem conhecida pela população. Isso é, no plano prático, um problema geral que se aplica tanto às normas penais comuns quanto às especializadas.

Não é se colocando no Diploma Principal que a população vai ter mais consciência das proibições. Isso requer um aspecto de políticas públicas de educação[406] e publicização dos conteúdos normativos, que em países como o Brasil, em que a maioria da população não possui nível básico de escolaridade, o problema ocorre tanto em relação ao conhecimento das normas do Código Penal, quanto das Leis Penais Esparsas[407]. Por meio de um oportuno e adequado programa de publicização em massa, quaisquer das opções legislativas possibilitariam um maior conhecimento da matéria proibitiva

---

406 Reiterando os termos do Princípio 10 da Declaração da Rio/92, a informação é devida como participação ambiental, quando se determina que sejam prestadas "informações sobre materiais e atividades perigosas em suas comunidades". Aliás, é a partir da informação que se inicia o processo de educação ambiental das pessoas e comunidades. Contudo, a informação ambiental não pode pretender, de forma alguma, formar uma determinada opinião pública. Importante que se promova a informação para que haja uma natural consciência ambiental e que as pessoas sejam capazes de se pronunciar sobre determinada atividade ou de opinar sobre alguma situação ambientalmente importante (Cf. MACHADO, Paulo Affonso Leme. *Op. cit.*, p. 105). Segundo Fiorillo, a educação ambiental consiste nas seguintes tomadas de posições: "a) reduzir os custos ambientais; b) efetivar o princípio da prevenção; c) fixar a ideia de consciência ecológica; d) incentivar a realização do princípio da solidariedade; e) efetivar o princípio da participação, entre outras finalidades" (FIORILLO, Celso Antônio Pacheco. *Op. cit.*, p. 126). A Lei 9.795/99 trata da educação ambiental no Brasil, importante mecanismo de ensejar a participação e, por conseguinte, a democracia ambiental.

407 Rodríguez Ramos afirma que falta base empírica para demonstrar que, de fato, assim a população teria maior consciência do caráter criminal, com repercussão favorável em relação à prevenção geral (*Op. cit.*, p. 143).

ambiental[408].

No que tange à dificuldade apontada, sobre a menor coordenação das normas penais com as normas administrativas ambientais se aquelas forem colocadas no Código Penal, é outra questão a ser relativizada. Como visto, o bem jurídico relativo ao meio ambiente guarda certas especificidades e, conforme defendido alhures goza de caráter ora pluriofensivo, ora autônomo em relação aos demais bens individuais (como vida e saúde das pessoas). Entretanto, mesmo no Diploma Penal principal, há outras normas que fazem referência à normativa administrativa ou, ainda, que apresentam delitos pluriofensivos, com características distintas, de modo que também se necessite recorrer a outros pontos da mesma codificação ou de leis esparsas[409].

De qualquer forma, a sistematicidade pode ser garantida tanto se a normativa se der num mesmo diploma (Código penal) ou em leis setorizadas, já que, é obrigação inarredável do legislador atender às demandas sociais sem esquecer os aspectos de unidade e ordenação inerentes ao sistema jurídico como um todo, evitando-se antinomias que possam inviabilizar a interpretação e a aplicação coerente das normas jurídicas[410].

Assim, o legislador ao editar uma lei penal ambiental setorizada, não pode se esquecer de guardar coerência lógica com os demais tipos penais de todo o ordenamento restante, prezando-se pela isonomia e proporcionalidade devidas. Aliás, no Direito Penal Brasileiro, é possível se constatar falhas de sistematicidade no próprio Código Penal, exemplos clássicos de

---

408 RODRIGUEZ RAMOS, Luis. *Ibidem*, p. 143.

409 RODRIGUEZ RAMOS, Luis. *Ibidem*, p. 144.

410 Na visão de Rodríguez Ramos (*Ibidem*, p. 144), a escolha de qualquer das alternativas é mais conjuntural, em atenção a fatores acessórios e de oportunidade, do que estrutural. Porém, adverte que parece aconselhável, contudo, evitar a opção mista, qual seja de estabelecer delitos ambientais tanto no Código Penal quanto em Leis Esparsas, o que aumenta os inconvenientes ora enunciados.

violações ao princípio da proporcionalidade[411], demonstrando-se que "estar no mesmo diploma" não inibe equívocos legislativos. Não se fala apenas em interpretação sistemática do direito[412], mas sobejamente, criação sistemática de normas, pois esta tarefa, apesar de mais trabalhosa e árdua, é papel inarredável do legislador.

Portanto, as conquistas da unificação dos tipos penais ambientais na Alemanha e Espanha nos seus respectivos Códigos Penais, não resolveram inteiramente os problemas acima suscitados. É de se citar, a título de elucidação, que na Alemanha, além dos crimes ambientais descritos no referido diploma legal comum, há um Direito Penal Acessório, ou seja, um Código de Contravenções ao Ordenamento, que prevê as condutas de mera desobediência à autoridade competente sem a causação de danos, punidos apenas com multa[413].

---

411 Um exemplo clássico de ofensa à proporcionalidade entre crimes do próprio Código Penal Brasileiro pode ser observado na comparação entre a pena mínima do art. 121, *caput (Matar alguém: Pena - reclusão, de 6 (seis) a 20 (vinte) anos)* com a do art. 273 *(Falsificar, corromper, adulterar ou alterar produto destinado a fins terapêuticos ou medicinais. Pena - reclusão, de 10 (dez) a 15 (quinze) anos, e multa).* Aliás, ressalte-se que apesar de maior reprovação social em relação ao primeiro crime, somente o segundo é considerado hediondo, nos termos da Lei 8.0702/90). Sobre o princípio da proporcionalidade no Direito Penal, ressalte-se a importante obra específica de: GOMES, Mariângela Gama de Magalhães. *O princípio da proporcionalidade no Direito penal.* São Paulo: Revista dos Tribunais, 2003.

412 A interpretação sistemática deve ser definida como "uma operação que consiste em pretender atribuir a melhor significação dentre várias possíveis, aos princípios, às normas e aos valores jurídicos, hierarquizando-os num todo aberto, fixando-lhes o alcance e superando antinomias a partir da concatenação teleológica dos mesmos, tendo como escopo a solução dos casos concretos" (FREITAS, Juarez. *A interpretação sistemática do direito.* 4. ed. São Paulo: Malheiros, 2004, p. 42)

413 HEINE, Günther. Nuevos desarrollos nacionales e internacionales del derecho penal del medio ambiente. In: *Cuadernos de Política Criminal,* Madrid, n. 70, pp.155-168, 2000, pp.158-159.

Há países, tais como: o Brasil, Dinamarca, Suíça e Grã-Bretanha, por exemplo, que optaram pela promulgação de uma Lei Central de Proteção do Meio Ambiente, na qual se concentram os princípios relativos ao Direito Ambiental. Nestes, a normativa penal deve proporcionar coercitividade legal às disposições administrativas e aos atos das autoridades administrativas competentes[414].

De qualquer forma, a proteção penal do meio ambiente, codificada ou em leis setoriais deve guardar sistemática real em relação às demais normas que tratam da tutela do bem, seja no âmbito constitucional, civil, administrativo e, inclusive, penal comum. Isso porque, conforme se depreenderá nos próximos tópicos, a unidade do ordenamento é o prisma principal quando se trata de uma tutela eficaz e concatenada com os princípios da subsidiariedade, fragmentariedade e intervenção mínima, limitadores do conteúdo e da aplicação dos preceitos incriminadores penais.

3.3 Do direito administrativo ambiental

A Administração Pública, historicamente, permaneceu desde o seu modelo liberal arraigada ao princípio da estrita legalidade na atuação do poder estatal para a satisfação e promoção do interesse público, ainda que em detrimento dos interesses individuais[415]. Este conservadorismo, entretanto, restou gradualmente substituído pelas novas exigências do Estado Social, no sentido de que, condicionado pelos preceitos constitucionais democráticos, a atuação administrativa almeja, mais que manter a salvaguarda do interesse público, mas, sobretudo, primar pela garantia do "bem comum" como

---

414 HEINE, Günther. *Ibidem*, p. 159.

415 PIETRO, Maria Sylvia Zanella di. O princípio da supremacia do interesse público: sobrevivência diante dos ideais do neoliberalismo. In: *Revista Jam – Jurídica*. Ano XIII, nº 9, set.2008, p. 37.

forma de atender aos mínimos padrões de dignidade dos administrados[416].

É neste sentido que, tradicionalmente, incumbiu-se à Administração a chamada "função administrativa", como sua atividade típica ou principal de, mediante a atuação de pessoas do Estado ou que ele representem, sujeitas ao controle de legalidade pelo Judiciário, possa-se promover e alcançar os interesses essenciais preconizados pela ordem jurídica constitucional, com vistas a satisfazer o bem-comum da coletividade[417].

A atividade administrativa, no sentido objetivo, pode ser verificada em várias funções específicas essenciais, dentre as quais, podem ser listadas: o poder de polícia administrativo; a função de prestação de serviço público; as funções de fomento e intervenção, dentre outras[418]. A partir destas considerações inaugurais, destaca-se que, precisamente quando se tratar do controle da utilização do interesse público ou coletivo pelo particular estar-se-á, predominantemente, sob a ótica da supremacia daquele em detrimento deste, sujeitando-se, assim, ao controle de polícia administrativo.

Neste ponto reside a função administrativa como foco principal da tutela do ambiente, já que dota-se o Estado de entes e atividades que possam realizar um controle da fruição e disponibilização do bem coletivo ecológico, tanto de forma preventiva quanto sancionatória, desde que se respeite os limites traçados pelo legislador competente.

Conforme pontuado expressamente no texto constitucional brasileiro, em seu art. 225, § 3º, há a menção da chamada responsabilidade "tripla" e

---

416 PIETRO, Maria Sylvia Zanella di. *Ibidem*, p. 38.

417 Em sentido semelhante: MELLO, Celso Antônio Bandeira de. *Curso de Direito Administrativo*. 19. ed. São Paulo: Malheiros, 2005; FILHO, Jose Dos Santos Carvalho. *Manual de Direito Administrativo*. 15. ed. Rio de Janeiro: Editora Lúmen Júris, 2006; MEIRELLES, Hely Lopes. *Direito Administrativo Brasileiro*. 32. ed. São Paulo: Malheiros, 2006; PIETRO, Maria Sylvia Zanella Di. *Direito Administrativo*. 19. ed. São Paulo: Editora Atlas, 2006.

418 PIETRO, Maria Sylvia Zanella di. *Op. cit.*, pp. 59-60.

"cumulativa" por danos causados ao meio ambiente, ou seja, "as condutas e atividades consideradas lesivas ao meio ambiente sujeitarão os infratores, *pessoas físicas ou jurídicas, a sanções penais e administrativas*, independentemente da *obrigação de reparar os danos causados*" (grifos acrescidos ao original). "Tripla" porque tanto nas searas cível, administrativa e penal, o agente causador do dano ou impacto ambiental deverá ser responsabilizado. "Cumulativa" porque, uma mesma conduta pode gerar, ao mesmo tempo, segundo grande parte dos autores de direito ambiental brasileiro, até mesmo as três formas de responsabilização ambiental[419].

Para inserir os moldes legais de atuação administrativa ambiental, que atualmente está precipuamente voltada para a prevenção dos danos ambientais, a Política Nacional do Meio Ambiente estabelecida mediante a edição da Lei 6.938/81, criando o SISNAMA (Sistema Nacional do Meio Ambiente), objetivou o estabelecimento de padrões que tornem possível o desenvolvimento sustentável, através de mecanismos e instrumentos capazes de conferir ao meio ambiente uma maior proteção. As diretrizes desta política são elaboradas através de normas e planos destinados a orientar os entes públicos da federação, em conformidade com os princípios elencados no art. 2º da Lei 6.938/81 (ex.: princípio do planejamento e fiscalização do uso dos recursos ambientais e do controle e zoneamento das atividades potencial ou efetivamente poluidoras).

Já os instrumentos da Política Nacional do Meio Ambiente, distintos dos instrumentos materiais noticiados pela Constituição, dos instrumentos processuais, legislativos e administrativos, são apresentados pelo art. 9º da Lei 6.938/81, dentre outros: "I - o estabelecimento de padrões de qualidade ambiental; II - o zoneamento ambiental; III - a avaliação de impactos ambientais; IV - o licenciamento e a revisão de atividades efetiva ou potencialmente poluidoras" etc.

---

419 Sobre este aspecto, importante observar o tema da vedação ao *bis in idem*, entre as sanções penais e administrativas ambientais, que será tratado mais à frente.

Para Silva[420] as normas de Direito Administrativo Ambiental imprimem enorme condicionamento às atividades humanas, visando resguardar a qualidade do meio ambiente. Entretanto, sabe-se que a adesão ou cumprimento nem sempre são espontâneos, por isso, a legislação prevê controles prévios, concomitantes e sucessivos, por parte das atividades controladas.

As "permissões", "autorizações" e "licenças" são formas clássicas de controle prévio, porque atuam antes do início da atividade controlada. O "Estudo de Impacto Ambiental" (EIA) é pressuposto da licença ambiental, como meio de controle prévio. A "fiscalização" é um meio de controle concomitante, durante o desempenho da atividade. As "vistorias", "termo de conclusão de obras" e "habite-se" são formas de controle sucessivo, porque incidem depois de exercida a atividade controlada[421].

Através destes instrumentos de controle ambiental, a Administração exerce seu Poder de Polícia Administrativo na tutela do meio ambiente, possibilitando assim, uma ampla rede de mecanismos capazes de gerenciar riscos e impedir catástrofes ambientais, muitas vezes em nome do desenvolvimento a qualquer custo.

3.3.1 Do âmbito de atuação preventiva: as licenças, permissões e autorizações

Dentre os mecanismos de prevenção e averiguação da responsabilidade ambiental mais importantes do direito administrativo estão, certamente, as licenças ambientais.

Inúmeros comportamentos diários, embora possam ser aparentemente lesivos ao meio ambiente em grande escala, são, contudo, socialmente tolerados em nome das necessidades de desenvolvimento sustentável. Caso não se tolerasse um mínimo de condutas potencialmente poluidoras, quase

---

420 SILVA, José Afonso da. *Op. cit.*, p. 280.

421 Cf. SILVA, José Afonso da. *Ibidem*, p. 280 e ss.

nenhuma atividade da sociedade contemporânea poderia ser realizada. Diante deste contexto, cabe à Administração, através de seus órgãos administrativos especializados e através de seu poder regulamentar, editar os limites toleráveis de exploração dos recursos ambientais, sopesando-se assim, interesses particulares e econômicos importantes e, convocando o particular para atender às exigências mínimas de cautela.

Entretanto, como é necessário um frequente controle de níveis toleráveis das atividades potencialmente poluidoras, algumas destas exigem, para a sua execução, dos condicionamentos preventivos inerentes à Administração Pública: as licenças, permissões e autorizações ambientais. Para José Afonso da Silva, trata-se de um direito cujo exercício é condicionado ao preenchimento de determinadas exigências e de alguns requisitos impostos em lei. A outorga da licença significa o atendimento dessas exigências. Por isso, na visão deste autor, a licença é um ato vinculado, ou seja, se o titular comprova o cumprimento dos requisitos para o efetivo exercício, não pode ter seu pleito recusado[422].

Contudo, o licenciamento ambiental diferencia-se bastante da licença tradicional. O licenciamento ambiental é ato discricionário da administração, discricionariedade esta não analisada em um único momento e sim em todo complexo procedimento para concessão de uma licença ambiental.

Das lições tiradas da obra de Celso Fiorillo: "O licenciamento ambiental, por sua vez, é o complexo de etapas que compõe o procedimento administrativo, o qual objetiva a concessão de licença ambiental"[423]. Para Edis Milaré, "*autorizações* e *licenças* tipificam atos administrativos que se referem a outorga de direitos"[424].

A autorização é definida como um ato precário e discricionário, porque

---

422 SILVA, José Afonso da. *Op. cit.*, p. 280.

423 FIORILLO, Celso Antônio Pacheco. *Op. cit.*, p. 65.

424 MILARÉ, Édis. *Op. cit.*, p. 510.

não pressupõe um direito anterior a ser exercido. Vale dizer, o direito ao exercício da atividade autorizada nasce com a outorga da autorização. Ao contrário, ela pressupõe uma proibição geral, expressa ou decorrente do sistema, ao exercício da atividade. Já a licença, por sua vez, seria um ato administrativo vinculado e definitivo, que impõe a obrigação de o Poder Público atender à súplica do interessado, uma vez atendidos, exaustivamente, os requisitos legais pertinentes.

Na legislação ambiental muitas vezes o termo "permissão" é usado no sentido de "autorização". Mas permissão, para Hely Lopes Meirelles[425] "é ato administrativo negocial, discricionário e precário, pelo qual o Poder Público faculta ao particular a execução de serviços de interesse coletivo, ou o uso especial de bens públicos a título gratuito ou remuneração, nas condições estabelecidas pela Administração".

Para Silva, a *permissão* também não se confunde com *concessão* (contrato administrativo bilateral), nem com *autorização* (contrato administrativo unilateral). Na *concessão* contrata-se um serviço de utilidade pública. Pela *autorização* consente-se uma atividade de interesse exclusivo ou predominante do particular. Já na *permissão*, faculta-se a realização de uma atividade de interesse concorrente do permitente, do permissionário e do público[426].

Quanto à diferenciação entre a licença administrativa tradicional e a licença ambiental, Paulo Affonso Leme Machado esclarece que: "O emprego na legislação e na doutrina do termo "licenciamento' ambiental não traduz necessariamente a utilização da expressão jurídica licença, em seu rigor técnico"[427], em relação ao ato administrativo vinculado da licença administrativa e ao ato administrativo discricionário do licenciamento ambiental.

---

425 MEIRELLES, Hely Lopes. *Op. cit.*, p. 184.

426 SILVA, José Afonso da. *Op. cit.*, p. 283.

427 MACHADO, Paulo Affonso Leme. *Op. cit.*, p. 257.

Esclarece o jurista que: "Não há na licença ambiental o caráter de ato administrativo definitivo; e, portanto, com tranquilidade, pode-se afirmar que o conceito de licença, tal como o conhecemos no direito administrativo brasileiro, não está presente na expressão licença ambiental"[428].

Milaré afirma que as licenças ambientais nem sempre são atos administrativos vinculados, como é trazido pela doutrina o conceito de licença tradicional[429]. Isto porque em algumas situações, a licença ambiental está condicionada ao prévio estudo de impacto ambiental, cujo resultado não é, nos dizeres de Lúcia Valle Figueiredo, "vinculante para o administrador, que poderá escolher uma das soluções encontradas no relatório, mesmo que não seja ela a preferida da equipe técnica elaboradora do estudo"[430].

Para alguns autores como, Paulo Affonso Leme Machado[431], Toshio Mukai[432], por exemplo, a licença ambiental trata-se na verdade de *autorização* e não, propriamente, de *licença*. Isto porque se fosse licença, deveria o ato da outorga trazer necessariamente a marca da definitividade, o que, na prática não ocorre, pois há prazos de validade para as outorgas. Já para Paulo de Bessa Antunes[433] e Édis Milaré[434], apesar da licença ambiental ter prazo de validade estipulado, goza de caráter de estabilidade, portanto, sabe-se que constitui um direito, garantido a todos o exercício, desde que atendidas as

---

428 MACHADO, Paulo Affonso Leme, *Ibidem*, p. 258.

429 MILARÉ, Édis. *Op. cit.*, p. 515.

430 FIGUEIREDO, Lúcia Valle. Discriminação constitucional das competências ambientais. Aspectos pontuais do regime jurídico das licenças ambientais. In: *Revista de Direito Ambiental*. São Paulo: Revista dos Tribunais, n. 35, p. 53, 2004.

431 MACHADO, Paulo Affonso Leme. *Op. cit.*, p. 295.

432 MUKAI, Toshio. *Direito ambiental sistematizado*. 4. ed. Rio de Janeiro: Forense Universitária, 2002, pp. 37-40.

433 ANTUNES, Paulo de Bessa. *Direito ambiental*. 11. ed. Rio de Janeiro: Lumen Júris, 2008, p. 141.

434 MILARÉ, Édis. *Ibidem*, p. 517.

restrições legais, de forma que trata-se de uma licença e não de uma autorização.

Certo é que a *summa divisio* entre atividades estritamente vinculadas e discricionárias não pode mais ser vista no Direito Administrativo moderno. Nenhuma atividade é, exclusivamente, característica de apenas uma ou da outra função. O que ocorre é uma preponderância do caráter discricionário sobre o vinculado em determinados atos administrativos, o que dão o tônus da atribuição[435]. Neste sentido, é preciso levar em consideração as peculiaridades do licenciamento ambiental, para não confundi-lo com os conceitos tradicionais de outros atos administrativos.

Não se pode olvidar que a Constituição Federal deixou a cargo do IBAMA, órgão federal, uma competência supletiva para intervir nos licenciamentos iniciados pelos órgãos estaduais ou municipais, caso haja alguma irregularidade com estes.

Para Paulo de Bessa Antunes, a criação do Sistema Nacional de Meio Ambiente (SISNAMA) foi para possibilitar uma melhor organização das diversas atribuições e promover a descentralização da Administração, de forma cooperada e harmoniosa. Salienta Antunes, que em nome da competência residual dos integrantes do SISNAMA, "é plenamente possível que sejam necessárias licenças diversas e que a concessão de uma delas por si só, não seja suficiente para autorizar determinado empreendimento"[436].

Edis Milaré[437] e Paulo Affonso Leme Machado[438] também se conformam com este posicionamento porque, para eles, o licenciamento integra o âmbito da competência de execução, e, assim sendo, os três níveis de poder

---

435 Celso Antônio Bandeira de Mello (*Op. cit.*) se figura diante dos autores, embora minoria, que discordam desta concepção e que sustentam a diferença entre atos vinculados e discricionários diante das finalidades previstas em lei para a sua execução.

436 ANTUNES, Paulo de Bessa. *Ibidem*, p. 153.

437 Cf. MILARÉ, Édis. *Op. cit.,* p. 525.

438 MACHADO, Paulo Affonso Leme. *Op. cit.,* p. 296.

estão habilitados a implementar o procedimento licenciatório de obras ou atividades impactantes. Além disso, enquanto não se elaborar a Lei Complementar prometida pelo art. 23, parágrafo único da Constituição Federal de 1988, estabelecendo normas para cooperação entre as pessoas jurídicas incumbidas da gestão ambiental, "é válido sustentar que todas elas, ao mesmo tempo, têm competência e interesse de intervir nos licenciamentos ambientais"[439].

Outro ponto questionado é se a Resolução n. 237/1997 do Conselho Nacional do Meio Ambiente (CONAMA) é constitucional, pois no seu art. 7º, dispõe que "os empreendimentos e atividades serão licenciados em um único nível de competência", ao passo em que a Constituição (art. 23, III, VI e VII) teria afirmado que a competência dos órgãos é comum para proteger o meio ambiente. Neste aspecto, em especial, é importante ressaltar que quando a dita resolução afirmou "um único nível de competência", deve-se interpretar que a competência de que trata é a competência legislativa, ou seja, as regras para o licenciamento ambiental devem ser unas para quaisquer dos entes federados.

Fazendo-se esta interpretação, é possível chegar à conclusão de que embora a competência administrativa para licenciar seja de acordo com a intensidade do dano, e, que isso não descarta a possibilidade de licenças cumulativas para maior proteção ambiental, é indispensável que estes vários procedimentos cumulados obedeçam a regras procedimentais gerais que atendam aos princípios básicos do processo administrativo – precipuamente aqueles decorrentes da Lei 9.784/99 (que trata do processo administrativo no âmbito federal).

Diante do que foi apresentado, verifica-se a importância das licenças, permissões ou autorizações ambientais como instrumentos preponderantes de prevenção de danos e gerenciamento de riscos ambientais, sujeitos a múltiplos controles pela autoridade administrativa.

---

439 MILARÉ, Édis. *Op. cit.,* p. 525.

3.3.2 Do âmbito de atuação repressiva: o procedimento sancionador

A expressão "responsabilidade" tem sua etimologia derivada da palavra "responsável", que do latim *reponsus* vem do verbo *respondere,* que traz a ideia de reparar, recuperar, compensar, ou pagar pelo que foi feito[440]. A responsabilização parte da premissa de que a prevenção deve sim ser preconizada, entretanto, não existe um Estado Democrático de Direito em que não se haja segurança jurídica de determinar sanções àqueles que infrinjam as normas de convivência, sobejamente em matéria ambiental[441].

Primeiramente, cabe citar o conceito das sanções administrativas como sendo as penalidades impostas pelos órgãos vinculados de forma direta ou indireta à União, Estados, Municípios e Distrito Federal, obedecidas as competências previamente fixadas em lei, em razão do chamado "poder de polícia"[442] da Administração Pública em relação àqueles que estão a ela

---

440 SILVA. De Plácido e. *Vocabulário jurídico.* 29. ed. Rio de Janeiro: Forense, 2012.

441 LEITE, José Rubens; AYALA, Patryck de Araújo. *Op. cit.,* p. 59.

442 Vale lembrar que o poder de polícia administrativo corresponde à atividade estatal, no âmbito dos poderes públicos, de limitar ou restringir atividades que lesem o interesse público, precipuamente relativos à segurança, ordem, higiene e até atividades econômicas que devem ser exercidas mediante controle da administração. Aliás, concebe-se a partir do texto constitucional, uma nova dimensão do poder de polícia: frente à demanda ambiental, que tem caráter difuso; o interesse não é meramente público, pois, com esta nova concepção, o meio ambiente é um bem de uso comum do povo, pertencente tanto às presentes quanto às futuras gerações, o que o torna compartilhado por um grupo de indivíduos indeterminados, unidos por relações fáticas e de caráter notavelmente indivisível. Apesar de o poder de polícia ser, na maior parte das vezes, um poder administrativo que é exercido de ofício, sem provocação do particular – já que à Administração convém também a tomada de atitudes que visem proteger o meio ambiente de forma preventiva -, não se dispensa, de forma alguma, as garantias do devido processo legal. (Neste sentido, SILVA, José Afonso da. *Op. cit.;* MELLO, Celso Antônio Bandeira de. *Op. cit.*)

vinculados de alguma forma[443].

Para Osório Medina, a sanção administrativa teria quatro elementos fundamentais: a) autoridade administrativa (elemento subjetivo); b) efeito aflitivo da medida em que se exterioriza (elemento objetivo), que se subdivide em: b1. privação de direitos existentes e b2. imposição de novos deveres; c) finalidade repressora, reprimindo-se uma conduta e no restabelecimento de uma ordem jurídica (elemento teleológico); d) natureza administrativa do procedimento (elemento formal)[444].

A responsabilidade administrativa, em matéria ambiental, ocorrerá quando houver infração a normas administrativas ambientais, sujeitando o infrator a penalidades (também administrativas)[445]. Sobre a responsabilidade administrativa em termos ambientais, também algumas noções essenciais devem ser trazidas para a compreensão do presente estudo. De acordo com a Lei 9.605/98 (Lei de Crimes Ambientais), em seu art. 70, há a definição de que infrações administrativas ambientais são "toda ação ou omissão que viole as regras jurídicas de uso, gozo, promoção, proteção e reparação do meio ambiente".

As sanções administrativas mais comuns nas Leis Ambientais (conforme art. 72 da Lei 9.605/98) são: advertência; multa simples; multa diária; apreensão de coisas e objetos; destruição ou inutilização de produtos; suspensão de venda ou fabricação de produto; embargo de obra ou atividade; demolição de obras; suspensão de atividades (parcial ou total) e, até, certas penalidades administrativas restritivas de direitos (tal como a proibição de contratar com o Poder Público ou a cassação da função ou atividade técnica).

Assim como em relação às demais sanções, a sanção administrativa ambiental depende, para sua aplicação, de um devido processo administrativo

---

443 Cf. FIORILLO, Celso Antônio Pacheco. *Op. cit.*, pp. 133-137.

444 OSÓRIO, Fábio Medina. *Direito Administrativo Sancionador*. 4. ed. São Paulo: Revista dos Tribunais, 2011, p. 162.

445 SILVA, José Afonso da. *Op. cit.*, p. 304.

disciplinar ou sancionador, no qual Hely Lopes Meirelles afirma ser necessária a efetivação das garantias constitucionais do processo, tais como: contraditório, oportunidade de defesa, sob pena de anulação do processo[446].

A instauração do processo administrativo sancionador ambiental pode se dar por meio de Auto de Infração ou qualquer peça de informação equivalente, nos quais a autoridade competente pela autuação deverá descrever todos os elementos necessários para a elucidação da infração (dia, hora, local etc.) e para a responsabilização do agente causador (identificação e conduta realizada). Na sequência, haverá a Instrução, onde serão apreciadas as provas produzidas bem como será possibilitada a defesa do imputado, em todos os meios admitidos pelo direito. Ao final, a Autoridade competente para o Julgamento mediante o Relatório, julgará o caso com a proposta de aplicação da sanção ou absolvição do imputado.

Uma das grandes discussões sobre a responsabilidade sancionatória administrativa ambiental está no complexo quadro de competências de diversos órgãos – Conselho Nacional do Meio Ambiente (CONAMA), Instituto Brasileiro de Meio Ambiente (IBAMA), Instituto Estadual de Florestas (IEF), Polícia Ambiental, etc -, que atuam (muitas vezes) simultaneamente, acerca da mesma infração ou dano ao meio ambiente, em razão da competência constitucional de proteção ambiental ser, como visto anteriormente, comum.

Além disso, outro ponto questionado na atuação do direito administrativo ambiental na proteção do meio ambiente é em relação à imparcialidade ou falta de neutralidade da figura do julgador no processo administrativo sancionador. Isto porque, a Administração é, ao mesmo tempo, parte interessada e julgadora dos processos administrativos sancionadores em matéria ambiental[447]. Ela tem a função de proteger o meio ambiente e, ao mesmo tempo, julgar os eventuais ilícitos administrativos praticados por

---

446 MEIRELLES, Hely Lopes. *Op. cit.*, p. 661.

447 Cf. COSTA, Helena Regina Lobo da. *Op. cit.*, p. 231.

188

administrados ou até mesmo, em alguns casos, pelos seus próprios entes, quando por meio de condutas comissivas ou omissivas, houverem contribuído com a degradação ambiental.

Ressalte-se que toda atividade processual, notadamente sancionadora, deve guardar respeito com o princípio do "devido processo legal", que compreende várias garantias processuais, que dele partem diretamente. Dentre elas, destacam-se: ampla defesa; contraditório; igualdade; publicidade; motivação; juiz ou autoridade administrativa natural; duplo grau de jurisdição ou revisibilidade das decisões administrativas etc. Ressalte-se que, inobservadas tais garantias, não há pressupostos processuais nem de processo administrativo e muito menos de judicial, posto que mesmo perante à Administração Pública deve ser garantido aos particulares a efetiva e menos onerosa participação dos administrados na formação da vontade estatal, sob pena de se agir de forma completamente árbitrária.

Entretanto, conforme leciona Maria Sylvia Zanella di Pietro[448], as decisões administrativas jamais farão coisa julgada, pois, justamente em razão de o julgador administrativo também ser parte interessada, isto violaria um dos preceitos basilares do *due process of law*, de forma que o controle jurisdicional é determinado constitucionalmente e deve ser assegurado – inclusive, na proteção penal do meio ambiente.

O grande entrave da atuação do Direito Administrativo Ambiental Sancionador, no que tange à imparcialidade do julgador, reside na possível responsabilização dos entes administrativos, dado que, no Brasil, em matéria ambiental, a responsabilidade é objetiva e solidária. Nesta situação, o Ente Administrativo Sancionador se quedaria num impasse entre se proteger o meio ambiente e desonerar a própria Fazenda Pública das eventuais responsabilidades.

Conforme lecionam Délton Winter de Carvalho e Lucía Gomis Catalá, pelo fato de os danos ao ambiente serem, em sua maioria, compostos por

---

448 DI PIETRO, Maria Sylvia Zanella. *Op. cit.*, p. 492 e ss.

múltiplos agentes e dada a dimensão coletiva, abrem-se duas alternativas sobre a responsabilidade civil ambiental: primeiramente, a responsabilidade *coletiva,* onde, havendo vários agentes responsáveis pelo dano, cada qual deve ser responsabilizado pela parte correspondente à sua conduta; e, como é muito comum haver dificuldades em identificar todos os co-responsáveis e o seu grau de participação, é possível a aplicação da responsabilidade civil solidária, naquela em que "qualquer dos co-responsáveis deverá responder pela totalidade da reparação, sem contudo, haver prejuízo ao seu direito de regresso em relação ao percentual da participação atribuída a cada um dos responsáveis identificados"[449].

Neste diapasão, o direito pátrio optou claramente pela responsabilização objetiva dos danos perpetrados ao meio ambiente, cabendo tão somente se comprovar a existência dos gravames ao meio ambiente, bem como o seu nexo causal, uma vez que, tendo como um dos princípios norteadores da responsabilidade, o princípio do risco integral. Do referido princípio, estando presentes os elementos compostos pela: conduta, dano e nexo causal, definida estará a responsabilização privada ou pública dos eventuais efeitos lesivos causados[450].

---

449 CATALÁ, Lucía Gomis. *Responsabilidad por daños al medio ambiente*, p. 189 *apud* CARVALHO, Délton Winter de. *Dano ambiental futuro*. A responsabilização civil pelo risco ambiental. Rio de Janeiro: Editora Forense Universitária, 2008, p. 108.

450 Os remédios legais, ou instrumentos processuais para efetivação ou garantia da reparação dos danos ambientais que afetem a esfera privada, por parte daquele que se sentiu lesado em virtude da ação ou omissão causadora do dano ambiental, podem ser intentados perante o Judiciário seguindo-se o procedimento civil ordinário. Já os mecanismos processuais para a reparação dos danos ambientais em sua dimensão difusa ou coletiva, seja na esfera pública, ou causados por agentes públicos, ou por eles autorizados, deverão ser exercidos através da ação civil pública (procedimento previsto na Lei 7.347/1985), pela ação popular (Lei 4.717/65) e até mesmo por Mandado de Segurança e Tutela Cautelar em matéria Ambiental. No que tange às ações civis públicas, grande parte dos doutrinadores ainda afirma que os danos ambientais são de difícil reparação e valoração, vez que, atrelado a esta questão, encontra-se a possibilidade da

Assim, ante a ausência de Tribunais Administrativos autônomos[451] para o sancionamento ambiental, há que se recorrer, em dados casos, ao Direito Penal Ambiental, dado o seu caráter jurisdicional e garantístico ser, ainda com todos os problemas eventualmente apresentados, a solução subsidiária diante da eventual ineficácia do Direito Administrativo Sancionador Ambiental.

3.4 As fronteiras entre o Direito Penal e o Direito Administrativo Sancionador: similitudes e diferenças entre os ilícitos e sanções

Antes de adentrar ao estudo da seara de relacionamento entre o direito

---

cumulação com os danos morais coletivos[450], na ação civil pública, restando o sistema jurídico pátrio, a despeito de proteger e criar salvaguarda de direitos, inclusive previstos na esfera constitucional, passa a não efetivá-los com clareza instrumental, criando óbices e complexidade processual desmedida, e muitas vezes passível de críticas. Cf. MILARÉ, Édis. *Op. cit.*, p. 115.

451 Cabe citar o exemplo da Justiça Francesa, a qual: "(...) divide-se em dois grandes ramos, absolutamente independentes: Justiça Administrativa e Justiça Judiciária. Para julgar os conflitos de jurisdição entre estas duas Justiças, há o Tribunal de Conflitos, formado por 8 juízes com mandato de 3 anos. A Justiça Administrativa tem na cúpula o Conselho de Estado que, segundo ensina Luiz Guilherme Marques na excelente obra "A Justiça na França – Um Modelo em Questão", LED, p. 132: " tem duas funções: a) ajudar na redação de projetos de leis, ordenanças e decretos do Conselho de Estado e interpretação dos textos administrativos; b) julgar as causas em que a Administração é parte (contencioso administrativo)". O Conselho de Estado conta com 330 membros, dos quais parte são magistrados (http://www.conseil-etat.fr/cde/fr/chiffres-cles). Na segunda instância são 8 Cortes Administrativas de Apelação e, no primeiro grau, 42 Tribunais Administrativos (http://www.conseil-etat.fr/cde/fr/organisation-2/). Os juízes administrativos decidem questões de grande relevância (p. ex., as causas ambientais envolvendo o Estado), gozam de total independência e suas sentenças não são submetidas aos juízes dos Tribunais ordinários. Não há nada semelhante no Brasil." Cf. INSTITUTO BRASILEIRO DE ADMINISTRAÇÃO DO SISTEMA JUDICIÁRIO. *A justiça na França*. Administração da Justiça. Disponível em: http://www.ibrajus.org.br/revista/artigo.asp?idArtigo=170. Acesso em: nov.2012.

penal e o direito administrativo para a proteção do meio ambiente, é preciso analisar a evolução histórico-dogmática que primou pela separação de atuação destes dois segmentos tão importantes para o ordenamento jurídico, bem como, pelos eventuais pontos coincidentes entre seus respectivos ilícitos e sanções.

A partir da constatação de que uma das principais tarefas de uma Constituição é a de proteger os direitos fundamentais, limitando-se o poder do Estado contra os seus cidadãos[452], há, portanto, alguns "escudos" constitucionais para se limitar a arbitrária intervenção estatal na vida dos indivíduos, tais como: a vida, liberdade, propriedade etc.; considerados indispensáveis para a plena realização do potencial humano. Entretanto, de todas as funções do Estado, a atividade que possui o maior poder de afetação[453] dos referidos direitos fundamentais individuais é a exercida pelo sistema penal. Por esta razão, a própria Carta Magna trouxe, em vários dispositivos, algumas ressalvas e limites específicos a esta função estatal[454].

Além da intervenção penal, o Estado também tem outras formas de interferir na vida social, criando e aplicando sanções para determinadas condutas consideradas indesejáveis, nos termos do chamado Direito Administrativo Sancionador. Para ilustrar esta situação, basta citar exemplos, tais como: a interdição de uma empresa que funcione fora dos padrões regulares de emissão de poluentes; a demissão de um servidor público em caso de cometimento de infração administrativa grave em procedimento licenciatório

---

452 Neste sentido, SARLET, Ingo Wolfgang. *Op. cit.,* p. 133.

453 Tais como: a vida (admite-se a pena de morte excepcionalmente em caso de guerra declarada), liberdade (penas de reclusão ou detenção), e patrimônio (confisco, perda de bens, multa etc).

454 No art. 5º da Constituição da República Federativa do Brasil de 1988, pode-se extrair alguns importantes princípios, quais sejam: o da legalidade das penas (inciso XXXIX); retroatividade da lei penal mais benéfica ao réu (inciso XL); intranscendência da pena (inciso XLI); individualização das penas (inciso XLI); dentre outros.

ambiental etc.

Para Aguiar, as expressões "pena" e "sanção" guardam entre si uma definição quase que sinônima: ambas representam as consequências ruins de uma conduta que desrespeitou algo trazido pela lei. Além disso, ambas expressam o desestímulo a comportamentos considerados danosos pela sociedade[455]. De acordo com Alejandro Nieto, o *poder punitivo estatal* compreende a prerrogativa de o Estado criar, aplicar e executar os ilícitos e as sanções punitivas. Tal poder pode ser exercido através de sanções penais e/ou sanções administrativas[456].

Segundo Medina Osório, a mais importante e fundamental consequência da suposta unidade de *ius puniendi* do Estado é a aplicação dos princípios comuns ao Direito Penal e ao Direito Administrativo Sancionador, reforçando-se, nesse passo, as garantias individuais. Para o referido autor, é importante frisar que a unidade de pretensão punitiva estatal é ligada, fundamentalmente, aos dois mecanismos básicos de que o Estado dispõe para garantir a ordem pública e o ordenamento jurídico globalmente considerado: o direito penal e o direito administrativo, já que outros ramos, tais como: direito civil, trabalhista etc., estão excluídos desta concepção

---

455 Nesse sentido: AGUIAR, Alexandre Magno Fernandes Moreira. *Os limites constitucionais das sanções administrativas*. Disponível em: http://www.buscalegis.ufsc.br/revistas/files/anexos/19907-19908-1-PB.pdf. Acesso em: 02.12.2011.

456 NIETO, Alejandro. *Derecho Administrativo Sancionador*. 2. ed. Madrid: Tecnos, 1993, p. 151. O referido autor refuta, todavia, que a Administração tenha poder punitivo de forma emancipada do Estado, pelo contrário, a sua função sancionadora é mais próxima a funções administrativas de gestão ou de intervenção. Diferentemente de autores, assim como: García de Enterría, Eduardo; Fernández, Tomás-Ramón. *Curso de derecho administrativo*. 5. ed., Madrid: Civitas, 1997 (vol. I); 1998 (vol. II), p. 163; que adotam a chamada teoria do "poder punitivo uno estatal", ou seja, da unidade do poder que o Estado possui de sancionar ilícitos, tanto penais quanto administrativos, bem como, da equivalência dos princípios garantísticos do direito penal ao direito administrativo.

punitivista unitária[457].

Quando o Estado opta pelo exercício do *ius puniendi*, deve manifestar este poder através de duas funções principais: a função legislativa, que cria os delitos e as respectivas penas, e, a função jurisdicional, em que se encarrega o Poder Judiciário da aplicação das penas. Por outro lado, se optar pela criação de ilícitos e sanções administrativas, duas serão as funções a serem manifestadas pela Administração Pública: a função legislativa e a administrativa (sendo que esta é quem imporá a eventual sanção, e não o Judiciário).

Inegavelmente, há sanções que, faticamente, podem ensejar alguma confusão em termos de enquadramento na categoria de sanções administrativas ou penais, principalmente quando sua aplicação dependa de atuação jurisdicional e sua severidade cause perplexidade, eis que afetam direitos fundamentais.

Ao se tratar da aplicação jurisdicional das sanções, a dificuldade consiste, efetivamente, na correta identificação de sua natureza, estabelecendo-se a competência de juízes penais ou extrapenais, com a resolução de questões relacionadas a garantias processuais específicas. Agora, quando se trata de aplicação administrativa, indispensável vislumbrar a processualidade dessas relações e as condicionantes constitucionais conferidas às funções administrativas[458].

---

457 OSÓRIO, Fábio Medina. *Op. cit.,* pp. 113-146. Segundo Medina Osório, o Tribunal Supremo Espanhol elaborou a teoria da unidade de ilícitos penais e administrativos, construindo a base dogmática para aplicação de alguns princípios constitucionais (*v.g.* legalidade, devido processo legal, culpabilidade etc.) às infrações administrativas, buscando uma aproximação das sanções penais e administrativas, tendo em conta a suposta ausência de distinção ontológica entre ambas. Desta forma, consagrou-se a tese de que o Estado possui um poder punitivo unitário em relação aos que estão sob seu domínio, porque não haveria possibilidade de distinções qualitativas/substanciais entre ilícitos penais e administrativos (OSÓRIO, Fábio Medina *Op. cit.,* pp. 113-146).

458 RANDO CASERMEIRO, Pablo. *La distinción entre el Derecho Penal y el Derecho administrativo sancionador.* Un análisis de política jurídica. Valencia: Tirant lo blanch

Portanto, as fronteiras entre o Direito Administrativo e o Direito Penal são bastante tênues quando se referem à aplicação de sanções. Aliás, seus verdadeiros limites não são impostos por convenções doutrinárias, mas pelo acirrado respeito aos direitos e às garantias individuais previstos na Constituição[459].

Diante desta consideração, a fim de evitar-se uma quebra na lógica ou racionalidade do sistema punitivo estatal, é preciso, portanto, que se identifiquem quais seriam os (possíveis) critérios[460] a serem considerados pelo legislador e demais poderes, para a tipificação dos ilícitos e suas respectivas sanções em penais e administrativas. Para tanto, é preciso compreender historicamente como esta diferenciação ocorreu, seja com base em critérios qualitativos (acerca da essência distinta de cada um dos ilícitos/sanções), quantitativos (relativo à gravidade dos ilíticos/sanções) ou, até mesmo, unitários (ou seja, que não contemplem os critérios diferenciadores anteriores).

Assim, serão analisadas ambas as correntes teóricas (qualitativa e quantitativa) a fim de verificar os argumentos apontados para a diferenciação entre ilícitos penais e administrativos, bem como, serão tecidas, ao final, algumas considerações críticas relevantes para a compreensão do tema.

a) Adeptos da corrente qualitativa

Apesar de já ser um critério considerado como "superado", por grande

---

monografias, 2010, pp. 46-47.

459 HUERGO LORA, Alejandro. *Las sanciones administrativas*. Madrid: Iustel, 2007, pp. 132-136.

460 Para Palazzo, não há critérios substanciais entre os ilícitos penais e administrativos devido a uma identidade material, porém, estabelece os matizes das discussões sobre as propostas diferenciadoras. Neste sentido: PALAZZO, Franceso Carlo. I criteri di riparto tra sanzioni penali e sanzioni amministrative (dalle leggi di depenalizzazione alla Circolare della Presidenza del Consiglio dei Ministri), In: *Ind. pen.*, n. 19, 1986, p. 37.

parte dos autores que tratam do tema[461], contudo, a base da delimitação substancial ou qualitativa, entre a atuação do *ius puniendi* e do poder estatal administrativo sancionador pode ser vislumbrada nas justificações de diferenças ontológicas entre as duas formas de sancionamento estatal, ou seja, afirma-se que as respectivas sanções são de naturezas diferentes.

Segundo este posicionamento, algumas condutas, por sua natureza, seriam próprias do direito penal, enquanto outras seriam próprias do direito administrativo. O ilícito penal descreveria uma conduta contrária aos interesses mais relevantes da sociedade, enquanto o ilícito administrativo teria por objeto, uma conduta contrária a interesses meramente administrativos[462].

Remonta-se a Feuerbach, uma das primeiras abordagens delimitadoras do papel do Direito Penal em relação ao Direito Administrativo, baseando-se, sobretudo, na tese dos direitos subjetivos[463]. Com base numa concepção

---

461 Cf. cita: RANDO CASERMEIRO, Pablo Rando. *Op. cit.*, p. 52; *Idem*, La evolución de la relación entre el derecho penal y el derecho administrativo sancionador en la España del siglo XIX y principios del XX. In: *Revista de Derecho Penal y Criminología*, Madrid, n. 12, pp. 141-190, jul. 2003, p. 144 e ss. Da mesma forma, GÓMEZ TOMILLO afirma que "não parece que seja possível admitir hoje em dia a existência de diferenças de índole qualitativa. Assim, não seria aceitável entender que os delitos guardam um especial juízo de desvalor ético, enquanto que o ilícito administrativo se esgota na mera desobediência às normas administrativas" (Cf. GÓMEZ TOMILLO, Manuel. Consideraciones en torno al campo límite entre el derecho administrativo sancionador y el derecho penal. *Actualidad Penal*, Madrid, v. 1, n. 4, p.69-89, jan. 2000, p. 78, tradução livre da autora).

462 MELLO, Rafael Munhoz de. *Princípios constitucionais de direito administrativo sancionador – as sanções administrativas à luz da Constituição Federal de 1988*. São Paulo: Malheiros, 2007, p. 47 e ss.

463 FEUERBACH, Paul Johann Anselm Ritter von. *Tratado de Derecho Penal*. Buenos Aires: Editorial Hammurabi, 1989, p. 18; HORMAZABAL MALARÉE, Hernán. *Op. cit.*, pp. 13-19.

nitidamente jusnaturalista, Feuerbach[464] diferenciava os *crimes em sentido estrito* dos *delitos de polícia*. Os primeiros seriam comportamentos ofensivos a direitos subjetivos dos indivíduos, direitos anteriores à própria constituição do Estado e que mereceriam proteção "em todos os lugares e tempo"[465]. Seriam, enfim, comportamentos naturalmente ilícitos, já que contrários ao direito natural.

Subsidiado nos postulados clássicos, o autor agrega ao poder administrativo (atividade policial) a missão primordial de prevenir a colocação em perigo de direitos que pudessem mediatamente ferir os fins do Estado. Por sua vez, neste discurso, ao Direito Penal caberia a manutenção das condições de vida comum, evitando-se e intervindo-se nas hipóteses de lesão de direitos subjetivos diretamente relacionados aos fins estatais[466]. Neste parâmetro diferenciador, o injusto penal era baseado, precipuamente, num desvalor social da conduta, enquanto que o injusto administrativo configurava uma mera desobediência ao Estado.

Entretanto, nesta primeira diferenciação, alguns equívocos acabaram sendo cometidos, precipuamente no que tange à proteção de valores morais, que de infrações administrativas passaram a figurar dentre os injustos penais, por serem consideradas lesões de direitos subjetivos, porém, em sua *ratio essendi* assim não se portavam. Da mesma forma, havia grandes dificuldades numa fundamentação material de injusto, baseada na proteção de direitos subjetivos, para se justificar a proteção penal dos interesses tais como: a economia política e a saúde pública, já que, neste parâmetro, os interesses coletivos não poderiam ser considerados como direitos subjetivos.

Assim, nesta ótica iluminista, a função que mais diferenciava a atuação do Direito Penal do Administrativo era a proteção dos direitos subjetivos individuais (tais como: a vida, a liberdade, a propriedade etc) já que a

---

464 Cf. MELLO, Rafael Munhoz de. *Op. cit.,* p. 47 e ss.

465 Cf. MELLO, Rafael Munhoz de. *Ibidem*, pp. 47-53.

466 FEUERBACH, Paul Johan Anselm Ritter von. *Ibidem*, p. 18 e ss.

intervenção punitiva se justificava diante da danosidade ligada à ideia de violação dos preceitos mínimos do Contrato Social[467]. Até este momento, não era possível se pensar na possibilidade de atuação do Direito Penal de forma preventiva e nem na proteção de interesses coletivos, tais como o meio ambiente, dadas as suas raízes liberais burguesas, próprias do Iluminismo.

Em sentido semelhante, mas abandonando-se a concepção jusnaturalista que marcava a teoria de Feuerbach, por sua vez, Mayer diferenciava os crimes dos ilícitos administrativos com base em sua concepção de *normas de cultura*. Tais normas, anteriores à constituição do Estado, tutelariam: a vida, a saúde, a integridade corporal, o patrimônio, a honra e outros bens da mesma relevância. O Estado escolheria algumas dessas normas de cultura e as transformaria em normas jurídicas, dando proteção jurídica aos bens por elas protegidos. Os crimes seriam condutas ofensivas às normas jurídicas que representassem normas de cultura no ordenamento jurídico. Já os ilícitos administrativos seriam condutas contrárias ao ordenamento jurídico "culturalmente indiferentes"[468].

Ambas as teorias foram superadas pela obra do (também alemão) Goldschmidt, com sua doutrina sobre "direito penal administrativo" no início do século XX. Para o referido autor, era preciso distinguir a posição dos particulares, enquanto indivíduos e enquanto membros da comunidade. Como indivíduo, o particular tinha sua esfera de liberdade delimitada pela ordem jurídica, e tal esfera de poder constituía um bem jurídico, cuja violação deveria ser combatida pelo direito penal[469]. Já como membro da comunidade, conforme assinala o jurista, o particular tinha a obrigação de colaborar com a Administração Pública na busca do bem-estar social. A inobservância de tal obrigação era uma conduta "anti-administrativa", e não

---

467 BALBUENA SOTO, Lorena Beatriz. *Op. cit.*, p. 254.

468 MELLO, Rafael. *Op. cit.*, pp. 47-62.

469 GOLDSCHMIDT, James von, *apud* MELLO, Rafael Munhoz de. *Ibidem*, p. 49.

198

"antijurídica"[470].

Por sua vez, Eberhard Schmidt também considerava que os ilícitos penais tinham por conteúdo material um dano concreto a bens jurídicos dos particulares, enquanto os ilícitos administrativos teriam por conteúdo o descumprimento de um dever de obediência em face da Administração Pública[471].

Ante o exposto percebe-se que, historicamente, o Direito Penal se reservava em castigar as infrações que afetavam bens jurídicos relevantes para os cidadãos, e no tocante ao Direito Administrativo, o poder sancionador era relacionado com a autotutela[472] administrativa. Foram com base nestas diferenciações, que, um século depois, no início do século XX, houve um processo de despenalização que intentava, por meio destes critérios qualitativos, retirar da esfera do direito penal, infrações de menor importância, transferindo-as para o campo do direito administrativo, demonstrando-se que havia uma seara própria para os crimes e outra específica para as infrações administrativas[473].

No entanto, esta realidade vem mudando: o Direito Penal cada vez mais vem sendo utilizado como garantia do Direito Administrativo em certos delitos (tal como nos ambientais, econômicos etc.) e, além disso, boa parte da intervenção administrativa não se foca em meros interesses "administrativos puros", mas em bens jurídicos de interesse geral[474].

Fábio Roberto D'Ávila sustenta que há sim diferenças materiais entre o ilícito penal e o administrativo, tendo em vista que o primeiro exige a proteção de um bem jurídico-penal, "dotado de dignidade penal, de

---

470 GOLDSCHMIDT, James von, *apud* MELLO, Rafael Munhoz de. *Ibidem*, p. 50.

471 SCHMIDT, Eberhard, *apud* MELLO, Rafael Munhoz de. *Ibidem*, p. 51.

472 HUERGO LORA, Alejandro. *Op. cit.*, pp. 137-169.

473 MELLO, Rafael Munhoz de. *Op. cit.*, p. 47.

474 HUERGO LORA, Alejandro. *Ibidem*, pp. 137-169.

consistência axiológica, a partir da qual se pode concretizar a análise da ofensa"[475]. Neste quadro, a ofensividade é o principal dado identificador do ilícito penal e que distingue este das meras infrações de desobediência administrativa, pois se requer "uma possibilidade não insignificante de dano ao bem jurídico tutelado penalmente"[476].

No que tange à proteção penal e administrativa do meio ambiente, apesar de concordar com o acima salientado por D'ávila[477], de que no âmbito penal a ofensividade deve ser o prisma de diferenciação com as sanções administrativas, não é possível se compactuar com critérios puramente ontológicos seguros de diferenciação dos injustos, pois, como será abordado, o referido bem jurídico é igualmente importante para as duas searas, e, o próprio Direito Penal utiliza-se de técnicas de reenvio à matéria disciplinada pelo Direito Administrativo, o que, em muito, dificulta encontrar diferenças substanciais entre as duas formas de ilícitos ou de sanções.

b) Adeptos da corrente quantitativa

Nos últimos anos, tem-se verificado um aumento progressivo pela opção do critério diferenciador quantitativo enre as sanções penais e administrativas, já que os critérios ontológicos ou substanciais acima descritos acabaram sendo suprimidos, devido a algumas mudanças de atuação de ambos os sistemas, tais como as novas funções preventivas assumidas pelo Direito Penal na proteção do meio ambiente[478].

---

475 D'ÁVILA, Fábio Roberto. Direito penal e direito sancionador. Sobre a identidade do direito penal em tempos de indiferença. In: *RBCCRIM*, n. 60, ano 14, São Paulo: Revista dos Tribunais, p. 9 e ss.

476 D'ÁVILA, Fábio Roberto. *Ibidem*, p. 9 e ss.

477 Cf. D'ÁVILA, Fábio Roberto. *Ibidem*, p. 9 e ss.

478 Cf. CEREZO MIR, José. *Curso de Derecho penal español. Parte general* I. Madrid: Editorial Tecnos, 2004, p. 54; *Idem*, Límites entre el derecho penal y el derecho administrativo. In: *Anuario de derecho penal y ciencias penales*, ISSN 0210-3001, Tomo 28,

Pelos adeptos da corrente quantitativa, intenta-se promover a uma diferenciação dos ilícitos penais e administrativos, com base em um critério material, porém, abandonando-se a tese da diferença qualitativa. Neste sentido, ilícito penal e ilícito administrativo seriam considerados um mesmo fenômeno, porém, ao contrário do que sustentam as teorias qualitativas, não se utiliza aqui, a distinção entre "interesses da coletividade" e "interesses da Administração" para diferenciar os dois tipos de ilícitos. O critério de diferenciação seria quantitativo: condutas mais graves seriam apenadas com a sanção penal, condutas menos graves com a sanção administrativa[479].

A posição foi defendida no Direito Espanhol[480], precipuamente, por José Cerezo Mir e vem crescendo o número de adeptos no Brasil[481]. Afastando-

---

Fasc/Mes 1, 1975, p. 41-56; Gómez Tomillo, Manuel. *Op. cit.*, p. 78 e ss., parece assumir uma postura mais eclética de delimitação entre injusto penal e administrativo, entretanto, ao final, parece optar pela corrente quantitativa; SUAY RINCÓN, Javier. Las sanciones administrativas en el Derecho comparado: Italia y Alemania. In: *Actualidad y perspectivas del Derecho público a fines del siglo XX*. Homenaje al profesor Garrido Falla. vol. II. Madrid: Editorial Complutense, 1992, p. 1402.

479 MELLO, Rafael Munhoz de. *Op. cit.*, p. 54.

480 De acordo com Mello (*Ibidem*, pp. 54-56), esta posição é largamente difundida no Direito Espanhol e a explicação se deve ao aumento do intervencionismo estatal, acompanhado de uma hipertrofia do direito penal. Assim, enquanto que na Alemanha e Itália, este fator gerou nos doutrinadores uma necessidade de despenalização por critérios qualitativos; na Espanha, gerou-se não uma inflação (ou redução) do sistema penal, mas sim, do Direito Administrativo Sancionador, aumentando-se a atuação sancionadora da Administração. Porém, a preocupação foi neste sentido, de reduzir a atividade punitiva administrativa, e, por isso, os autores dotaram-na dos mesmos princípios garantísticos do Direito Penal, já que não consideravam existir diferenças qualitativas entre as sanções penais e administrativas.

481 Este é o critério também sustentado no Brasil por: REALE JR., Miguel. Ilícito administrativo e o *ius puniendi* geral. In: PRADO, Luiz Regis (coord.). *Direito Penal contemporâneo: Estudos em homenagem ao Professor José Cerezo Mir*. São Paulo: RT, 2007, pp. 93-100; CARVALHO, Erika Mendes de. Ensaio sobre o significado dogmático da acessoriedade administrativa nos delitos ambientais. In: *Revista Liberdades*

se o cerne das teorias qualitativas, este autor espanhol defende que entre ilícito penal e administrativo "existem apenas diferenças quantitativas"[482]. Nesse sentido, para o Direito Espanhol a única diferença existente entre o ilícito penal e o ilícito administrativo é a gravidade das condutas delituosas, maior no primeiro e menor no segundo, não havendo razões para não serem aplicados no direito administrativo sancionador, os princípios do direito penal[483].

Assim, para determinar a diferença quantitativa entre o ilícito penal e o administrativo, utiliza-se um elemento de graduação que permite distinguir a "gravidade" da "leveza" da infração, a fim de que, no caso concreto, possa-se legitimar a atuação do Direito Penal na proteção de bens coletivos, tal como o meio ambiente. Com isso, analisa-se o valor da defraudação do bem em alguns casos e, em outros, o limite permitido para a transgressão determinado legalmente. Ou seja, este critério parte de uma diferenciação mais no plano formal do que material, já que pressupõe bens da mesma natureza, porém, com graduações diferentes na forma de se lesioná-los, resultando-se, assim, na aptidão do sistema penal ou do administrativo, a depender da intensidade ou gravidade da agressão.

No âmbito da proteção penal do meio ambiente, tem-se utilizado, precipuamente, o critério da gravidade (quantitativo) para a diferenciação entre os ilícitos penais e administrativos, uma vez que, sabe-se que o bem jurídico é dotado de caráter coletivo e requer uma proteção integral, e, portanto, a grande diferença entre ambos os ilícitos se dará por critérios de gravidade das condutas, em relação aos limites suportáveis de agressão ou exploração

---

(*IBCCRIM*). Edição Especial, pp. 23-46, dez.2011. Disponível na Internet em: http://revistaliberdades.org.br/_upload/pdf/10/artigo1.pdf. Acesso em: nov. 2012, p. 25.

482 CEREZO MIR, José. *Op. cit.*, p. 41-56 (tradução livre da autora)

483 MELLO, Rafael Munhoz de. *Ibidem*, p. 56.

dos elementos ambientais[484].

Em suma, a teoria quantitativa não acata a ideia de que ilícito penal e ilícito administrativo são fenômenos distintos. Ou seja, não seria possível promover a uma classificação quanto à natureza da conduta dos ilícitos, identificando-os ora com relevantes interesses dos indivíduos (crime), ou, ora com interesses da própria Administração Pública (infração administrativa). Parte-se da premissa que os interesses tutelados são os mesmos, existindo a diferença unicamente na gravidade da conduta imputada como ilícita[485].

c) Críticas

Diante da análise dos critérios monistas anteriormente apresentados, compreendendo-se ora aspectos unilateralmente qualitativos, ora quantitativos para a delimitação dos ilícitos penais e administrativos, propõe-se, agora, uma abordagem crítica e a tomada de posição acerca da unidade ontológica ou da diferenciação dos injustos compreendidos nas respectivas searas de proteção ambiental.

Nos termos da crítica de Rafael Munhoz de Mello, os dois critérios esboçados sofrem de um mesmo erro: ambos pretendem distinguir ilícito administrativo e penal com base em mecanismos metajurídicos, sem embasamento no direito positivo. Desta feita, a primeira corrente (qualitativa) sugere que a diferença fosse consubstanciada na diversidade de interesses tutelados; e a segunda, que o critério se resumisse à gravidade da conduta delituosa. Tanto num quanto noutro caso, a diferença seria estabelecida pautada no comportamento praticado pelo infrator, sem qualquer vinculação

---

484 CUESTA ARZAMENDI, José Luís de la. Protección penal de la ordenación del territorio y del ambiente. In: *Documentación jurídica*. Monográfico dedicado a la propuesta de Anteproyecto de Nuevo Código penal. Vol. II. Madrid: Editorial Ministerio de Justicia, 1983, p. 935; TERRADILLOS BASOCO, Juan. *Op. cit.*, p. 305.

485 MELLO, Rafael Munhoz de. *Ibidem*, p. 57.

com o ordenamento jurídico[486].

Na visão do referido autor, não importa afirmar que à infração administrativa deve corresponder um comportamento ilícito de gravidade menor, bem como é irrelevante propor a identidade do ilícito administrativo com comportamentos ofensivos a interesses da própria Administração Pública. Isso porque, para o jurista, é possível que o legislador venha a dispor de outra forma, inobservando-se os critérios de distinção indicados pelas teorias quantitativa ou qualitativa[487].

Diante destas considerações, o autor afirma que o critério formal (relativo ao regime jurídico das sanções) é o único diferenciador existente entre os tipos de ilícito – se penal ou administrativo -, ou seja, "ao ilícito penal corresponde uma sanção penal, ao ilícito administrativo corresponde uma sanção administrativa; à sanção penal corresponde um regime jurídico; à administrativa corresponde outro"[488]. Ou seja, o que existe são decisões discricionárias fundadas sobre critérios de política legislativa[489].

Outro autor que também defende a existência de meros critérios formais de distinção entre os ilícitos penais e administrativo é Fábio Osório, quem refuta, todavia, um regime jurídico único das sanções no ordenamento

---

486 MELLO, Rafael Munhoz de. *Ibidem*, p. 58.

487 MELLO, Rafael Munhoz de. *Ibidem*, p. 58. Segundo exemplifica o autor: "aliás, análise do ordenamento jurídico dos países em que se desenvolveram as teorias confirma o que foi afirmado. Na Alemanha a teoria qualitativa teve um fugaz momento de recepção no ordenamento jurídico. Entretanto, a lei idealizada por Schmidt teve curto período de vigência, sendo logo substituída por diploma legal que abandonou o critério qualitativo de distinção entre ilícito administrativo e ilícito penal (...) Situação semelhante ocorre na Espanha, onde dispositivo legal que acolheu o critério quantitativo de distinção entre ilícito administrativo e ilícito penal é sistematicamente ignorado, tendo-se convertido 'en un simple precept testimonial' (....). Tais critérios não vinculam o legislador, pois lhes falta força constitucional" (*Ibidem*, pp. 58-59).

488 MELLO, Rafael Munhoz de. *Ibidem*, pp. 60-61.

489 NIETO, Alejandro. *Op. cit.*, p. 158.

jurídico, pois, para o jurista, por mais que haja um Direito Constitucional limitador do *ius puniendi* do Estado, e ainda que pareça unitário em razão dos princípios constitucionais, estes, quando incidem em relações penais ou de direito administrativo, revelam-se distintos ainda que nominalmente idênticos[490].

Apesar da inexistência de distinções ontológicas ou substanciais entre os ilícitos penais e administrativos (tese que fundamenta a teoria da unidade da pretensão punitiva estatal), isso não inibe a liberdade de configuração normativa do legislador em relação a esses ilícitos, entendimento este dominante. Conforme Medina Osório, a razão fundamental para a inconsistência teórica da suposta unidade punitiva reside na diversidade substancial dos regimes jurídicos dos mais diversos poderes punitivos do Estado[491]. Por exemplo, o Direito Penal, cujo regime jurídico pretende se comparar, ao menos como referência, tem evolução histórica muito diversa, alicerçando-se em outros pressupostos culturais e normativos.

Assim também salienta Helena Regina Lobo da Costa, no sentido de que não há diferenças substanciais entre as condutas consideradas como ilícitas na seara administrativa e na penal. Ou seja, para a autora, o que existem são conceitos normativos frutos de definição legislativa. E mais, a jurista considera que a Constituição representa um limite negativo ao direito penal, no

---

490 OSÓRIO, Fábio Medina. *Ibidem*, pp. 126-127.

491 Segundo Osório, basta listar algumas destas diferenças: a) o direito administrativo sancionador é aplicado por autoridades administrativas ou judiciais, na esfera extrapenal; já o direito penal depende de jurisdição penal específica; b) o elemento formal da sanção administrativa é o processo, seja judicial ou administrativo, extrapenal, já o elemento formal das sanções penais é o processo penal; c) a interpretação penal é distinta da interpretação administrativa, apesar de hoje, a interpretação constitucional exigir uma aproximação dos métodos hermenêuticos; d) o princípio da intervenção mínima é mais acentuado no direito penal, já que no direito administrativo o interesse público possui um alcance e uma importância maior (OSÓRIO, Fábio Medina. *Ibidem*, pp. 127-128).

sentido de que não pode um bem jurídico-penal receber esta condição se não tiver conteúdo essencial para o desenvolvimento da pessoa humana[492].

Entretanto, em que pese a constatação de que o legislador goza de ampla liberdade para a seleção de condutas que serão tipificadas como ilícito penal ou como ilícito administrativo, sendo uma questão, prioritariamente de política legislativa, concorda-se, neste aspecto com o sustentado por Reale Jr. e Carvalho anteriormente, no sentido de que as diferenças quantitativas são as mais hábeis a fundamentar as justificações plausíveis do legislador[493]. Porém, isso não significa considerar a gravidade como o único ponto distintivo essencial para a escolha do regime sancionatório estatal, já que este quesito compreende uma *expressão normativa indeterminada*[494].

Neste aspecto, importante considerar o que foi salientado por Silva Sánchez, para quem o que é mais decisivo na diferenciação, não é meramente a configuração da gravidade do injusto, mas sim, os critérios de imputação e as garantias (formais e materiais) que circundam a imposição de sanções ao injusto penal ou administrativo[495].

Sem dúvidas, foi a partir da evolução da teoria de Birnbaum que iniciou-se um aprofundamento nas funções sancionatórias penal e administrativa, possibilitando a criação de um critério delimitador crítico e específico do

---

492 COSTA, Helena Regina Lobo da. *Op. cit.*, (introdução e conclusões da Tese).

493 REALE JR., Miguel. *Op. cit.*, p. 93; CARVALHO, Erika Mendes de. *Op. cit.*, p. 25.

494 MORALES PRATS, Fermin. La estructura del delito de contaminación ambiental. Dos cuestiones básicas: Ley penal en blanco y concepto de peligro. In: VALLE MUÑIZ (Coord.). *La protección penal del medio ambiente*. Pamplona: Editorial Aranzadi, 1997, pp. 231-232. Neste mesmo sentido, para quem não se deve afirmar que inexistem diferenças qualitativas sob risco de se incorrer numa descrição incorreta e uma proposta inconveniente: LASCURAÍN SÁNCHEZ, Juan Antonio. Por un derecho penal sólo penal: deecho penal, derecho de medidas de seguridad y derecho administrativo sancionador. In: *Homenaje al Profesor Dr. Gonzalo Rodríguez Mourullo*. Navarra: Aranzadi, 2005, p. 624.

495 SILVA SÁNCHEZ, Jesús-María. *Op. cit.*, p. 148.

Direito Penal: o bem jurídico[496]. Com a noção de bem jurídico-penal, instituíram-se critérios político-criminais inarredáveis que pretenderam consolidar uma autonomia (ao menos dogmática) do Direito Penal, enquanto ramo punitivo, se comparado à vertente sancionadora do Direito Administrativo. São eles: o princípio da *ultima ratio;* da fragmentariedade; subsidiariedade; da ofensividade; da exclusiva proteção de bens jurídicos etc.

Já há muito se concebe que o Direito Penal, dentre os demais ramos do ordenamento jurídico, deve atuar minimamente, como a *ultima ratio*. No que tange ao conteúdo de bens jurídicos e este princípio, pode muito bem se conceber que o Direito Penal só deve atuar na proteção de bens jurídicos indispensáveis para a convivência social, de forma que outra esfera jurídica não possa atuar nesta proteção com o mesmo grau de eficácia.

De acordo com Silveira, é preciso considerar que há várias formas de controle social, e, sendo o Direito Penal a que emprega maior violência junto ao cidadão, deve ser utilizada como último recurso, quando cediço o fracasso dos demais meios à disposição do Estado[497]. Para Santana Vega, o referido princípio deve ser observado sob uma perspectiva dinâmica em duas vertentes: uma negativa, que se apresenta nos processos de descriminalização (de condutas de degradação ambiental) e, outra positiva, que garante a constante atualização do Direito Penal frente à ameaça de seu aniquilamento[498].

Os princípios da fragmentariedade e subsidiariedade decorrem da necessidade de imposição de limites ao *ius puniendi* estatal na escolha de intervenção por meio do Direito Penal. Aos poderes estatais deve ser considerado que, por ser o direito punitivo mais incisivo na vida e na liberdade dos indivíduos, a tutela penal só deve ser acionada quando os demais ramos do Direito forem insuficientes ou ineficazes para a proteção de determinados

---

496 PRADO, Luiz Régis. *Op. cit.*, p. 23.

497 SILVEIRA, Renato de Mello Jorge. *Op. cit.*, p. 55.

498 Cf. SANTANA VEGA, Dulce María. *Op. cit.*, p. 64.

bens jurídicos (subsidiariedade).

E além do mais, não são todas as ofensas a bens ou valores de relevo jurídico que devem ser objeto de tutela penal, ao contrário, apenas uma pequena fração, aquelas onde haja lesão ou ameaça de lesão a bens jurídicos fundamentais é que podem invocar a atuação penal (fragmentariedade). De acordo com Roxin, o princípio da fragmentariedade decorre do fato de que o Direito Penal não protege todos os bens jurídicos, mas apenas uma parte deles. Assim como, não protege contra todas as agressões, apenas as que, de um modo geral, representem ataques concretos aos bens jurídicos[499]. Como bem assinala o autor, meras transgressões à moral ou à sentimentos religiosos podem não ser "fragmentos" de proteção pelo Direito Penal, uma vez que apenas na parcela de agressões a terceiros ou exteriores é que podem, legitimamente, atuar como bens de relevância jurídico-penal.

Assim, da mesma forma, é possível perceber que vários bens jurídicos são também objeto de proteção pelo Direito Civil, Administrativo etc. Mas apenas parte das condutas lesivas é que vão subsidiar a atuação da intervenção punitiva. Como visto, os princípios da intervenção penal mínima e da fragmentariedade formam com a máxima da subsidiariedade, uma circunferência lógica, da qual ambos se complementam e lhes dão o sentido mútuo de limitação do *ius puniendi*.

O princípio da subsidiariedade decorre do preceito que, o Direito Penal, como visto, é apenas uma, dentre várias esferas de proteção de valores e interesses jurídicos. E como *ultima ratio* só pode intervir quando falhem os demais meios para a resolução social dos problemas, tais como: a ação civil, as regulações administrativas do poder de polícia, as sanções não penais etc. A subsidiariedade, por sua vez, decorre de uma medida de proporcionalidade, que por sua vez deriva do princípio do Estado de Direito[500], apregoado

---

499 ROXIN, Claus. *Op. cit.*, p. 65.

500 Cf. ROXIN, Claus. *Op. cit.*, pp. 65-66.

na maioria das Constituições Ocidentais, tal como a Alemã e a Brasileira.

Diante do exposto, é possível compreender que, em que pese não haver um consenso acerca da noção, conteúdo ou funções do bem jurídico, identifica-se, porém, a sua origem e existência a uma ideia liberal de imposição de limites aos poderes estatais na tarefa de prever condutas e cominar penas, tendo em vista que se representa, através dos bens jurídicos, o conteúdo essencial e indispensável de proteção do Estado por meio do Direito Penal. Aliás, conforme sustentado muito bem por Roxin, Mir Puig e outros, a tarefa do direito penal de exclusiva proteção de bens jurídicos não representa, consigo, uma função de tutelar todos os bens indispensáveis para a vida social, dada a sua natureza mínima, subsidiária e fragmentária[501].

Depois das teses supramencionadas, centradas nos princípios que tratam da "lesão eticamente reprovável de bens jurídicos"[502] para distinguir a linha tênue que separa o Direito Penal do Direito Administrativo (que nesta acepção, teria como ilícito um "ato de desobediência ético-valorativamente neutro"[503]), pautou-se, sobejamente, a diferenciação dos referidos ilícitos com base em critérios quantitativos, ou seja, de que a gravidade do injusto nos ilícitos penais é maior do que nos administrativos[504].

Assim, fincadas as bases de delimitação do Direito Penal em relação ao Direito Administrativo, é mister que se verifique agora, as formas de relacionamento entre os sistemas, penal e administrativo, na proteção penal do meio ambiente, frente ao fenômeno da "Administrativização do Direito

---

501 Cf. MIR PUIG, Santiago. *Op. cit.*, p. 97.

502 SILVA SÁNCHEZ, Jesús-María. *Op. cit.*, p. 148.

503 SILVA SÁNCHEZ, Jesús-María. *Ibidem*, p. 149.

504 Representa este entendimento, Hans Welzel, para quem não há diferenças ontológicas entre ilícito penal e administrativo, mas há apenas princípios penais específicos de ordem penal que diferenciam a gravidade do injusto. WELZEL, Hans. *Der Verbotsirrtum im Nebenstrafrecht*, JZ, 1956, p. 238 e ss, 240 *apud* SILVA SÁNCHEZ, Jesús-María. *Ibidem*, p. 149.

Penal", abaixo elucidado. Ou seja, é preciso que se dotem as infrações penais ambientais dos critérios principiológicos que possam aferir maior gravidade nestas do que nas infrações administrativas, tendo em vista que, embora as novas exigências sociais tenham aparentemente equiparado a essência de suas reprimendas, é indispensável que se analise que, num âmbito geral, o caráter jurisdicional daquelas ainda é um fator dotado de maior atenção a garantias (a citar, por exemplo, a imparcialidade do julgador), fator distintivo este decisivo na escolha pelo legislador.

3.5 A expansão do direito penal e o fenômeno da "Administrativização"

Como visto, diante da fragilidade do meio ambiente face ao desenvolvimento econômico desenfreado na sociedade de risco, exige-se, a atuação do Direito Penal como um mecanismo de garantia da tutela deste bem jurídico supra-individual. Entretanto, como enfatizado, a atuação do sistema penal sobre os riscos juridicamente relevantes, exige-lhe a dotação de "mecanismos dogmáticos de tutela diferenciados em relação aos adotados pelo Direito Penal clássico"[505], como já suscitados, em nome dos parâmetros preventivos, surgindo então, figuras típicas renovadas, tais como: os tipos penais de perigo abstrato, delitos por acumulação e as normas penais complementadas por conceitos, normas ou atos administrativos.

Sobre este último ponto, destaca-se que representa um dos mecanismos mais presentes nesta nova compleição estrutural do Direito Penal do Ambiente, o que demarca o frequente relacionamento e reenvio ao Direito Administrativo, e que, alguns autores denominam de "administrativização da tutela penal" por meio da "acessoriedade administrativa". Deste modo, concentrando-se neste aspecto característico do Direito Penal do Ambiente,

---

505 MACHADO, Fábio Guedes de Paula; GIÁCOMO, Roberta Catarina. Breves reflexões sobre a administrativização do Direito Penal, delitos por acumulação e antecipação da tutela penal na proteção do bem jurídico ecológico. *Diritto & Diritti*. Disponível na Internet em: http://www.diritto.it/pdf/28544.pdf. Acesso em out.2012, p. 1 e ss.

faz-se imprescindível o estudo das possíveis funções assim desempenhadas e seus respectivos limites, para a compreensão dos aspectos normativos mais emblemáticos na legitimação da tutela penal dos bens ecológicos.

Antes que se compreendam as nuances das técnicas de reenvio, no âmbito dos crimes ambientais, é preciso conceituar do que se trata o fenômeno da "Administrativização do Direito Penal"[506] diante dos novos parâmetros punitivos da sociedade de risco. Esta expressão não tem sido empregada com o mesmo sentido sempre. Uma definição superficial poderia levar a sustentar que este fenômeno representa a utilização do Direito Penal pelo Estado, como forma de garantir a execução e o bom andamento de suas demais atividades, propriamente aquelas relativas à Administração Publica e a gestão de âmbitos sociais[507].

Entretanto, não se pode confundir esta "administrativização" da tutela penal com as tendências ocorridas na primeira metade do século XX, em que o Estado fazia uso do Direito Penal para imposições de ordenação social, invertendo-se os prismas liberais contratualistas, e, utilizando-se, a todo custo, de força policial para conformar as orientações político-ideológicas estatais[508].

---

506 Cf. SILVA SÁNCHEZ, Jesús-María. *Op. Cit.*, p. 141 e ss. Ver também: FEIJÓO SÁNCHEZ, Bernardo. Sobre a administrativização do direito penal na "sociedade de risco". Notas sobre a política criminal no início do século XXI. Trabalho publicado em DÍAZ-MAROTO e J. VILLAREJO (eds.). Derecho y Justicia penal en el Siglo XXI. Liber amicorum en homenaje al Profesor António Gonzáles-Cuéllar García, Edit. Colex, Madrid, 2006. Tradução de Bruna Abranches Arthidoro de Castro; revisão de Augusto Silva Dias. In: *Revista Liberdades IBCCrim*. São Paulo: IBCCRIM, nº 7, mai./ago.2011, p. 25.

507 GUARAGNI, Fábio André. A intensificação do uso de técnicas de reenvio em Direito Penal: motivos político-criminais. In: *Revista Jurídica Cesumar - Mestrado*, v. 12, n. 1, p. 35-47, jan./jun. 2012 - ISSN 1677-6402. Disponível na Internet em: www.cesumar.br/pesquisa/periodicos/index.php/revjuridica/.../1640. Acesso em: dez.12, p. 37.

508 Este era o modelo presente na época da Ditadura Vargas e em outros períodos

O traço distintivo da "Administrativização do Direito Penal" atual é concebido na atuação do sistema punitivo como forma auxiliar ou acessória do Estado para o controle de espaços ou interesses coletivos e difusos, tais como o meio ambiente e as relações de consumo na ordem econômica. Como visto no início deste estudo, a globalização enfraqueceu a figura do Estado centralizador, em razão das várias entidades (públicas ou privadas, nacionais ou estrangeiras) que atuam simultaneamente àquela Instituição, introduzindo-se novas tecnologias e informações, e, com isso, aumentando-se o risco nas interações sociais.

Deste modo, relegou-se ao Estado um papel meramente de gestão de recursos essenciais e de atividades socioeconomicamente importantes, de modo que só o Direito Administrativo, com suas funções de poder de polícia e sua autoexecutoriedade, não tem se demonstrado tão eficaz no controle das atividades que envolvam riscos à coletividade. Assim, o Direito Penal se aporta como mecanismo de fortalecimento do Direito Administrativo.

Sobre este assunto, Silva Sánchez afirma que é fruto do fenômeno contemporâneo da expansão do direito penal, a transformação deste ramo, que passa a atuar de forma preventiva, assim como tradicionalmente se incumbia ao Direito Administrativo. Com isso, os tipos penais preveem condutas de perigo ou de mera desobediência a normas administrativas, o que, em muito dificulta o grau de legitimação e a autonomia do Direito Penal: já que as sanções passam a ser também as mesmas do direito administrativo, levando-se a refletir acerca da real função do *jus puniendi* estatal.

Feijóo Sánchez sustenta que o fenômeno da administrativização transforma sensivelmente não só o direito penal material, como também o instrumental, já que passa-se a tratar o direito penal como direito administrativo, admitindo-se barganhas, privatizando-se presídios etc. O autor acredita que a administrativização seja, de certo modo, um fenômeno patológico, pois desconfigura os papéis de ambos os sistemas sociais, fazendo-se

---

ditatoriais no Brasil. Cf. GUARAGNI, Fábio André. *Ibidem,* p. 37.

dotar o Direito Penal de funções ilegítimas[509].

Neste sentido, num primeiro modo de vista, as condutas que incorrem em delitos ambientais, de conteúdo fortemente administrativo (*v.g.* art. 29 e tantos outros da Lei 9.605/98, que tratam de típicas apenas as condutas praticada na ausência de licença, autorização ou permissão administrativa), poderão ter sua tipicidade penal apoiadas por critérios de legalidade administrativa, de modo que, em alguns casos, até a antijuridicidade estará também afetada, razão pela qual se torna inarredável a análise das formas de relacionamento entre o Direito Penal e o Direito Administrativo na proteção do meio ambiente, a fim de aferir o grau de autonomia entre as esferas de sancionamento estatal.

3.6 Das modalidades de relacionamento entre o Direito Penal e o Direito Administrativo: da Acessoriedade Administrativa nos Delitos Ambientais

De acordo com Helena Regina Lobo da Costa, a regulamentação de condutas que visam proteger o meio ambiente, deve partir do pressuposto de que, quase todas as atividades humanas podem vir a gerar algum prejuízo ambiental. Neste sentido, a tarefa de diferenciar o que é proibido do que é permitido, irá depender de uma série de variáveis (quantitativas, temporais ou locais)[510].

Desta forma, é possível inferir que hoje, exemplificativamente, um determinado nível de emissão de substâncias na atmosfera seja suportável, mas a depender das mudanças climáticas, daqui a alguns meses, pode ser que venha a ser proibido. Como bem assinalado pela autora acima, "seria absurdo proibir a emissão de qualquer substância, proibir a pesca em todos os locais e épocas e proibir qualquer corte de vegetação em todo o território

---

509 FEIJÓO SÁNCHEZ, Bernardo. *Op. cit.*, p. 25.

510 Cf. COSTA, Helena Regina Lobo da. *Op. cit,* p. 189 e ss.

brasileiro"[511]. Assim também comenta Renato de Mello Jorge Silveira: "bradar por uma proteção ambiental radical, além de utópico, é impensável no mundo de hoje"[512].

Esta riqueza de detalhes dos assuntos ambientais faz surgir a necessidade de conhecimentos técnicos específicos em cada dado local e época do ano, matéria esta que é atrelada às funções do direito administrativo, seja por meio de regulamentos, decretos, portarias e resoluções, tanto no âmbito municipal, estadual ou federal513.

Dado o caráter multidisciplinar do bem jurídico "meio ambiente", como visto, para a concretização de sua proteção efetiva, faz-se necessário, hegemonicamente, a atuação do Direito Administrativo, como *prima ratio*, através de suas regulações ou atos concretos visando à preservação dos subsistemas ecológicos que compõem o sistema natural. Esta primazia, contudo, não impede - como defendido -, a atuação do Direito Penal como *ultima ratio*, para a proteção exclusiva de bens jurídicos contra lesões ou colocação em perigo destes[514].

A partir destas considerações, surge mais um ponto característico das normas que se referem à proteção penal do meio ambiente: a forte relação entre o Direto Penal e o Direito Administrativo, intitulada como "acessoriedade administrativa".

Sobre este assunto, é importantíssimo citar os estudos realizados por Günther Heine, para quem, investigando-se os moldes de relacionamento

---

511 Cf. COSTA, Helena Regina Lobo da. *Ibidem*, p. 189 e ss.

512 SILVEIRA, Renato de Mello Jorge. *Op. cit.*, p. 139.

513 Cf. COSTA, Helena Regina Lobo da. *Ibidem*, p. 189 e ss.

514 Neste mesmo sentido: BALBUENA SOTO, Lorena Beatriz. *Op. cit.*, p. 214. A autora, inclusive, esclarece o eventual equívoco que a Constituição Espanhola pode dar a entender na colocação das sanções penais ambientais em caráter prioritário às sanções administrativas, o que, não deve interferir na interpretação do sistema penal como *ultima ratio*.

entre o Direito Penal e o Direito Administrativo, é possível verificar-se três tipos de interações, a variar conforme o grau de dependência de uma esfera à outra: proteção penal *absolutamente independente*; *absolutamente dependente* e, *relativamente dependente*[515]. Aliás, para o referido autor, há um modelo de legitimação específico para cada modelo de tipo penal assim relacionado, conforme abaixo será elucidado.

3.6.1 Proteção Penal Absolutamente Independente do Direito Administrativo

De acordo com Heine, um modelo penal *absolutamente independente* da normativa administrativa é aquele em que se determina, por completo, o conteúdo do injusto penal sem se fazer valer de qualquer técnica de reenvio[516]. No Brasil, há na legislação ambiental alguns tipos com este modo de configuração, quais sejam: os dos artigos 32, 33 *caput*, 41, 48, todos da Lei 9.605/98. Nestes casos, as normas penais incriminadoras são aplicadas de forma totalmente independente da legislação administrativa, e, segundo Carvalho, isto se dá quando o legislador quer, por razões político-criminais, proteger de modo "absoluto" os recursos ambientais dada a sua intrínseca relação com outros bens individuais importantes (vida, saúde, integridade física etc.)[517].

O modelo da absoluta independência entre as esferas é o sustentado, em moldes próprios, por Schünemann, para quem a norma penal ambiental só gozará de plena eficácia se não guardar vinculação radical com as

---

515 Cf. HEINE, Günther. Accesoriedad administrativa en el Derecho Penal del Medio Ambiente. In: *Anuario de Derecho Penal y Ciencias Penales*, Tomo 46, Fasc/Mes 1, 1993, pp. 289-316. Disponível na Internet em: http://dialnet.unirioja.es/servlet/articulo?codigo=46426. Acesso em: jun.2012.

516 HEINE, Günther. *Ibidem*, p. 297.

517 CARVALHO, Érika Mendes de. *Op. cit.*, p. 310.

prescrições impostas pela autoridade administrativa, precipuamente quando a acessoriedade se relacionar aos atos concretos emanados pela autoridade administrativa[518]. No sentido similar, Rodríguez Devesa sustenta que, de certo modo, as sanções penais só teriam efeito se, por si sós, mantivessem por sua própria capacidade de valoração, independente da decisão adotada na seara administrativa[519].

Entretanto, ao que tudo indica, são poucos os tipos penais ecológicos que gozam de total ou absoluta independência do Direito Penal em relação ao Direito Administrativo, dadas as características de regulação já apontadas anteriormente e, sobejamente, ao que Heine indica que pertencem ao Direito Administrativo as decisões essenciais sobre o meio ambiente, bem como, há que se preservar o princípio da unidade do ordenamento, evitando-se assim, que o Direito Penal incrimine algo que o âmbito normativo administrativo autoriza[520].

Como anteriormente analisado, este modelo é compartilhado pelos adeptos da Escola de Frankfurt em relação aos delitos de lesão a bens jurídicos individuais que tenham direta relação com o meio ambiente, em que não se necessite recorrer à complementação ao direito administrativo, já que, para estes autores, caberia em relação aos demais delitos, a sua descriminalização e tutela pelo Direito de Intervenção. Entretanto, conforme já debatido, o meio ambiente "em si", sustenta também um caráter de proteção, que nem sempre vai remeter diretamente à lesão a bens jurídicos

---

518 SCHÜNEMANN, Bernd. Sobre la Dogmática y la política criminal del Derecho penal del medio ambiente, In: *Temas actuales y permanentes del derecho penal después del milênio*. Madrid: Editorial Tecnos, 2002, p. 206 e ss.; HEINE, Günther. Derecho penal del medio ambiente: especial referencia al derecho penal alemán. In: *Cuadernos de Política criminal*, nº 61, Instituto de criminología, Universidad Complutense de Madrid, 1997, p. 59.

519 RODRÍGUEZ DEVESA, José María; SERRANO GÓMEZ, Alfonso. *Derecho penal español*. Parte general, 17. ed. Madrid: Editorial Dikynson, 1994, p. 1112.

520 HEINE, Günther. *Op. cit.*, p. 57.

216

individuais, aliás, a supra-individualidade do bem exige técnicas de tutela de perigo, o que seria inadmissível aos adeptos da teoria da resistência.

Assim, na linha em que aqui se defende, a autonomia integral do Direito Penal em relação ao Direito Administrativo não é possível, nos termos em que se dá a estipulação dos níveis – quase sempre modificáveis -, de alteração das condições físicas ou biológicas dos elementos naturais (solo, ar, água, flora e fauna), sendo, indispensável a prévia valoração e contribuição de técnicos especialistas que influem na emissão de normas ou atos administrativos da administração pública[521].

Como já enfatizado, a gestão e o controle ambientais devem ser prioritariamente realizados pelos mecanismos do Direito Administrativo, sendo que, apenas no âmbito das lesões mais graves é que podem ser levadas à intervenção penal, e, neste sentido, o papel realizado por aquele direito serve de referencial para os injustos penais, a fim de que se delimite o parâmetro inicial de risco permitido e não-permitido, de modo que, a acessoriedade é necessária, e, portanto, em nome da unidade do ordenamento jurídico, é inarredável.

3.6.2 Proteção Penal Absolutamente Dependente do Direito Administrativo

O segundo modelo de relacionamento entre o Direito Penal e o Administrativo na Proteção do Meio Ambiente se verifica quando o primeiro é *absolutamente dependente* em relação ao segundo ramo jurídico. Neste sentido, o conteúdo do injusto penal apenas determina que se tenha observância quanto à normativa administrativa, a fim de garantir que os padrões por

---

521 PARDO BUENDÍA, Mercedes: Protección penal y accesoriedad administrativa en la nueva regulación para la protección del medio ambiente, In: BERBEROFF (dir.) *Incidencia medioambiental y Derecho sancionador*, Madrid: Consejo General del Poder Judicial, 2007, págs. 123 y 124

esta ditados sejam fielmente cumpridos pelo agente[522].

Neste parâmetro, o direito penal incrimina a mera "desobediência administrativa", ou seja, a pura infração às disposições do ordenamento administrativo, sem se tomar consideração das efetivas incidências ecológicas de tais infrações[523].

Com base neste modelo, configuram-se claramente os aspectos negativos e contrários à "administrativização do direito penal", já que a transgressão do ato ou normativa administrativa é *conditio sine qua non* para a configuração dos delitos ambientais. É como se o Direito Penal relegasse ao Direito Administrativo todos os contornos dos princípios que lhe são inerentes, tais como: legalidade, ofensividade, exclusiva proteção de bens jurídicos, e, passasse a analisar o injusto típico, tão qual e exatamente traçado pela via Administrativa[524].

Assim, conforme se pode aferir criticamente, o Direito Penal e os fins que este ramo pretende cumprir, neste aspecto, confunde-se totalmente com a função do Direito Administrativo para a proteção ambiental. Em outras palavras, o injusto penal serviria meramente de reforço das sanções administrativas. Deste modo, assim como ressalva Giunta, o Direito Penal converte-se em "Direito Penal Administrativo"[525], onde não há tutela de

---

522 CARVALHO, Érika Mendes de. *Op. cit.*, p. 305. De acordo com a autora, no Brasil é possível se perceber este modelo de relacionamento nos crimes previstos nos artigos 68 e 69 da Lei 9.605/98. Esta estrita dependência, segundo ela, pode se representar em dois casos: o primeiro, quando o injusto se dá quando o agente pratica uma infração prévia administrativa; e, segundo, quando o Direito Administrativo sancionador fixa "valores-limites" para que se possa iniciar uma intervenção penal (*Ibidem*, p. 305).

523 HEINE, Günther. *Op. cit.*, p. 58; MATA BARRANCO, Norberto Javier. *Protección penal del ambiente y accesoriedad administrativa.* Tratamiento penal de comportamientos perjudiciales para el ambiente amparados en una autorización administrativa ilícita. Barcelona: Editorial Cedecs, 1996, p. 73.

524 Neste ponto reside a preocupação de: SCHÜNEMANN, Bernd. *Op. cit.*, p. 206 e ss.

525 GIUNTA, Fausto. Il diritto penale dell'ambiente in Italia: tutela di beni o tutela di

218

funções ligadas à exclusiva proteção de bens jurídicos, reforçando-se as duras críticas da Escola de Frankfurt quanto à função meramente simbólica[526].

A remissão legislativa em matéria ambiental impõe a exigência de violação das disposições extrapenais juntamente com o requisito de se atuar sem ou contra a autorização administrativa, que, na visão de Basoco[527], isso tem fundamento direto num "delicado equilíbrio de interesses": quer se conciliar a proteção ambiental ao desenvolvimento de atividades econômicas que são úteis à vida social. Deste modo, relega-se, muitas vezes a órgãos administrativos ambientais quase que a decisão integral acerca da lesão ou exposição de perigo suportável pelo bem jurídico tutelado pelas normas penais. E mais: esta constante remissão possibilita, de certa forma, a entrada no sistema penal, de princípios e considerações que muitas vezes lhe são alheios[528].

Em suma, conforme sustentado por Teradillos Basoco, este modelo de acessoriedade absoluta ou de dependência absoluta, peca em dois sentidos: reduz a seleção e hierarquização de bens jurídicos que o Direito Penal deve realizar, e, por outro lado, diminui o efeito esperado de prevenção geral positiva inerente a este ramo punitivo[529]. Sobre este aspecto, Blanca Buergo afirma que existem duas questões diferentes relacionadas entre si: a primeira tem a ver com a crescente adoção de regras de tipificação que mais tem a ver com o Direito Administrativo do que com o Penal, e que este ramo acaba por acolhê-las. Depois, estaria a chamada "acessoriedade administrativa", da qual vários problemas surgem[530].

---

funzioni? In: *Rivista Italiana di Diritto e Procedura Penale*, Milano, v. 40, n. 4, pp.1097-1123, out./dez. 1997.

526 CARVALHO, Érika Mendes de. *Op. cit.*, p. 306.

527 Cf. TERRADILLOS BASOCO, Juan. *Op. cit.*, p. 47.

528 Cf. TERRADILLOS BASOCO, Juan. *Ibidem,* p. 47.

529 TERRADILLOS BASOCO, Juan. *Ibidem*, p. 313.

530 MENDOZA BUERGO, Blanca. *El delito ecológico y sus técnicas de tipificación*. Disponível na Internet em: http://www.ecoiurislapagina.com/biblio/articulos/art125.htm.

Segundo Buergo, o primeiro dos problemas da acessoriedade administrativa surge, justamente, sob um prisma da dependência absoluta do Direito Penal Ambiental: consubstancia-se no fato de que a necessária existência de um setor administrativo de amplitude e transcendência torna praticamente inevitável a contínua referência, remissão e dependência da proteção penal às normas administrativas[531].

Além dos problemas levantados pela controvérsia relacionada com a natureza incidental da regulamentação criminal em relação à administrativa, é claro que isso tem implicações para a dimensão técnico-jurídica na formulação de seus próprios tipos penais, não apenas para o uso de infrações penais em branco, mas em outras ocasiões, a depender da existência de uma violação criminal prévia administrativa ou falta de (ou da infração) um ato ilícito[532].

Desta forma, como para a realização do tipo penal básico da proteção penal ambiental, depende da violação das normas administrativas relacionadas, há uma limitação do conteúdo da ação típica, como forma de impor uma exigência adicional, para delimitar o âmbito das ações penalmente relevantes. Esta é uma consideração que adota uma perspectiva de dependência absoluta do Direito Penal em relação às regulações administrativas, outorgando-se a estas a competência para estabelecer que determinados perigos não são relevantes penalmente e a que determina, em definitivo, os limites do risco permitido em matéria penal ambiental[533].

Há que se considerar que o fato de o indivíduo transgredir o Direito Administrativo no que tange às questões ambientais, por si só, não impõe a sanção penal, já que para a aplicação de uma pena, considerada a mais

---

Acesso em: mar.2012, p. 1 e ss.

531 Cf. MENDOZA BUERGO, Blanca. *Ibidem,* p. 1 e ss.

532 Cf. MENDOZA BUERGO, Blanca. *Ibidem,* p. 1 e ss.

533 Neste sentido: TERRADILLOS BASOCO, Juan. *Op. cit.,* p. 313.

gravosa das penalidades no ordenamento jurídico, há critérios específicos de valoração acerca da proteção de bens jurídicos relevantes, que só incidem sobre as condutas mais gravosas.

3.6.3 Proteção Penal Relativamente Dependente do Direito Administrativo

E, por fim, há uma terceira modalidade, intermediária ou mista de relacionamento entre as duas esferas supramencionadas, caracterizada pela *relativa dependência,* em que o injusto penal contém como parte integrante, o ilícito administrativo, porém, isso não é suficiente para a tipicidade penal, haja vista que integra esta, apenas como uma das demais condições[534]. Neste módulo de relação, portanto, a acessoriedade administrativa é um elemento dominante, porém, sobre ela se projeta uma valoração própria do Direito Penal[535].

Nestes modelos de injustos penais ambientais, inclui-se também a análise estritamente penal do desvalor da ação e resultado para verificar se houve a lesão ou exposição de perigo de lesão ao bem jurídico meio ambiente (ou aos demais bens jurídicos individuais ou coletivos interligados com este), indicando-se, assim, a necessidade ou não de sancionamento penal[536].

A acessoriedade administrativa não se vincula meramente ao ilícito administrativo no âmbito formal, ou seja, a ilicitude administrativa funciona como uma condição, porém, não como imperiosa ou inarredável para a configuração do delito e aplicação da punibilidade, mas como pressuposto ou indício que deve estar somado ao juízo de desvalor (de ação e resultado),

---

534 HEINE, Günther. *Ibidem,* p. 297; CARVALHO, Érika Mendes de. *Op. cit.,* pp. 306-307.

535 Defendem-na: HEINE, Günther, *Op. cit.,* p. 58; TERRADILLOS BASOCO, Juan. *Op. cit.,* p. 313; MATA BARRANCO, Norberto Javier. *Op. cit.,* pp. 74-78.

536 CARVALHO, Érika Mendes de. *Op. cit.,* p. 309.

que são requisitos adicionais e qualificados para definir o risco grave ou lesão aos elementos naturais definidos pelo bem jurídico ambiental[537]. Afasta-se assim, da noção de direito penal como mero reforço de sanção administrativa.

É possível aferir claramente que, desta forma, o Direito Penal visa à proteção do bem jurídico "meio ambiente", a fim de manter-se o equilíbrio entre os sistemas naturais ou ecossistemas e a sadia qualidade de vida, e não meramente proteger a "Administração" como bem jurídico. Com a análise específica do direito penal acerca da criação ou incrementação de riscos (permitidos ou não permitidos), as infrações administrativas simplesmente não se convertem em delitos[538]. Nota-se, portanto, que neste modelo de dependência, há uma acessoriedade administrativa, que pode se dar de diferentes formas (conceitual, normativa ou por ato administrativo), conforme será a seguir melhor detalhado.

Renato de Mello Jorge Silveira assinala que o ideal de se adotar é uma conciliação entre direito penal e direito administrativo, ou seja, um conceito misto. Ele chega a esta conclusão, pois, ao se apreciar países que pretendem dar vazão unicamente ao modelo penal ambiental, tais como, Portugal, Holanda etc.; fazem uso de exagerado número de normas penais em branco, pondo em xeque o princípio da legalidade. De outro lado, também não assiste razão a um modelo puramente administrativo, tal como o canadense, americano ou inglês, já que assinalam unicamente ao Direito Penal Ambiental a tarefa de reforçar o cumprimento das normas administrativas, o que

---

537 Além de HEINE e os demais autores acima, defende, neste sentido: BACIGALUPO ZAPATER Enrique. La instrumentación técnico-legislativa de la protección penal del medio ambiente. In: *Estudios penales y criminológicos,* V, Santiago de Compostela, 1982, p. 196. Balbuena Soto (*Op. cit.,* p. 234) sobre esta questão, chega a afirmar que neste tipo de acessoriedade, as normas administrativas atuariam como critério de imputação objetiva, indicando entre o risco permitido e o não-permitido.

538 MATA BARRANCO, Norberto Javier. *Op. cit.,* p. 75 e ss.

retira o caráter autônomo da ciência penal[539].

Segundo Helena da Costa, a acessoriedade relativa acaba por ocorrer, pois, "não há como fixar parâmetros técnicos de cada atividade na norma penal", pois isso poderia levar a um casuísmo exagerado que, ao contrário, não conduz a uma clareza e certeza dos tipos penais[540]. É com base nestas ressalvas que Buergo afirma que, não é preciso rechaçar a acessoriedade administrativa do direito penal ambiental, entretanto, é preciso que as infrações penais sejam construídas conforme critérios próprios de relevância penal, para que não se faça um desvalor da conduta por mera violação de dever ou inobservância administrativa[541].

Em suma, as críticas aqui tecidas reconhecem como relativa a acessoriedade administrativa necessária para a tutela do meio ambiente, porém, reforça-se a necessidade de se criminalizar condutas que possam, definitivamente, afetar tal bem jurídico de forma grave, evitando-se assim "o mero reforço sancionatório da infração a regras de comportamento que tutelam o funcionamento de um subsistema, ou seja, uma infração que não esteja referida a uma situação de perigo subjacente"[542].

---

539 Cf. SILVEIRA, Renato de Mello Jorge. *Op. cit.*, p. 140.

540 COSTA, Helena Regina Lobo da. *Op. cit.*, p. 69.

541 Cf. MENDOZA BUERGO, Blanca. *Ibidem*, p. 1 e ss.

542 Cf. MENDOZA BUERGO, Blanca. *Ibidem*, p. 1 e ss.

PROTEÇÃO PENAL AMBIENTAL E A ACESSORIEDADE ADMINISTRATIVA: FUNÇÕES E LIMITES DE ATUAÇÃO LEGÍTIMA

4

4.1 "Acessoriedade" ou "Assessoriedade": precisão terminológica

O termo "acessoriedade" foi utilizado pela maioria da doutrina alemã[543] e espanhola[544], sendo atualmente também adotado por Renato de Mello Jorge Silveira em sua obra "Direito Penal Econômico como Direito Penal de Perigo"[545]. Entretanto, o referido autor, em obras anteriores, utilizava a grafia "assessoriedade"[546] sem maiores problemas.

A autora Helena Regina Lobo da Costa[547] preferiu utilizar o termo "assessoriedade administrativa" com a seguinte explicação: "grafia que entendo descrever mais corretamente o fenômeno, uma vez que o direito penal

---

543 Cf. HEINE, Günther, *Op. cit.*

544 Cf. MATA BARRANCO, Norberto J. de la, *Op. cit.*

545 SILVEIRA, Renato de Mello Jorge. *Direito Penal Econômico como Direito Penal de Perigo*. São Paulo: Editora Revista dos Tribunais, 2006, p. 135.

546 Cf. SILVEIRA, Renato de Melo Jorge. *Op. cit.*, p. 139.

547 COSTA, Helena Regina Lobo da. *Op. cit.*, p. 68.

ambiental é auxiliado, socorrido ou assessorado pelo direito administrativo, sem que isso o torne, necessariamente, dele dependente ou acessório"[548].

Segundo a jurista, em muitos casos, a configuração do tipo penal dependerá, efetivamente, de uma decisão da esfera administrativa. Todavia, podem existir tipos penais cuja redação remeta a um simples conceito do direito administrativo, o que não significa, nesta hipótese específica, que será necessária uma decisão na esfera administrativa acerca de eventual ilícito para a configuração do delito[549].

Assim, a grafia "assessoriedade" abarca não só as situações de efetiva dependência, mas também aquelas de mera complementação conceitual ou normativa"[550].

Entretanto, mesmo justificável a opção terminológica acima citada, neste contexto manter-se-á a usual terminologia "acessoriedade" para se referir ao fenômeno ora investigado, não no sentido de concordar com um papel de "direito principal e direito acessório", mas sim, no sentido de enfatizar o caráter subsidiário da intervenção punitiva estatal na proteção do meio ambiente, destacando-se sempre, a prioridade de atuação preventiva e, em determinados termos, repressiva, do direito administrativo.

De acordo com Érika Mendes de Carvalho, mesmo que a eventual ineficácia do Direito Administrativo possa afetar (ainda que indiretamente), a regulação penal em matéria ambiental, este fator não elimina a necessidade e íntima vinculação existente entre o Direito Penal e aquele. Ressalta ainda

---

548 COSTA, Helena Regina Lobo da. *Ibidem*, p. 68.

549 COSTA, Helena Regina Lobo da. *Ibidem*, p. 68.

550 Mais sobre este tema, vide: COSTA, Helena Regina Lobo da. *Proteção ambiental, direito penal e direito administrativo*. 2007. Tese (Doutorado em Direito) – Universidade de São Paulo; *Idem*, COSTA, Helena Regina Lobo da. Os crimes ambientais e sua relação com o direito administrativo. In: Celso Sanchez Vilardi; Flávia Rahal Bresser Pereira; Theodomiro Dias Neto. (org.). *Direito penal econômico - análise contemporânea*. São Paulo: Saraiva, 2009, v., pp. 189-222.

a autora que "o caráter acessório do Direito Penal não impede o reconhecimento de sua autonomia valorativa na tutela do bem jurídico ambiente"[551].

O papel de "acessoriedade", portanto, revela a característica que aqui se defende: um direito penal ambiental mínimo, fragmentário e de *ultima ratio*, conforme condição basilar de legitimidade e, precipuamente, de eficácia[552].

---

551 CARVALHO, Érika Mendes de. Limites e alternativas à administrativização do Direito Penal do Ambiente. In: *Revista Brasileira de Ciências Criminais,* São Paulo, v. 19, n. 92, pp. 299-336, set./out. 2011, p. 301.

552 Assim assevera Rodríguez Mourullo: "a missão do Direito Penal há de reger-se assim por duas coordenadas e em função delas é que há de medir-se a sua eficácia: há de se proteger o meio ambiente entendido como uma determinada composição de interesses sociais e há de ser no sentido acessório, bem como, de ser feito somente à frente dos ataques mais intoleráveis sendo, neste sentido, subsidiário." (RODRÍGUEZ MOURULLO, Gonzalo. *Op. cit.,* p. 163). No mesmo sentido, afirma Cuesta Aguado sobre a acessoriedade do direito penal em relação ao direito administrativo mesmo nos crimes envolvendo energia nuclear e radiações ionizantes: "este ramo do direito, precisamente por seu caráter de *ultima ratio*, deve limitar sua intervenção a um papel puramente subsidiário e acessório à decisão política da assunção dos riscos derivados da aplicação pacífica da energia nuclear e a regulação que de tal emprego realize o direito civil ou o administrativo. Quer dizer que, por um lado, ao Direito Penal não compete pronunciar-se sobre o conteúdo, o modo e os limites das atividades relacionadas com o uso de energia nuclear e radiações ionizantes – esta é uma opção, primeiro, política sobre o "se" e o "até onde" e, segundo, de desenvolvimento da legislação administrativa que desenvolve a opção realizada -. E, por outro, significa que a regulação jurídico-penal deve ser, em todo caso, acessória – em sentido material – ou subsidiária da administrativa. Isto é, a regulação administrativa deve limitar completamente os âmbitos, formas, modos e meios de atuação no campo da energia nuclear e radiações ionizantes e a regulação jurídico-penal deve depender de dita regulação prévia, como corresponde ao último meio de controle social" (CUESTA AGUADO, Paz Mercedes de la. De los delitos relativos a la energia nuclear y radiaciones ionizantes. In: TERRADILLOS BASOCO, Juan. *Op. cit.,* p. 110, tradução livre da autora).

4.2 Modelos de Acessoriedade Administrativa

A doutrina especializada cita que as técnicas de acessoriedade administrativa podem ocorrer por três diferentes modos nos crimes ambientais: acessoriedade conceitual; normativa ou de direito administrativo; e, a acessoriedade de ato administrativo[553].

Cada uma destas modalidades será especialmente elucidada no estudo a seguir, verificando-se os principais problemas relacionados e as possíveis formas de solução das técnicas de reenvio.

4.2.1 Da Acessoriedade Conceitual e os problemas interpretativos

De acordo com as precisas lições de Helena Regina Lobo da Costa, a acessoriedade conceitual é aquela que se utiliza quando a norma penal ambiental necessita de complementação através de conceitos do direito administrativo como elementares típicas, ou ainda, quando remete, de maneira

---

553 É possível, inclusive, que uma mesma norma faça referência a duas ou mais formas de acessoriedade administrativa ao mesmo tempo, conforme defendido por Figueiredo Dias em relação aos crimes ambientais no Código Penal Português. Segundo o autor, a fim de superar as dificuldades e incertezas dos destinarários numa área legislativamente tão vasta como a Administrativa Ambiental, defende-se a *acessoriedade dupla: de norma(ou de direito) e de ato administrativo*. Isso porque, conforme justifica: "uma pura acessoriedade de acto conferiria à Administração uma discricionariedade que poderia, em certas hipóteses, acarretar para o destinatário da norma penal uma insegurança (quando não, da sua perspectiva, um arbítrio) inaceitável, por estar em larga medida posta em causa a determinabilidade do tipo, sob a forma de tipo de garantia. Enquanto uma acessoriedade só de direito poderia esquecer ou ao menos minimizar a importância e mesmo à necessidade de um conjunto de actos administrativos concretos – autorizações, licenças, concessões... – legalmente exigidos e efectivamente indispensáveispara actuar as relações entre a Administração e os particulares; para *aplicar* ao caso a norma; e, não por último (...) para dar claramente a entender ao destinatário da norma a razão de ser do comando e, por aí, a ligação da conduta permitida ou imposta à proteção do ambiente e, por conseguinte, à tutela de um bem jurídico ecológico" (*Op. cit.*, p. 194).

genérica, a um determinado conceito[554].

De acordo com Costa, este tipo de acessoriedade não gera maiores problemas à taxatividade ou à segurança jurídica inerente às normas penais, pois acredita que, neste caso, a norma penal deverá delimitar "materialmente o espaço a ser preenchido pelo direito administrativo – devendo, como sempre, evitar a utilização de termos amplos e genéricos"[555].

Por sua vez, Greco discorda que seja uma mera complementação conceitual, pois acredita que em muitos destes conceitos, a acessoriedade se dará a partir de atos administrativos concretos para a elucidação do conteúdo proibitivo[556].

Entretanto, discorda-se do sustentado pelo autor acima, pois nem sempre a complementação conceitual remeterá a atos administrativos concretos, e, muitas vezes, o conceito serve justamente para delimitar o caráter subsidiário do Direito Penal Ambiental, fazendo-se referência a conceitos específicos do Direito Administrativo para, inclusive, restringir a sua esfera de proteção, que neste último ramo se dá de forma mais abrangente.

Conforme bem salienta Carvalho, não se deve confundir a remissão *interpretativa* com a remissão *em bloco*. Na primeira hipótese trata-se de uma

---

554 COSTA, Helena Regina Lobo da. *Op. cit.*, p. 193. Para ilustrar alguns exemplos deste tipo de acessoriedade, basta, conforme leciona a autora, relacionar os tipos penais previstos nos artigos 38 e 39 da Lei n. 9.605/98, que fazem referência ao termo "floresta de preservação permanente". Este conceito só poderá ser interpretado à luz das regras ambientais de direito administrativo, constante nas demais normas assim relacionadas (cite-se: Lei n. 12.651/2012, art. 3º, II e algumas Resoluções do CONAMA 302, 303 e 369). Cite-se também o art. 40 da Lei de Crimes Ambientais, que traz o termo "unidades de conservação", que precisará de interpretação com base nos artigos 7º a 13 da Lei 9.985/2000.

555 COSTA, Helena Regina Lobo da. *Op. cit.*, p. 193.

556 GRECO, Luis. Direito Penal e Direito Administrativo no Direito Penal Ambiental: uma introdução aos problemas da acessoriedade administrativa. In: *Revista Brasileira de Ciências Criminais* n. 58, pp. 152-194, jan./fev. 2006, pp. 159-160.

acessoriedade meramente conceitual, onde o "tipo penal contém elementos cujo exato conteúdo é esclarecido pela normativa administrativa"[557]. Em outras palavras: "a normativa extrapenal é necessária para interpretar ou integrar um elemento típico"[558].

Já na segunda, trata-se de uma situação altamente criticada na doutrina[559], pois ocorre que o legislador delega à esfera extrapenal a tarefa de definir um dos elementos típicos. Ou seja, na remissão em bloco, é uma hipótese em que o legislador penal não define a conduta, apenas incrimina a desobediência administrativa, numa hipótese de absoluta acessoriedade em relação ao ramo extrapenal.

Em atenção às exigências da remissão *interpretativa* ou acessoriedade *conceitual* que aqui se explana, denota-se, como salienta GARCÍA ARÁN, que a interpretação exigida para adequar o conceito à norma penal deve ser preferivelmente literal, restritiva e não-analógica, assim como se espera da interpretação dos demais elementos descritivos ou normativos em direito penal[560].

---

557 CARVALHO, Érika Mendes de. *Op. cit.*, p. 318.

558 Neste sentido: GARCÍA ARÁN, Mercedes. Remisiones normativas, leyes penales em blanco y estructura de la norma penal. *Estudios penales y criminológicos*. Santiago de Compostela: Universidad de Santiago de Compostela, 1993, t. XVI, p. 72. Disponível na Internet em: http://portal.uclm.es/portal/page/portal/IDP/Revista%20Naranja%20(Documentos)/Num_16/REMISIONES%20NORMATIVAS.pdf. Acesso em dez.2012. (tradução livre da autora)

559 GARCÍA ARÁN, Mercedes. *Op. cit.*, pp. 71-72. Segundo a autora, a remissão em bloco é "aquela em que a infração da normativa administrativa se converte em um elemento típico."(tradução livre da autora)

560 GARCÍA ARÁN, Mercedes. *Ibidem*, p. 80. Utilizando-se um exemplo simples: se o conceito é "floresta de preservação permanente" não se pode utilizar de analogia para abranger outros tipos de florestas disciplinadas nas normas de direito administrativo, por expressa vedação penal à interpretação analógica *in malam partem*. Utiliza-se o conceito de fonte diversa, porém, os princípios e o conteúdo incriminatório

Diante do que foi exposto, não havendo interpretações diversas[561] sobre o mesmo termo nas duas esferas, este tipo de acessoriedade não trará problemas na legitimação da atuação do direito penal, pautada numa dependência relativa do Direito Administrativo.

4.2.2 Da Acesssoriedade Normativa ou de Direito Administrativo

A acessoriedade normativa ocorre quando o tipo de reenvio exige uma complementação da norma ou do Direito Administrativo, no sentido de sua normativa geral (leis, decretos, portarias, etc.). Tais exemplos podem ser conferidos nos artigos 38 e 56 da Lei de Crimes Ambientais Nacional[562].

Para González Guittián, a acessoriedade normativa ou de Direito é uma das formas em que mais se vincula o Direito Penal ao Direito Administrativo, uma vez que a tipicidade penal necessita dos deveres jurídico-administrativos como elementos adicionais[563].

Costuma-se afirmar que quando o preceito incriminador necessita de complementação normativa relaciona-se às espécies das "normas penais em branco".

O grande embate doutrinário neste tipo de acessoriedade reside na potencial ofensa desta técnica aos preceitos dos princípios da: legalidade, da igualdade e da segurança jurídica, inarredáveis dos padrões clássicos do Direito Penal, conforme será debatido a seguir.

---

permanecem os que já estão em conformidade com a norma penal.

561 Cf. LOBATO, José Danilo Tavares. Acessoriedade administrativa, princípio da legalidade e suas (in)compatibilidades no direito penal ambiental. In: *Revista Brasileira de Ciências Criminais*, São Paulo, v. 18, n. 83, p.120-162, mar./abr. 2010, p. 129.

562 COSTA, Helena Regina Lobo da. *Ibidem*, p. 195

563 GONZÁLEZ GUITIÁN, Luis. Sobre la accesoriedad del Derecho penal en la protección del medio ambiente. In: *Revista de Estudios penales y criminológicos*, Universidad Santiago de Compostela, 1977, p. 122 e ss.

a) Das Leis Penais em Branco e o Princípio da Legalidade Penal

Antes de se tratar do tema da acessoriedade normativa, relativo às leis penais em branco, procedendo-se a uma leitura principiológica, é preciso resolver esta questão, primeiramente, a partir do princípio da legalidade[564] no Direito Penal.

Segundo Mir Puig, o princípio da legalidade, decorrente da própria ideia de Estado de Direito, encontra um lugar sistemático destinado a impor limites ao exercício do *jus puniendi* estatal e, ao mesmo tempo, desdobra em rico conteúdo acerca da hierarquia das normas, que deve ser respeitada quando no momento de sua efetiva aplicação[565].

Para Enrique Bacigalupo, a lei penal tem uma função crucial na garantia da liberdade, que expressa-se no brocardo latino: *nullum crimen, nulla poena sine lege*[566], que significa que ninguém pode ser punido por nenhum fato que não tenha sido previamente trazido pela lei[567]. Independente de qualquer teoria da pena, o princípio da legalidade possui caráter fundamental no Direito Penal, como princípio constitucional geral e, como princípio penal específico[568].

---

564 O princípio da legalidade penal foi sustentado por Beccaria pela primeira vez, em repúdio às arbitrariedades cometidas pelo Antigo Regime na elaboração e aplicação dos crimes e das penas. Vide: BECCARIA, Cesare. *Op. cit.*, p. 24.

565 MIR PUIG, Santiago. *Ibidem*, p. 23.

566 De acordo com Welzel (*Derecho Penal Alemán*. Parte General. Trad. Bustos Ramírez e Yánes Pérez. Santiago: Jurídica de Chile, 1970, p. 20) este brocardo latino vem de Feuerbach, razão pela qual o princípio da legalidade ganhou consistência no período do Iluminismo, como forma de conter a arbitrariedade e os abusos de poder do Antigo Regime. Foi positivado pela primeira vez na Constituição Norte-Americana de 1776 e, logo depois, também na Declaração dos Direitos do Homem e do Cidadão de 1789.

567 BACIGALUPO, Enrique. *Op. cit.*, p. 103.

568 BACIGALUPO, Enrique. *Ibidem*, p. 104.

Este princípio vincula o legislador e os tribunais, no sentido em que, uma sanção penal só estará atendendo aos apelos da legalidade se estabelecida por: uma *lex praevia* (o que exclui, regra geral, a aplicação retroativa das leis penais[569]); uma *lex scripta* (o que, regra geral, afasta o direito consuetudinário ou a utilização de certas fontes informais, tais como o costume); que contenha as condições de uma *lex certa* (excluindo-se as "cláusulas gerais"), e, por fim, que seja interpreda estrita ou restritamente como uma *lex stricta* (o que proíbe a interpretação analógica em matéria penal)[570]. Além disso, contempla em si três sub-princípios ou garantias intrínsecas contra o poder estatal, quais sejam: a reserva legal; a determinabilidade ou taxatividade e a irretroatividade.

Em matéria de seleção de fontes, o princípio da legalidade, centra seus efeitos na exclusividade da lei como reguladora da matéria penal, em contraste com o que sucede nos demais ramos do ordenamento jurídico, tal como no direito administrativo e no direito civil, onde o poder sancionatório do Estado pode não depender totalmente da lei no sentido estrito. Eis aí o caráter da "reserva legal" para dispor sobre matéria penal, já que, num Estado Democrático de Direito, "a lei parlamentar[571] é ainda a expressão privilegiada do princípio democrático (daí a sua supremacia) e o instrumento mais apropriado e seguro para definir o regime jurídico de certas

---

569 No Brasil, conforme leciona Guilherme de Souza Nucci, a irretroatividade da lei penal encontra exceções no princípio do *favor rei*, de forma que, a lei penal não pode retroagir, salvo se em benefício ao réu. Entretanto, no que tange às leis temporárias e excepcionais, o art. 3º do Código Penal Brasileiro informa que estas não são afetadas pela retroatividade da lei penal mais benéfica posterior. (Cf. NUCCI, Guilherme de Souza. *Manual de Direito Penal*. Parte Geral. 8. ed. São Paulo: Revista dos Tribunais, 2012, p. 108 e ss.)

570 Cf. BACIGALUPO, Enrique. *Ibidem*, p. 105-106.

571 Ato legislativo fruto do processo legislativo. O postulado em si afasta o direito consuetudinário e a analogia que não sejam para beneficiar o réu.

matérias"[572]. Aliás, esta função legislativa tem a ver com a própria ideia de separação dos poderes e da teoria "dos pesos e contrapesos"[573].

Além disso, deste princípio decorre a necessidade de descrição das condutas puníveis com taxatividade[574], ou seja, o legislador deve abranger a generalidade das pessoas destinatárias da norma, discriminando, com certo rigor, a forma e os elementos indispensáveis para se configurar a ação ou omissão que o Direito Penal deve repelir para a proteção dos bens jurídicos. Desta forma, a analogia é um instituto que, via de regra, poderia abranger o alcance da norma penal, o que, é diametralmente oposto ao conteúdo limitador do poder estatal decorrente deste princípio.

E, com o preceito da irretroatividade da legalidade penal, garante-se ao cidadão que este não será punido por fatos definidos por lei como delito, anteriores à prática deste (anterioridade), bem como não lhe agravará sua condição se, posteriormente à prática do delito vier a ser publicada lei penal mais grave (irretroatividade em sentido estrito). Logicamente, esta garantia comporta exceções em caso de lei penal posterior que beneficiar o a condição do agente[575].

Ocorre que, em se tratando de matéria ambiental, alguns problemas envolvendo o princípio da legalidade merecem ser suscintamente explanados, sob pena de perda da sistematicidade e integração com os outros assuntos

---

572 CANOTILHO, J. J. Gomes. *Op. cit.*, p. 290.

573 Cf. COSTA, Helena Regina Lobo da. *Op. cit.*, p. 73. Sobre este assunto, Luiz Luisi afirma que trata-se de uma "reserva relativa" e não "reserva absoluta", pois na primeira hipótese admite-se a complementação por parte do Poder Executivo, enquanto que na "absoluta" não há nenhuma delegação de competência, já que só a lei penal tem competência para disciplinar toda a matéria. Vide: LUISI, Luiz. *Os princípios constitucionais penais*. 2. ed. Porto Alegre: Safe, 2003, p. 22.

574 WESSELS, Johannes. *Direito Penal: parte geral: aspectos fundamentais*. Trad. Juarez Tavares. Porto Alegre: Safe, 1976, p. 12.

575 NUCCI, Guilherme de Souza. *Op. cit.*, p. 108 e ss.

tratados pelo Direito Penal. Como será debatido a seguir, as duas grandes questões que surgem a este respeito são: as leis penais em branco e a recorrente complementação administrativa em matéria ambiental.

A regulação jurídico-penal do meio ambiente, assim como de outros setores (consumidor, economia popular etc.), por estar condicionada a fatores histórico-sociais e somado a inúmeras variáveis (de ordem técnica, difusa e complexa) que se alteram rapidamente, exigem uma atividade normativa frequente. Desta forma, a técnica legislativa que mais parece se adaptar a este contexto é a "lei penal em branco" (*Blankettstrafgesetze*)[576].

Na verdade, como bem assevera Rodríguez Mourullo o termo possui grande controvérsia doutrinal sob o equívoco de se tratar de uma norma penal "totalmente indefinida com um encargo de definição a outro ramo jurídico", o que não corresponde ao sentido esperado, qual seja: "uma norma penal que deixe uma parte da conduta delitiva sem definir e que a defira a um outro setor normativo"[577].

Conforme bem salienta Pablo Rodrigo Alflen da Silva, o conceito de "normas penais em branco" é vasto, bem como não é único na dogmática penal, dados os seus diversos aspectos e contrastes relativos aos novos âmbitos que passaram a requerer a proteção penal[578].

Em linhas gerais, pode se definir como lei penal em branco, aquela cuja "descrição da conduta incriminada encontra-se incompleta, dado que o legislador – propositalmente – deixa a cargo de outra instância legislativa (de mesmo nível ou de nível inferior) a tarefa de complementar o disposto no

---

576 Cf. PRADO, Luiz Régis. *Op. cit.*, p. 82. Aliás, desde que este termo foi criado por Karl Binding em 1872, na obra "Die normen und ihre übertretung", a técnica do reenvio vem ganhando cada vez mais importância no Direito Penal moderno (Cf. REYNA ALFARO, Luís Miguel. *Op. cit.*, p. 241).

577 RODRIGUEZ MOURULLO, Gonzalo. *Op. cit.*, p. 164. (tradução livre da autora)

578 Cf. SILVA, Pablo Rodrigo Alflen da. *Leis Penais em Branco e o Direito Penal do Risco.* Aspectos Críticos e Fundamentais. Rio de Janeiro: Lumen Juris, 2004, p. 57.

preceito legal"[579].

Para Hormazábal Malarée e Bustos Ramírez, as leis penais em branco tratam-se daqueles "supostos em que a descrição da matéria proibida não aparece em todos os seus extremos na lei que castiga o ato proibido, senão que dita descrição completa-se numa disposição de nível inferior"[580] (*v.g.* uma lei ordinária, um regulamento ou uma ordenação).

Para Pablo Alflen, as leis penais em branco também se classificam a partir da origem da norma complementadora, apresentando-se no seu sentido estrito ou no seu sentido amplo. As primeiras dizem respeito às também denominadas normas penais em branco próprias (heterogêneas), quando o tipo penal se remete a normas editadas por poder diverso do legislativo[581] (v.g. executivo). Já as em sentido amplo (ou também denominadas de

---

579 CARVALHO, Érika Mendes de. *Op. cit.,* p. 313.

580 BUSTOS RAMÍREZ, Juan J. HORMAZÁBAL MALARÉE, Hernán. *Op. cit.,* p. 91. (trad. livre da autora)

581 Nas leis brasileiras que tratam de crimes ambientais, seja na Lei n. 9.605/1998 ou nas demais, é grande o número de tipos penais que contêm as expressões: "sem a devida permissão, licença ou autorização da autoridade competente, ou em desacordo com a obtida" e "utilizá-la com infringência das normas de proteção", cujo conteúdo depende de normas, em sua grande maioria, administrativas. Aliás, a competência para editar normas administrativas sobre padrões, licenças e permissões ambientais, segundo o IBAMA, é da União, mas está sujeito às normas procedimentais administrativas municipais, estaduais e/ou federais. Segundo o site do IBAMA: "As principais diretrizes para a execução do licenciamento ambiental estão expressas na Lei 6.938/81 e nas Resoluções CONAMA nº 001/86 e nº 237/97. Além dessas, recentemente foi publicado a Lei Complementar nº 140/2011, que discorre sobre a competência estadual e federal para o licenciamento, tendo como fundamento a localização do empreendimento." (BRASIL. Ministério do Meio Ambiente. Instituto Brasileiro do Meio Ambiente e dos Recursos Naturais Renováveis. *EIAs - Relatórios - Monitoramento disponíveis.* Disponível na Internet em: http://www.ibama.gov.br/licenciamento/. Acesso em: jun.2012.) Desta forma, percebe-se o quanto é complexa a matéria complementar administrativa a que se referem as leis penais ambientais.

impróprias ou homogêneas) são aquelas em que o preceito complementar advém das regulamentações da própria lei[582] ou de outra lei, com origem comum[583], portanto, em ambos os casos, vinculadas ao poder legislativo[584].

Não se pode confundir as normas penais em branco com quaisquer formas de complementação dos tipos penais por outros ramos do direito, tal como recorrente na proteção penal ambiental, a intensa complementação por meio do direito administrativo. Segundo Mata Barranco[585], o tipo penal ambiental pode ser complementado por termos advindos do direito administrativo de três formas: por meio de um conceito, por meio de uma norma (como *in casu,* as leis penais em branco heterogêneas) e por meio de um ato administrativo concreto. Helena Regina ainda afirma que, por vezes, pode

---

582 Exemplo desta lei penal em branco é a do crime de pesca previsto no art. 35, cuja complementação encontra-se no art. 36 da própria Lei 9.605/1998, veja-se: "Art. 35. *Pescar* mediante a utilização de: I - explosivos ou substâncias que, em contato com a água, produzam efeito semelhante; II - substâncias tóxicas, ou outro meio proibido pela autoridade competente (...); art. 36. Para os efeitos desta Lei, *considera-se pesca todo ato tendente a* retirar, extrair, coletar, apanhar, apreender ou capturar espécimes dos grupos dos peixes, crustáceos, moluscos e vegetais hidróbios, suscetíveis ou não de aproveitamento econômico, ressalvadas as espécies ameaçadas de extinção, constantes nas listas oficiais da fauna e da flora." (grifos acrescidos ao original)

583 A citar, como exemplo, o conceito de "área de preservação permanente" trazido no *caput* do art. 38 da Lei 9.605/1998 ("Art. 38. Destruir ou danificar floresta considerada de preservação permanente, mesmo que em formação, ou utilizá-la com infringência das normas de proteção(...)"), que, na verdade, o conceito é trazido pela lei n. 12.651 de maio de 2012 (que revogou o Código Florestal – Lei 4.771/65), em seu artigo 3º, II ("Art. 3o Para os efeitos desta Lei, entende-se por: II - Área de Preservação Permanente - APP: área protegida, coberta ou não por vegetação nativa, com a função ambiental de preservar os recursos hídricos, a paisagem, a estabilidade geológica e a biodiversidade, facilitar o fluxo gênico de fauna e flora, proteger o solo e assegurar o bem-estar das populações humanas(...)").

584 Cf. SILVA, Pablo Rodrigo Alflen da. *Op. cit.*, p. 66 e ss.

585 Cf. MATA BARRANCO, Norberto J. de la. *Op. cit.*, p. 77. Neste mesmo sentido: HAVA GARCÍA, Esther. *Op. cit.*, p. 275-281.

haver mais de uma forma de complementação no mesmo tipo penal[586], como por exemplo a norma prevista no art. 38[587] da Lei 9.605/98, que traz tanto a complementação conceitual ("área de preservação permanente") e a normativa ("infringência de normas de proteção").

Rodríguez Ramos, partindo do pressuposto de uma relação de acessoriedade relativa do direito penal em relação ao direito administrativo, afirma que a complementação normativa ambiental poderá acontecer em três momentos distintos, quais sejam: a) a conduta de emissão deve decorrer de atividade clandestina ou de desobediência às normas expressas que determinam a suspensão ou instalação de medidas protetoras; b) a emissão deve ser atentatória ao ambiente, de acordo com os moldes regulamentares; c) nas hipóteses que agravam a situação anterior já contaminada, é por meio dos regulamentos que determinam os aspectos protetivos especiais[588].

Apesar das vantagens destes preceitos normativos em se possibilitar maior "flexibilidade e agilidade de adaptação do Direito Penal às mudanças da realidade social em assuntos especialmente complexos e tecnificados, garantindo-se maior estabilidade e continuidade para a normativa penal

---

586 Cf. COSTA, Helena Regina Lobo da. *Op. cit.,* p. 191 e ss.

587 BRASIL. Lei 9.605/98. "Art. 38. Destruir ou danificar floresta considerada de preservação permanente, mesmo que em formação, ou utilizá-la com infringência das normas de proteção: (...)".

588 RODRIGUEZ RAMOS, Luis. Protección penal del médio ambiente. In: *Revista de Derecho Penal,* n. 1, 1982, p. 274.

238

ambiental"[589], há autores que se opõem[590] a este tipo de remissão normativa, sustentando a inconstitucionalidade material e orgânica, através de algumas das razões principais abaixo elencadas.

A primeira grande objeção reside em torno da cognoscibilidade do delito por parte dos destinatários da norma penal, violando-se o princípio da taxatividade da lei penal e o da segurança jurídica, já que a determinabilidade do tipo (*nullum crimen sine lege certa*) seria insuficiente. Sustenta-se, assim, que as normas penais em branco poderiam dificultar que as pessoas pudessem apreender o conteúdo das condutas puníveis apenas com base na mera leitura correspondente à da lei penal[591]. Analisando-se por exemplo, os artigos 38 e 38-A da Lei 9.605/98 (Lei de Crimes Ambientais Brasileira), verifica-se que, esta primeira objeção, estaria na remissão ao termo "utilizá-la com infringência das normas de proteção", cujo conhecimento do conteúdo proibitivo está em outros corpos normativos.

A segunda crítica refere-se à legitimação das leis penais em branco "próprias" (*heterogêneas* ou *em sentido estrito*) diante da remissão a normas

---

589 BLANCO LOZANO, Carlos. *Op. cit.*, p. 712. (trad. livre da autora). Em sentido análogo: CARBONELL MATEU, Juan Carlos. *Derecho Penal*: concepto y princípios constitucionales. Valencia: Tirant Lo Blanch, 1995, p. 103. O autor afirma que a função das leis penais em branco é evitar a estagnação do direito penal, superando-se, assim, sua estagnação, bem como, garantindo-se a segurança jurídica ao se evitar repetidas reformas para abarcar as minúcias da rapidez com que ocorrem as mudanças sociais. Cite-se também: Morillas Cuevas, Lorenzo, que remete também à necessidade das normas penais para se evitar a "motorização legislativa" enunciada por Carl Schmidt.

590 Há autores que se opõem de forma absoluta ou irrestrita (como: JESCHECK, Hans-Heinrich. *Tratado de derecho penal*. Trad. Manzanares Samaniego. Granada: Editorial Comares, 1993, p. 335; COBO DEL ROSAL, Manuel; BOIX REIG, Javier. Garantías constitucionales del Derecho sancionador, In: *Comentarios a la legislación penal I*, Madrid: Editorial Edersa, 1982, p. 200), enquanto outros lançam objeções de forma relativa, agregando alguns critérios para a legitimação das normas penais em branco (como BACIGALUPO ZAPATER, Enrique. *Op. cit.*, p. 205).

591 Cf. RODRÍGUEZ MOURULLO, Gonzalo. *Op. cit.*, p. 164.

complementadoras de nível hierárquico normativo inferior, numa escala de comparação com as Leis Ordinárias, o que, delega-se ao Executivo o poder de definição do delito (autoridade ilegítima para descrever comportamentos criminosos)[592], violando-se o princípio da reserva legal e o da separação dos poderes.

Conforme assinala Enrique Bacigalupo, eis o grande problema das leis penais em branco, justamente, em relação à instância que edita a complementação do preceito penal: se tal aparato não tem competência penal, isso terá significação constitucional; mas, se por outro lado, a autoridade que sanciona a proibição ou o mandato complementar tem competência penal, não haveria maiores problemas, a não ser os inerentes à remissão legislativa[593].

Outra questão importante a ser considerada é acerca de quais são as condições em que uma norma, sem hierarquia legal (resoluções, regulamentos, portarias etc.) poderá complementar uma lei penal em branco. A resposta, Bacigalupo entende que irá depender de quais são os direitos afetados pelo mandato ou pela proibição[594].

Tanto no Brasil, quanto em vários outros Estados Nacionais, a competência de legislar sobre a matéria penal[595] é privativa do Poder Legislativo no âmbito federal. Neste sentido, quando uma lei penal em branco remete a normas do direito administrativo, isso poderia representar uma ofensa no primado da "reserva de lei", já que não cabe à Administração (Poder Executivo) legislar sobre direito penal.

Discorre Terradillos Basoco que a reserva de lei, sempre que o legislador

---

592 Cf. RODRÍGUEZ MOURULLO, Gonzalo. *Ibidem*, p. 164.

593 Cf. BACIGALUPO, Enrique. *Op. cit.*, p. 158 e ss.

594 Cf. BACIGALUPO, Enrique. *Ibidem*, p. 160.

595 Constituição da República Federativa do Brasil: "Art. 22. Compete privativamente à União legislar sobre: I - direito civil, comercial, penal, processual, eleitoral, agrário, marítimo, aeronáutico, espacial e do trabalho (...)".

penal mantenha o monopólio sobre os elementos essenciais da matéria de proibição, é assim compatível com a remissão contingente ou acidental aos regulamentos. Estes não se limitam, entretanto, à mera descrição formal da conduta, é necessária a determinação na lei penal do "valor a proteger"[596].

Por sua vez, Mestre Delgado sustenta uma terceira objeção que considera intolerável, no sentido de que, por se relegar à normativa os limites inflexíveis do risco permitido, acabam por, certas vezes, em razão de lacunas ou omissões legais, esquecendo de abranger outras condutas também gravemente contaminadoras por ausência de previsão em ato normativo executivo, tais como portarias, regulamentos etc.[597]

E, por último, uma objeção é sustentada naqueles Estados em que, assim como no Brasil[598] e na Espanha[599], as competências administrativas

---

596 TERRADILLOS BASOCO, Juan. *Delitos relativos a la protección del patrimonio*. In: TERRADILLOS BASOCO, Juan (org.). *Derecho Penal del Medio Ambiente*. Madrid: Ed. Trotta, 1997, p. 46.

597 MESTRE DELGADO, Esteban. Limites constitucionales de las remisiones normativas em materia penal. In: *Anuario de Derecho Penal y Ciencias Penales*, 1988, p. 524.

598 A Constituição da República Federativa do Brasil de 1988 prevê no art. 23, III, VI, VII, a competência comum da União, Estados, Distrito Federal e Municípios para aspectos materiais de proteção ao meio ambiente. Já no art. 24, VI, VII, VIII, da referida Carta Magna, foi prevista competência concorrente para legislar sobre matéria ambiental, inclusive assuntos ligados à responsabilidade por dano ao meio ambiente. Neste sentido, divergentes são as posições de José Afonso da Silva (*Op. cit.*, p. 300 e ss.) e de Édis Milaré (*Op. cit.*, p. 204) sobre competência legislativa penal, civil e administrativa ambiental, entendendo o primeiro que quando se fala em legislar sobre responsabilidade ambiental, incluem-se as três formas; para o segundo autor, logicamente, somente se estaria referindo à competência legislativa administrativa sobre matéria ambiental.

599 Cite-se o problema espanhol acerca da remissão normativa quando a competência das normas regulamentares cabe às comunidades autônomas, o que foi reconhecido pelo Tribunal Superior Espanhol (STC 57/1985, 87/1985, 79/1990) como sendo um caso de "colaboração" legítima para o elemento típico do delito e sem ofender o princípio da isonomia, já que as leis devem ser válida para todo o território nacional e as sanções administrativas não podem se diferir de uma localidade para outra se não houver

ambientais são descentralizadas, a falta de uniformização da legislação penal pode fazer com que haja disparidades no tratamento penal em relação a uma localidade e outra na mesma província/estado ou em regiões diferentes[600]. Isso, à primeira vista, poderia ofender o princípio da isonomia ou igualdade constitucionalmente assegurado[601].

Não obstante tais inconvenientes, é possível se exigir alguns critérios para que esta técnica de reenvio ao direito administrativo não seja tratada como inconstitucional, tal como já pacificaram a maioria dos Tribunais dos países que a têm utilizado para tutelar o meio ambiente e outras searas

---

justificativa razoável, levando-se à compreensão de que a igualdade pode ser relativizada se houver justificações plausíveis para tanto. Este entendimento do Tribunal não é de comum acordo da doutrina espanhola, cite-se: GARCÍA ARÁN, Mercedes. *Op. cit.*, p. 95 e ss. Além desta questão, Heine, num de seus trabalhos recentes, trouxe à tona os problemas interpretativos gerados com a "acessoriedade ao direito europeu", já que muitas vezes o direito penal nacional remete à normativa de proteção ambiental da União Européia. Sobre este assunto: HEINE, Günther. Recenti sviluppi e principali questioni del diritto penale dell'ambiente in Europa. In: *Rivista Trimestrale di Diritto Penale Dell'Economia*, Padova, v. 24, 1-2, p.105-136, jan./jun. 2011.

600 No Brasil, sustenta esta vertente, alegando que além de ser uma violação ao princípio da isonomia, trata-se de clara hipótese de punição por mera desobediência administrativa: LOBATO, José Danilo Tavares, *Op. cit.*, p. 131.

601 RODRÍGUEZ MOURULLO, Gonzalo. *Op. cit.*, p. 165.

equivalentes (Brasil[602], Espanha[603], Alemanha[604] etc.).

O primeiro requisito para a constitucionalidade desta técnica legislativa consiste na exigência de que a *remissão* deve se fazer de *modo expresso na norma penal*. Ou seja, deve-se deixar claro qual o corpo normativo no qual poder-se-á buscar o complemento[605].

---

602 O Supremo Tribunal Federal Brasileiro, em vários acórdãos (AP 396, Inq 1811, Inq 2245, Pet 3927, MS 25458, MS 27613, HC 31832, RHC 81327, HC 97034, HC 99222, HC 99581, HC 103245, RE 107862, RE 179502, RE 577012 AgR; STJ: REsp 632947; TSE: HC 294, RHC 65; TRE/SP: RC 118785, RC 122421) reconhece a constitucionalidade das normas penais em branco, desde que se faça expressa previsão da normativa complementar e que o conteúdo incriminador esteja delimitado no tipo penal. (BRASIL. SUPREMO TRIBUNAL FEDERAL. *Acórdãos*. Disponível em: http://www.stf.jus.br/portal/jurisprudencia/listarJurisprudencia.asp?s1=%28%22norma+penal+em+branco%22%29&base=baseAcordaos. Acesso em dez.2012).

603 O Tribunal Constitucional Espanhol em diversas sentenças reconheceu a constitucionalidade das leis penais em branco (cf. SSTC 97/1985, 127/1990, 62/1994, 122/1997 e 3/1988) desde que atendidos três quesitos: que o reenvio normativo seja expresso; que esta técnica seja necessária dada a natureza intrínseca do bem jurídico protegido e que, o tipo penal traga os elementos essenciais do delito. Cf. RODRÍGUEZ MOURULLO, Gonzalo. *Op. cit.*, p. 165; HERRERA GUERRERO, Mercedes. Derecho penal medioambiental y accesoriedad administrativa en la configuración de algunos delitos en el Código Penal español. Inconvenientes y propuestas de solución. In: *La Ley Penal:* revista de derecho penal, procesal y penitenciario, Madrid, v. 7, n. 76, p. 49-63, nov. 2010, p. 51 e ss.

604 Na Alemanha (Cf. HEINE, Günther, *Op. cit.*, p. 55), bem como em Portugal (Ac. TC n. 427/95), os respectivos Tribunais Constitucionais também reconheceram a constitucionalidade das normas penais em branco com os quesitos semelhantes aos do Tribunal Espanhol acima citados. Neste sentido: PINTO, Inês Horta. *Op. cit.*, p. 42;

605 García Arán (*Op. cit.*, p. 82) afirma que se as normas devem ser publicadas no Boletim Oficial do Estado, não há objeções de que a cognoscibilidade estaria afetada e, portanto, não há que se falar em ofensa ao princípio da segurança jurídica. Entretanto, adverte para aqueles casos em que as remissões levam a uma "selva normativa", que, mesmo publicadas e vigentes, deixam inúmeras dificuldades para precisar o âmbito da

Além disso, esta *remissão não pode ser integral*, mas sim, meramente parcial, acidental, haja vista que um modelo de acessoriedade legítimo, é um modelo relativo. Faz-se de suma importância que o tipo penal descreva com clareza o conteúdo proibitivo ou os elementos essenciais do delito, para que, apenas um dos elementos normativos careça da complementação, sem que se prejudique o entendimento do agente quanto à determinação do "quê" realmente a norma penal está punindo[606].

Segundo Tiedemann, os elementos essenciais da proibição que devem conter na norma penal são: o desvalor da conduta, o desvalor do resultado, o âmbito de lesão ou colocação em perigo do bem jurídico e, mediante quais condutas podem levar a cabo tal afetação ao bem jurídico[607]. Aliás, o autor considera que a aceitação das normas penais em branco se deve justamente por razões de segurança jurídica, já que o reenvio promove menor possibilidade de sanção múltipla, atentando-se ao princípio do *ne bis in idem*[608].

---

punição.

606 Conforme cita Jakobs, remontando a Mezger (*Derecho Penal. Parte General.* Buenos Aires: Editorial Bibliografica Argentina S. R. L., 1958), o essencial é que haja "a valoração paralela na esfera do profano ou rol de pessoa comum", ou seja, o indivíduo ao se deparar com uma norma penal em branco, deve conhecer o seu significado global, valorativo ou de sentido do elemento normativo e não somente os pressupostos fáticos. Neste sentido: JAKOBS, Günther. *Derecho Penal.* Parte General. Trad. J. Cuello Contreras e J. L. S. Gonzalez de Murillo. Madrid: Marcial Pons, 1995; Idem. *Dogmática de derecho penal y la configuración normativa de la sociedad.* Trad. Jacobo López Barja de Ouiroga. Madrid: Civitas Editores, 2004; Idem. *La imputación objetiva en el derecho penal.* Dirección Editorial de Dr. Rubén Viliela. Buenos Aires: Editorial AD HOC, 1997; *La imputación objetiva en Derecho Penal.* Trad. M. Cancio Meliá. Madrid: Civitas, 2000; GUDÍN RODRÍGUEZ-MAGARIÑOS, Faustino. Protección jurídica del derecho medioambiental: dónde situamos la barrera jurídico-punitiva?. *Revista de Derecho Penal,* Buenos Aires, n. 2, p.467-504, 2007, p. 497.

607 TIEDEMANN, Klaus. *Tatbestandfunktionan im Nebenstrafrecht,* Tubinga, 1969, p. 421 e ss. *apud* GARCÍA ARÁN, Mercedes, *Ibidem,* p. 85.

608 TIEDEMANN, Klaus. El Derecho Penal del Ambiente. Cuestiones Dogmáticas

244

O fato de os crimes ambientais fazerem referência à normativa ou ao direito administrativo específico ambiental, não viola o princípio da taxatividade nem da segurança jurídica, uma vez que, as pessoas (físicas ou jurídicas) a que se destinam as exigências ambientais, devem ter conhecimento não só dos preceitos incriminadores, mas, sobejamente, das exigências civis e administrativas necessárias.

Neste caso, o conhecimento do conteúdo normativo depende mais da publicidade que se dá às normas do que em relação às suas características ontológicas (se penal ou administrativa), pois ambas são publicadas no mesmo veículo de comunicação, não se podendo alegar que se conhece uma e não a outra.

Outro requisito indispensável para a constitucionalidade das leis penais em branco reside na real *necessidade de utilização desta técnica* em razão das condições do *bem jurídico* tutelado. No que tange ao meio ambiente, por exemplo, haveria grande dificuldade em se compreender as minúcias técnicas dos preceitos relacionados à proteção de seus elementos, dadas as inúmeras variantes (de ordem física, biológica, geográfica etc.), que, jamais poderiam ser completamente abarcadas pelo preceito penal[609].

Além disso, os padrões de risco permitido e proibido são objeto de constantes pesquisas científicas, e, portanto, altamente modificáveis, o que, exigiria uma atividade legiferante altamente constante e casuística, dificultando-se a segurança jurídica nos preceitos incriminadores[610].

Desta feita, há que se relativizar um dos elementos normativos do tipo penal, o que diz respeito à complementação normativa administrativa, em

---

Novedosas. In: MAZUELLOS COELLO, Julio (Comp.), p. 260 *apud* REYNA ALFARO, Luís Miguel. *Op. cit.*, p. 247.

609 Conforme assinala Carvalho (*Op. cit.*, p. 313), é frequente o uso de leis penais em branco na disciplina de matérias "cuja dinamicidade e constante evolução exigem que a normativa penal se adapte rapidamente à evolução científica e tecnológica".

610 MATA BARRANCO, Norberto Javier de la. *Op. cit.*, p. 84.

razão da necessidade de proteção adequada e eficiente ao bem jurídico ambiental tutelado nos delitos ecológicos.

Luzón Peña inclusive traduz este quesito no "Princípio de justificação da remissão somente quando estritamente necessário", o qual justifica o reenvio a normas extra-penais e inclusive de (nível hierárquico normativo inferior) com a finalidade de se determinar, com precisão, a delimitação do âmbito proibido e permitido, nos contextos em que "necessariamente" a norma penal em branco é uma técnica exigível, devido aos conceitos técnicos que se encontram contidos nas normas administrativas. E mais: impõe as exigências ao legislador quanto ao núcleo essencial da proibição e a descrição de todos os elementos típicos (sejam eles objetivos e subjetivos) que possam determinar precisamente o sentido da conduta penalmente proibida[611].

Antes que pudesse se questionar a inconstitucionalidade destas normas, do ponto de vista da garantia trazida pelo princípio da legalidade, é preciso aceitar tal risco em razão de que, determinadas matérias, pela sua própria essência, não conseguem ser abarcadas totalmente dentro de um tipo penal, de forma que se torna indispensável a remissão a outra norma que, inclusive, pode ser inferior (na escala hierárquica constitucional)[612].

Sobre a pretensa inconstitucionalidade ao princípio da isonomia, no sentido de que, em razão de normativas administrativas de nível inferior, a matéria punitiva seja tratada de modo desigual entre, por exemplo, Estados ou regiões diferentes (e com competências legislativas ambientais concorrentes), também não merece esta objeção prosperar.

Veja-se, num país como o Brasil, dotado de uma biodiversidade invejável, em que há uma vastidão de ecossistemas de características totalmente diferentes (cite-se a riqueza da mata atlântica e a aridez do sertão

611 LUZÓN PEÑA, Diego-Manoel. *Curso de Derecho penal, Parte General I*. Madrid: Editorial Universitas, 1996, p. 151.

612 Cf. BUSTOS RAMÍREZ, Juan J.; HORMAZÁBAL MALARÉE, Hernán. *Op. cit.*, p. 91.

nordestino), seria impossível ignorar que no âmbito de suas competências constitucionais, os Estados e os Municípios deverão levar em conta estas peculiaridades locais para a melhor proteção e adequação das normas administrativas[613].

E, como já enfatizado, a norma penal em branco constitucional ou legítima contém os elementos essenciais incriminadores (núcleo central de proibição) claramente definido pelo direito penal. Deste modo, as eventuais diferenças nas complementações remissivas são plenamente justificáveis do ponto da isonomia (*"tratar os iguais igualmente, os desiguais desigualmente"*), em razão das necessidades de tratamento distinto em relação às diversas condições holísticas ambientais.

Para que uma norma penal em branco não seja inconstitucional à garantia emanada pelo princípio da legalidade, é preciso comprovar, caso a caso, a possibilidade ou não de remissão a uma norma regulamentar ou lei ordinária, admissão esta que será condicionada à imperiosa necessidade de a lei penal em branco conter e concretizar os elementos essenciais do ilícito punível. Em outras palavras, é como se o legislador trouxesse o conteúdo básico ou elementar no tipo penal, e, as normas complementares trouxessem apenas condições, circunstâncias, limites e demais aspectos meramente como complementação, mas jamais poderão definir o conteúdo principal proibitivo da norma[614].

Ainda neste diapasão leciona Régis Prado, que desde que utilizada com parcimônia pelo legislador, as normas penais em branco podem sim respeitar o princípio da legalidade, e, assim, serem tidas como constitucionais. Entretanto, adverte que, mesmo sendo o meio ambiente um bem jurídico com estrutura autônoma e específica, não se deve olvidar que o preceito da norma penal em branco deve, primeiramente, conter a descrição do núcleo

---

613 BUGALHO, Nelson Roberto. *Op. cit.*, p. 316-317; CARVALHO, Érika Mendes de. *Op. cit.*, p. 318.

614 BUSTOS RAMÍREZ, Juan J. HORMAZÁBAL MALARÉE, Hernán. *Op. cit.*, p. 92.

essencial da conduta proibida ou determinada, e, segundo, deve fixar com transparência os precisos limites de sua integração com outro(s) diploma(s) normativo(s), já que, o referido conteúdo só pode ser delimitado pelo poder competente, em razão do princípio da reserva legal[615].

A legitimidade das normas penais em branco está, justamente, na obediência às restrições que lhe são impostas, sejam elas a partir da precisa descrição do comportamento cominado penalmente e a valoração das razões técnicas e político-criminais muito precisas e evidentes, que levem à inescusável utilização da técnica, o que, é, segundo este entendimento, o caso dos crimes contra o meio ambiente.

Diante dessas premissas, importante se faz, agora, traçar algumas considerações acerca da chamada "acessoriedade de atos administrativos" para a compreensão das demais formas de reenvio aos tipos penais ambientais.

4.2.3 Da Acessoriedade de Ato Administrativo

A acessoriedade de ato administrativo ocorre quando o tipo penal ambiental faz referência a condutas pautadas em (ou em realizadas sem): licenças, permissões ou autorizações emanadas pela Autoridade Administrativa competente por fiscalizar o controle de determinadas atividades potencialmente poluidoras ou degradantes[616].

Num sentido bem amplo, entende-se como ato administrativo todo ato jurídico que seja ditado pela Administração e submetido ao Direito Administrativo. Ressalte-se que este ato representa uma função diversa da função regulamentar administrativa[617]. Para Maria Sylvia Zanella di Pietro, o ato

---

615 Cf. PRADO, Luiz Régis. *Op. cit.*, pp. 83-85.

616 Sobre este assunto: COSTA, Helena Regina Lobo da. *Op. cit.*, p. 198; HEINE, Günther. *Op. cit.*, p. 57 e ss.; DIAS, Jorge de Figueiredo. *Op. cit.*, p. 194 e ss.; LOBATO, José Danilo Tavares. *Op. cit.*, p. 131 e ss.

617 GARCÍA DE ENTERRÍA, Eduardo; FERNÁNDEZ, Tomas Ramón. *Curso de Derecho*

administrativo "é a declaração do Estado ou de seus representantes que produz efeitos jurídicos imediatos, com a observância da lei, sob o regime jurídico de direito público e sujeita a controle pelo Poder Judiciário"[618].

Além desta noção, é preciso enfatizar que, de acordo com grande parte da doutrina brasileira, o ato administrativo possui alguns atributos intrínsecos, quais sejam: presunção relativa de legitimidade[619], imperatividade[620], exigibilidade[621] e executoriedade[622].

De acordo com Mata Barranco, a autorização em sentido lato ou genérico engloba os demais instrumentos de controle preventivo administrativo[623] (licenças, permissões etc.), que em matéria ambiental, têm o condão de comprovar o cumprimento ou descumprimento de pré-requisitos

---

administrativo I, 12. ed. Madrid: Editorial Thomson – Civitas, 2005, pp. 549-550.

618 DI PIETRO, Maria Sylvia Zanella. *Op. cit.,* p. 181. Por sua vez, Celso Antônio Bandeira de Mello define o ato administrativo como sendo uma declaração unilateral do Estado no exercício de prerrogativas públicas, manifestada diante de comandos concretos complementares da lei (*Op. cit.,* p. 351).

619 De acordo com Carvalho Filho (*Op. cit.,* p. 98) os atos administrativos presumem-se verdadeiros e legítimos até prova em contrário, por isso a presunção ser *iuris tantum.*

620 Este atributo é o que dá a noção de cogência dos atos administrativos, ou seja, a capacidade de obrigar a todos os que estiverem no seu âmbito de incidência (MELLO, Celso Antônio Bandeira de. *Op. cit.,* p. 188).

621 Enquanto Celso Antônio Bandeira de Mello (*Ibidem,* p. 195) e Lúcia Valle Figueiredo (*Op. cit.)* sustentam este atributo como característica à parte, Carvalho Filho afirma que este pertence à imperatividade, pois "pode haver exigibilidade sem coercibilidade (*Op. cit.,* p. 98).

622 A executoriedade ou "auto-executoriedade" do ato administrativo é o efeito da legitimidade, ou seja, é o atributo no qual assim que se é praticado, tão logo pode ser executado a fim de alcançar imediatamente seu objeto (*Ibidem,* p. 99).

623 Tais instrumentos, como já elucidados no capítulo anterior, são exigíveis diante de atividades potencialmente poluidoras, nos termos do art. 9º, da Lei 6.938/81 (que instituiu a Política Nacional do Meio Ambiente).

determinados em leis ou regulamentos próprios[624].

Diante deste modelo de acessoriedade, a punibilidade do agente fica, em termos gerais, condicionada à conduta praticada sem a devida autorização[625]. Tanto na legislação penal ambiental brasileira (Lei 9.605/98) quanto nos demais países, há uma grande variedade de infrações penais ecológicas que remetem, expressa ou indiretamente, à exigência de atuação em posse de licenças, permissões ou autorizações.

Como já foi destacado, não há como se proibir todas as atividades potencialmente poluidoras, o que há, é uma permissibilidade, em determinados níveis, de utilização dos recursos ambientais, dependendo-se, sobretudo, de um controle prévio, concomitante e sucessivo pela Administração.

Assim, diante das características negociais administrativas e da grande margem de discricionariedade reservada pela Lei aos órgãos da Administração Pública, os limites de atuação lícita no direito penal ambiental podem restar, muitas vezes, definido pelo grau de permissibilidade ou tolerância administrativa. Entretanto, é preciso rever algumas situações problemáticas acerca deste contexto sobre o grau de vinculação do direito penal em relação ao ato concreto emanado pela Autoridade Administrativa.

Luís Greco lista uma série de problemas relacionados ora a questões de política geral, quanto especificamente jurídico-dogmáticos, relativos ao que o autor intitula "difícil relação entre o Direito Penal e o Direito Administrativo", notadamente no direito penal ambiental[626]. Em relação aos problemas político-gerais, Greco[627] cita, por exemplo, a tensão entre a legalidade estrita do direito penal e a discricionariedade administrativa no que tange às normas penais ambientais; e, a ineficácia prática do direito penal ambiental, já

---

624 MATA BARRANCO, Norberto Javier de la. *Op. cit.*, p. 97 e ss.

625 LOBATO, José Danilo Tavares. *Op. cit.,* p.131.

626 GRECO, Luís. *Op. cit.*, p. 155.

627 GRECO, Luís. *Ibidem*, p. 155-156.

que, dada a dificuldade de se estabelecer dogmaticamente, conforme adverte o autor, muitos dos crimes envolvendo o meio ambiente acabam relegados às autoridades administrativas, que, muitas vezes se mostram tolerantes a certas práticas, concedendo-se permissões, autorizações etc[628].

Já no que condiz aos problemas de natureza jurídico-dogmática, GRECO afirma que estes são vários, alguns já citados anteriormente (como o problema da legalidade penal nos crimes ambientais, dada a enorme quantidade de leis penais em branco próprias ou heterogêneas e a acessoriedade administrativa), e outros, merecem um melhor detalhamento acerca dos limites da licitude da conduta praticada relativa às licenças, autorizações e permissões administrativas em matéria ambiental, cite-se: a) a problemática dos atos autorizativos ou proibitivos eivados de vício de legalidade; b) os casos em que o particular, mesmo diante da ausência do referido ato, pratica comportamento conforme as exigências da administração; c) a tolerância informal administrativa diante de determinados comportamentos do particular; d) a relevância (ou não) do direito administrativo nos tipos penais em que não haja remissão expressa etc.[629]

Antes de se analisar cada um destes problemas é preciso conceber que a forma de relacionamento do Direito Penal em relação ao Direito Administrativo adotada terá muito peso na decisão dos limites da acessoriedade de ato administrativo.

Ou seja, num modelo de absoluta dependência, a ausência de autorização ou licença administrativa obrigará a implicação de punição penal pela desobediência administrativa. Como já alhures sustentado, a opção por um modelo de total vinculação apresenta problemas de legitimação e eminente caráter simbólico[630], pois faz com que o Direito Penal perca seus critérios críticos de valoração da conduta em relação ao bem jurídico protegido,

---

628 GRECO, Luís. *Ibidem*, p. 156-157.

629 Cf. GRECO, Luís. *Ibidem*, pp. 157-158.

630 Cf. CARVALHO, Erika Mendes de. *Op. cit.*, pp. 319-320.

sendo mero "reforço para o cumprimento de ordens administrativas".

Já num modelo de independência absoluta entre as esferas penal e administrativa, conforme já sustentado por Schünemann[631], não há que se falar em vinculação integral do direito penal em relação ao ato emitido pela administração pública, o que, também, apresenta problemas de legitimação dado o caráter acessório e subsidiário do Direito Penal em relação ao Direito Administrativo Ambiental. Agindo-se assim, desconsiderando-se por completo a permissão ou autorização emanada pelo administrador, incorrer-se-ia numa ofensa ao princípio da unidade do ordenamento[632] e, também, da segurança jurídica do cidadão que, em posse da licença agiu conforme o direito.

E, por fim, chegando ao ponto aqui defendido, qual seja, da dependência relativa entre as esferas penal e administrativa na proteção do meio ambiente, a acessoriedade de ato contará com a análise de alguns critérios qualificadores do Direito Penal e que poderão, diante da situação concreta, resolver problemas como os de: licença ou autorização inválida, nula, anulável e a questão da tolerância administrativa. Tais critérios possibilitarão uma análise para além da punição como mero reforço da função administrativa (crimes de desobediência), ressaltando-se o caráter subsidiário, porém, autônomo do Direito Penal do Ambiente na proteção dos bens jurídicos ecológicos.

a) Dos atos autorizativos nulos e anuláveis

É preciso, para fins de possibilitar uma análise crítica do tema, estabelecer algumas noções prefaciais sobre a validez e a nulidade dos atos conforme

---

631 SCHÜNEMANN, Bernd. *Op. cit.*, p. 45.

632 De acordo com este multicitado princípio, "o direito penal não pode incriminar uma conduta que tenha sido expressamente permitida pelo ordenamento jurídico geral" (HEINE, Günther. *Op. cit.*, p. 660, tradução livre da autora).

a ótica do direito administrativo.

A validade do ato administrativo, segundo a doutrina especializada, exige que se lhe façam presentes os seguintes requisitos: que o sujeito seja capaz e que tenha competência para tanto; que o objeto seja lícito e possível; que possua forma exteriorizada conforme a lei; e que detenha motivo e finalidade[633].

Desta forma, não preenchidos os requisitos acima, o ato administrativo pode apresentar alguns vícios correlatos, conforme dispõe a Lei de Ação Popular (Lei 4.717/1965), em seu artigo 2º, veja-se: "Art. 2º São nulos os atos lesivos ao patrimônio das entidades mencionadas no artigo anterior, nos casos de: a) incompetência; b) vício de forma; c) ilegalidade do objeto; d) inexistência dos motivos; e) desvio de finalidade".

De acordo com o texto expresso de lei acima referido, mais especificamente no parágrafo único do dispositivo legal[634], apontam-se aqueles casos

---

633 O sujeito capaz é aquele que tenha idoneidade para assumir a titularidade de determinada relação jurídica, dentro do âmbito que a lei previamente traçou (limites de competência). Por sua vez, o objeto é o conteúdo que o ato se propõe a processar, devendo ser conforme o direito (lícito) e suscetível de ser realizado (possível). A forma é o meio pelo qual se exterioriza a vontade, neste parâmetro, regra geral deverá ser escrito ou por meio de atos orais (gestos, palavras, sinais). Quanto ao silêncio como forma de exteriorização de atos administrativos, será tratado mais à frente acerca da "tolerância administrativa". O motivo representa as razões fático-jurídicas que embasaram a vontade do agente. E, por fim, a finalidade, não há dúvidas, é o direcionamento ao interesse público. Neste sentido: MEIRELLES, Hely Lopes. *Op. cit.*, p. 130 e ss.; MELLO, Celso Antônio Bandeira de. *Op. cit.*, p. 340 e ss.; DI PIETRO, Maria Sylvia Zanella. *Op. cit.*, p. 157 e ss.; CARVALHO FILHO, José dos Santos. *Op. cit.*, p. 77 e ss. Celso Antônio ainda arrola mais um requisito: "a causa" como sendo a congruência entre o motivo e o objeto do ato, a fim de verificar a pertinência com a finalidade (MELLO, Celso Antônio Bandeira de. *Ibidem*, p. 351).

634 Lei 4.717/1965: "Art. 2º (...) *omissis* (....) Parágrafo único. Para a conceituação dos casos de nulidade observar-se-ão as seguintes normas: a) a incompetência fica caracterizada quando o ato não se incluir nas atribuições legais do agente que o praticou; b) o vício de forma consiste na omissão ou na observância incompleta ou irregular de

como hipóteses de "nulidade" (num sentido *lato*) do ato administrativo. Entretanto, grande parte da doutrina administrativa brasileira[635], a exemplo do que acontece no Código Civil nacional (nulidade: artigo 166; anulabilidade: art. 171) adota uma *concepção dualista* de nulidades, no sentido de considerar alguns casos como sendo de atos "nulos", outros "anuláveis"[636]. A intensidade da repulsa do ordenamento varia em níveis de gradação[637], daí a diferença entre estes sentidos de vícios possibilitarem a *convalidação ou não* do ato, ou seja, os *atos nulos* não poderiam ser convalidados, enquanto que os *anuláveis* seriam sim passíveis[638].

A primeira dúvida surge na questão da redação literal do tipo penal. Alguns tipos penais fazem remissão à exigência de ato administrativo de

---

formalidades indispensáveis à existência ou seriedade do ato; c) a ilegalidade do objeto ocorre quando o resultado do ato importa em violação de lei, regulamento ou outro ato normativo; d) a inexistência dos motivos se verifica quando a matéria de fato ou de direito, em que se fundamenta o ato, é materialmente inexistente ou juridicamente inadequada ao resultado obtido; e) o desvio de finalidade se verifica quando o agente pratica o ato visando a fim diverso daquele previsto, explícita ou implicitamente, na regra de competência".

635 A citar: MELLO, Celso Antônio Bandeira de, *Op. cit.*, p. 226 e ss.; CRETELLA JUNIOR, José. *Op. cit.*, p. 89 e ss.; CARVALHO FILHO, José dos Santos. *Op. cit.*, p. 123 e ss.; FIGUEIREDO, Lucia Valle. *Op. cit.*, p. 146 e ss.; dentre outros.

636 Hely Lopes Meirelles (*Op. cit.*, p. 157), ao contrário da maioria, adota a *concepção monista*, no sentido de que o ato é nulo, e portanto, inválido, não havendo gradações de anulabilidade.

637 MELLO, Celso Antônio Bandeira de. *Op. cit.*, p. 226. Aliás, o autor sugere a substituição do termo "anulação" por "invalidação" para indicar qualquer forma de vício no ato, a fim de evitar confusão ao se associar anulação somente à anulabilidade. No mesmo sentido: CARVALHO FILHO, José dos Santos. *Op. cit.*, p. 123.

638 São nulos (que não se convalidam) os atos praticados com desvio de poder, com falta de objeto lícito e possível ou com ausência de motivo vinculado. São anuláveis (passíveis de convalidação) os atos praticados com defeitos na forma ou vício de vontade (MELLO, Celso Antônio Bandeira de. *Op. cit.*, p. 399).

controle emitido pela autoridade competente para tanto[639]; em outros, o legislador apenas faz referência à necessidade de que o ato administrativo seja prévio à realização da conduta[640]. Sobre este aspecto, tanto Prado[641] quanto Sirvinskas[642] e Lobato[643], são uníssonos em afirmar que, em razão do princípio da unidade do ordenamento e das matrizes da legalidade, não há que se cogitar uma interpretação sistemática entre as duas fontes, no sentido de afirmar que, na segunda hipótese, apesar de não expresso no tipo, o ato administrativo prévio deve ser, necessariamente, competente para tanto, a fim de que seja válido.

Ou seja, não é possível o agente se munir de uma autorização ou permissão prévia emanada de autoridade incompetente e com isso escusar-se da tipicidade penal, no aspecto objetivo e formal. Não ocorre violação à taxatividade nem à segurança jurídica posto que ambos os ordenamentos trabalham com os preceitos da legalidade, que orienta as normas de competência[644].

A segunda dúvida será esclarecida com base nas anteriores considerações sobre a validade dos atos administrativos, sendo um dos maiores problemas deste modelo de acessoriedade ao direito penal ambiental: a vinculação aos atos administrativos inválidos.

---

639 Vide artigo 39 da Lei 9.605/98: "Cortar árvores em floresta considerada de preservação permanente, *sem permissão da autoridade competente*".

640 Vide artigo 44 da Lei 9.605/98: "Extrair de florestas de domínio público ou consideradas de preservação permanente, *sem prévia autorização*, pedra, areia, cal ou qualquer espécie de minerais."

641 PRADO, Luiz Régis. *Op. cit.*, p. 333.

642 SIRVINSKAS, Luis Paulo. *Op. cit.*, p. 174.

643 LOBATO, José Danilo Tavares. *Op. cit.*, p. 140.

644 Logicamente, isso não obsta uma eventual incidência de erro de tipo (já que incide sobre elementar típica), se o agente acreditava estar diante de uma autorização emanada pela autoridade competente, quando, na verdade, equivocou-se.

Pense-se, por exemplo, num dos vários tipos penais da Lei 9.605/98[645] que contém como elementar típica, a exigência de: permissão, autorização ou licença para a realização da conduta; se o agente, munido de ato autorizativo ilícito, estaria amparado pela excludente de tipicidade?

De acordo com a teoria dualista do ato administrativo, há que se verificar se o ato é nulo ou anulável. Se for nulo e o agente tiver conhecimento desta nulidade (v.g. ato praticado com desvio de poder), não há que se falar em atipicidade da conduta[646].

Este também é o posicionamento adotado por Frisch, segundo o qual a não punição do agente parte da noção de que o particular confia no ato da Administração Pública (legitimidade e presunção de veracidade) e, esta é a orientação do seu comportamento. Diferentemente seria se o agente tivesse contribuído para a nulidade do ato (por exemplo, prestando informações falsas, coagindo servidores públicos etc.), já que neste caso, o agente não possuía plena certeza no ato administrativo. Nesta e nas hipóteses de conduta criminosa por parte do particular para a consecução do ato autorizativo, haverá tipicidade. Frisch adota, nestas situações, o princípio da confiança, como fator de verificar se a atuação do agente estava realmente no nível suportável do risco permitido, para fins de atipicidade da conduta[647].

Entretanto, faz-se uma ressalva em relação ao disposto por Frisch, sob a

---

645 A grande maioria dos delitos ambientais previstos nesta lei fazem referência à acessoriedade de ato administrativo, vide artigos: 29, 30, 31, 39, 44, 50-A, 51, 52, 55, 60, 63, 64; Lei 9.605/98 etc.

646 Cf. LOBATO, José Danilo Tavares. *Op. cit.,* pp. 140-141. De acordo com Günther Heine (*Op. cit.,* p. 168), na Alemanha os atos administrativos nulos não são objeto de observância, por carecerem de eficácia jurídica; já os anuláveis, mantém a eficácia até o momento em que for declarada sua anulação por quem tem competência para tanto.

647 WOLFGANG, Frisch. *Verwaltungsakzessorietät und Tatbestandsverständnis im Umweltstrafrecht:* Zum Verhältnis von Umweltverwaltungsrecht und Strafrecht und zur strafrechtlichen Relevanz behördlicher Genehmigungen. Heidelberg Juristischer Verlag, 1993, p. 19 *apud* LOBATO, José Danilo Tavares. *Op. cit.,* p. 142.

ótica da teoria dualista de ato administrativo: se este for anulável e a Administração lhe houver convalidado ou, ainda, se já tiver transcorrido mais de 5 anos (prazo prescricional para anulação)[648], o agente, independente do conhecimento sobre o vício, terá a tipicidade de sua conduta excluída[649]. Verifique-se, mais uma vez, a necessidade de unidade do ordenamento jurídico: se o Direito Administrativo autoriza e não é ofensa à legalidade (que poderia ser reconhecida pelo Judiciário[650]), não cabe ao Direito Penal puni-lo sobre pena de quebra de sistematicidade e coerência entre as fontes jurídicas. No Brasil, o Judiciário pode e deve, em qualquer seara, inclusive na criminal, analisar a legalidade do ato administrativo e, desta forma, considerá-lo inválido para os fins de exclusão da tipicidade.

Também em relação à questão do ato autorizativo ilícito, é possível se extrair duas situações: uma, em que a nulidade absoluta é flagrante ou manifesta, e, neste caso, o particular estaria atuando de maneira ilícita, caso o mesmo possua conhecimento acerca desta circunstância. Noutros casos,

---

648 Vide art. 54 da Lei 9.784/1999: "Art. 54. O direito da Administração de anular os atos administrativos de que decorram efeitos favoráveis para os destinatários decai em cinco anos, contados da data em que foram praticados, salvo comprovada má-fé".

649 Cf. LOBATO, José Danilo Tavares. *Op. cit.*, p. 141.

650 A Constituição Federal de 1988, em seu artigo 5º, inciso XXXV, reconhece a inafastabilidade de apreciação do Poder Judiciário de qualquer lesão ou ameaça de lesão a direito. Sendo assim, todos os atos administrativos ficam sujeitos à revisão e controle pelo Judiciário, no que tange à legalidade. Em relação ao mérito (conveniência e oportunidade), regra geral, apenas a Adminsitração cabe decidir sobre a revogação ou não do ato Vide Súmulas correlatas: STF. "Súmula 346. A Administração Pública pode declarar a nulidade de seus próprios atos."; STF. "Súmula 473. A Administração pode anular seus próprios atos, quando eivados de vícios que os tornem ilegais, porque deles não se originam direitos; ou revogá-los, por motivo de conveniência ou oportunidade, respeitados os direitos adquiridos e ressalvada, em todos os casos, a apreciação judicial." (BRASIL. SUPREMO TRIBUNAL FEDERAL. *Súmulas*. Disponível em: http://www.stf.jus.br/portal/cms/vertexto.asp?servico=jurisprudenciasumula. Acesso em dez.2012.)

cita-se o caso dos atos relativamente anuláveis ou simplesmente anuláveis, em que, apesar de poderem ser desfeitos pelo critério da Administração Pública, Greco considera como "penalmente eficazes", uma vez que seria exigir demais do particular, ou, em suas palavras "ficaria violado o princípio da unidade do ordenamento jurídico, porque teríamos um ramo do direito a permitir e outro a proibir uma mesma conduta"[651].

Entretanto, há que se tomar em consideração a ressalva muito bem colocada por Figueiredo Dias, para quem, não obstante as regras do direito administrativo, para a apreciação da relevância penal, deverão ser considerados os critérios próprios deste ramo. Neste sentido, mesmo que a Administração tenha concedido uma licença ou autorização inválida (*v.g.* autorizando um valor-limite de emissão de gases superior ao legalmente permitido para aquela modalidade de empresa), se o agente não violou as disposições constantes naquele termo, não lhe pode ser imputado um delito. Somente nos casos de obtenção ilícita e dolosa do ato autorizativo inválido é que o agente poderá ser punido penalmente, por consagração ao princípio da confiança e da segurança jurídica que tem o particular em relação às autoridades administrativas[652].

Heine faz um comparativo sobre a abordagem da acessoriedade de ato na Alemanha e na Espanha, partindo do pressuposto de que ambas concebem o caráter de relacionamento do Direito Penal em relação ao Direito Administrativo Ambiental[653].

Analisando-se a legislação penal ambiental alemã, Heine sustenta que o legislador considerou "como catastrófica uma vinculação cega e sem

---

651 GRECO, Luís. *Ibidem*, p. 174.

652 DIAS, Jorge de Figueiredo. *Op. cit.*, p. 195.

653 HEINE, Günther. El derecho penal ambiental alemán y español: un estudio comparado desde la perspectiva de consideración de la futura convención europea sobre el derecho penal del medio ambiente. In: *Cuadernos de Política Criminal*, Madrid, n. 63, p. 653-667, 1997, p. 660.

exceção do Direito Penal ao Direito Administrativo"[654]. Isso porque ele declarou expressamente no Código Penal Alemão (parágrafo 330, *d*), 5) que a prática de determinada conduta ambientamente relevante, por alguém que tenha conseguido ilegalmente uma autorização administrativa ambiental, prejudica em muito a paz jurídica daquele país. Nestes termos, são consideradas sem efeito, em que pese a relevância administrativa, aquelas autorizações obtidas mediante: ameaça, coação, conluio ou corrupção[655].

No âmbito da legislação penal ambiental espanhola, verifica-se que o legislador não regulou tais hipóteses de maneira expressa. Porém, a interpretação que se realiza no art. 325 do Código Penal Espanhol permite, segundo Heine, consequências similares às adotadas expressamente pelo legislador alemão: na Espanha, já que o tipo penal remete ao desvalor da conduta e do resultado em favor da proteção do bem jurídico, exigindo-se esta análise própria do Direito Penal além da mera constatação da presença ou ausência de autorização ilegal[656].

b) Dos atos autorizativos obtidos com abuso de direito

Outra situação importante é a da atuação do particular munido com licença ou permissão, porém, com "abuso de direito", cujas consequências parecem não ser unânimes na doutrina penal.

O abuso de direito é um instituto relativo tanto ao Direito Civil, quanto a quaisquer demais ramos do ordenamento[657]. Ou seja, em qualquer seara,

---

654 HEINE, Günther. *Ibidem*, p. 660.

655 HEINE, Günther. *Ibidem*, pp. 660-661.

656 HEINE, Günther. *Ibidem*, p. 661.

657 Cunha de Sá cita o posicionamento de Castanheira Neves o qual afirma que aparentemente, o abuso de direito se sucumbe à estrutura formal do direito, entretanto, carece de fundamentação axiológico-normativa, podendo ser aplicado a qualquer direito subjetivo do ordenamento. Vide: CUNHA DE SÁ, Fernando Augusto. *Abuso do Direito*. Coimbra: Livraria Almedina, 1997, p. 453.

aquele que extrapola os limites do exercício do seu direito cria um risco juridicamente não permitido.

Sobre este assunto, Roxin admite que o abuso de direito, no âmbito penal, se o agente obtém determinado direito por meio de falsas informações prestadas à Administração Pública, a tipicidade deverá ser apreciada sem considerar o texto literal da lei, de forma teleologicamente integrada com o sistema normativo[658].

Schünemann[659] e Frisch[660], por exemplo, também afirmam que a permissão ilícita por abuso de direito não afastariam a responsabilização penal, pois, conforme afirma o primeiro, o direito penal ambiental tem que ter condições de não se curvar às questões administrativas, pois tem critérios próprios para apurar a validade de determinados atos, que, inclusive, determinam que apenas algo materialmente lícito administrativamente deva ser causa excludente do ilícito penal.

Greco, contudo, se posiciona totalmente diverso do que os autores acima destacaram, pois afirma que até nos tipos penais em que não há referência direta ao direito administrativo – ou seja, aqueles em que não há clara acessoriedade referida no tipo -, as normas relativas a este âmbito também auxiliam o direito penal a afirmar ou negar um risco permitido ou não, sendo este um ponto que deve existir em comum com os delitos em que há a remissão. Aliás, ele destaca que a acessoriedade administrativa funciona, de fato, como uma "restrição à punibilidade", pois, seria "um indício decisivo do que é o risco permitido face à norma penal que contenha a remissão, retirando do juiz a competência para valorar se o risco criado pelo autor é

---

658 ROXIN, Claus. *Op. cit.,* pp. 815-816.

659 SCHÜNEMANN, Bernd. *Zur Dogmatik,* p. 444 *apud* GRECO, Luís. *Ibidem,* pp. 176-177.

660 FRISCH, *Verwaltungsakzessorietät und Tatbestandsverständnis im Umweltstrafrecht,* Heidelberg, 1993, p. 68, p. 71, p. p. 83*apud* GRECO, Luís. *Ibidem,* p. 176.

ou não permitido, e passando-a para as mãos do administrador"[661].

Com base na consideração acima, Greco aponta que mesmo as condutas praticadas sob atos administrativos, manifestamente ilícitos ou com abuso de direito, já teriam excluído o tipo penal, não havendo que se falar em crime ambiental, porque "há eficácia do ato autorizativo para o direito penal[662]. Neste caso, no máximo o que deve se falar seria crime contra a administração pública, conforme leciona o autor.

Entretanto, há que se fazer algumas críticas à proposta de Greco sobre a atipicidade da conduta cometida com "abuso de direito" na consecução de ato autorizativo ambiental.

O primeiro argumento para discordar do levantado pelo autor, conforme já enfatizado mais acima, relaciona-se com o princípio da unidade do ordenamento jurídico, ou seja, o caráter lógico-sistemático da acessoriedade relativa do Direito Penal em relação ao Direito Administrativo em matéria ambiental[663]. Neste aspecto, aceitar a licença ou permissão claramente obtida por meio de abuso de direito seria autorizar a criação ou incrementação de um risco juridicamente não permitido por todo o ordenamento.

Sobre este assunto, aliás, sustenta Heine que "quem obteve uma autorização sob tais pressupostos não pode jurídico-penalmente justificar a sua conduta por lhe ter sido concedida uma autorização administrativa", já que, conforme dita o autor, o "Direito Penal Ambiental não se dirige a proteção de decisões administrativas, e sim, à garantia dos bens jurídicos ecológicos"[664].

Quando o direito penal ambiental exige uma licença ou permissão administrativa ambiental, é óbvio que esta deve ser totalmente válida, sem vícios

---

661 GRECO, Luís. *Ibidem*, p. 178-179.

662 GRECO, Luís. *Ibidem*, p. 180-181.

663 LOBATO, José Danilo Tavares. *Op. cit.*, p. 143-144.

664 HEINE, Günther. *Op. cit.*, p. 60. (trad. livre da autora)

de legalidade quaisquer. Ainda que além deste ato concreto, se exija, para a tipicidade penal, a análise do desvalor da conduta e do resultado; certamente, no sentido material do ato autorizativo que figura como elementar típica, não basta que a licença seja falsificada ou adulterada para se excluir a tipicidade do agente. Não foi este, pelo que se compreende, o sentido teleológico do legislador penal. Da mesma forma se a licença estiver vencida ou obsoleta, não é capaz de se adequar aos novos riscos que as constantes alterações tecnológicas propiciam[665].

Aliás, o abuso de direito foi inclusive elencado como hipóteses de agravamento de pena nos crimes ambientais, tal como se percebe no art. 15, inciso II, alínea "o", da Lei 9.605/1998[666]. Isso demonstra o caráter de reprovabilidade penal em relação à conduta, de forma que a tipicidade, pura e simplesmente não pode ser afastada pela mera interpretação literal do dispositivo que trata da licença ou permissão.

c) Do ato proibitivo inválido ou ilícito

Outra questão surge nos debates sobre a acessoriedade de ato, no que tange às proibições inválidas emanadas pela Administração Pública. Cite-se, por exemplo, o art. 34 da Lei 9.605/98 que trata da pesca em período ou local proibido pelo órgão competente. Se a proibição é elementar típica e o agente, mesmo com o dolo de praticar a conduta num local que acredita ser proibido, quando na verdade, não é, por invalidade do ato de proibição, a

---

665 Neste sentido, HEINE, Günther. *Ibidem*, p. 60; TIEDEMANN, Klaus. *Relación entre Derecho Penal y autorización jurídico-administrativa*. El ejemplo del Derecho Penal del Ambiente. Trad. José Luis de la Cuesta. In: TIEDEMANN, Klaus. *Temas de Derecho Penal econômico y ambiental*. Lima: Ed. Idemsa, 1999, p. 160.

666 Vide o dispositivo mencionado: "Art. 15. São circunstâncias que agravam a pena, quando não constituem ou qualificam o crime: (...) II - ter o agente cometido a infração: (...) o) mediante abuso do direito de licença, permissão ou autorização ambiental; (...)."

solução mais óbvia e a mais acertada, certamente, é a atipicidade da conduta.

Neste caso, é como se houvesse um delito putativo[667], e, portanto, não há que se falar em punição do agente, pois, em que pese o desvalor da conduta (o agente acredita que está praticando um delito), o Direito Penal não deve punir meras intenções ou cogitações, se, na realidade, não são capazes de ofender materialmente a legalidade do ato.

Sobre este assunto, é acertada a posição de Greco e da doutrina minoritária alemã, no sentido de que não basta o ato ser formalmente proibitivo, se a proibição é materialmente inválida ou ilícita. Apesar de isto ser mais coerente, na doutrina dominante alemã[668], porém, discute-se se a proibição era, à época, eficaz, o agente deve ser punido pelo crime ambiental. Convém, contudo, refutar tal concepção, pois "somente a violação de um ato proibitivo materialmente lícito é que poderia levar a uma sanção penal. Punir aqui seria sancionar a mera desobediência, que não tem ainda conteúdo de injusto suficiente para constituir um ilícito penal"[669].

---

667 De acordo com Luiz Régis Prado (*Op. cit.*, p. 480), o delito putativo é aquele em que o agente acredita estar realizando um fato típico, e, por ignorar ou desconhecer uma elementar típica, pratica um fato atípico mesmo sem querer. Já o crime impossível ocorre quando por impropriedade ou ineficácia ou inidoneidade do objeto o crime não ocorre, conforme art. 17 do Código Penal.

668 Cf. Greco (*Ibidem*, p. 182) representam a opinião da doutrina majoritária na Alemanha sobre este assunto, a citar: BREUER, *Verwaltungsrechtlicher*, p. 1084-1085; ROGALL, *Verwaltungsakzessorietät*, p. 309 (*apud Ibidem*, p. 182, nota 88). No Brasil, não há ainda como se afirmar se esta doutrina é também majoritária, dado o recente aprofundamento acerca do tema, cabendo citar também, além de Greco, outro autor favorável a este entendimento: LOBATO, José Danilo Tavares, *Op. cit.*, p. 146.

669 A doutrina minoritária alemã citada por Greco (*Ibidem*, p. 182) é encontrada em: SCHMITZ, *Verwaltungshandeln und Strafrecht*, 1992, p. 79; BERGMANN, *Zur Strafbewehrung*, p. 155 e ss. *apud* GRECO, Luís. *Ibidem*, p. 182, nota 89.

d) Da ausência de ato autorizativo vinculado e discricionário: preenchimento dos requisitos pelo particular

Outra indagação no que tange ao tema da acessoriedade de ato é relativa à situação em que, o agente pratica a conduta descrita no tipo, sem a devida licença, permissão ou autorização exigida tipicamente, porém, à época, reunia todas as condições para fazer jus à obtenção do ato e a Administração não lhe concedeu. Neste caso, as soluções parecem ser múltiplas.

Greco cita que a doutrina majoritária alemã se posiciona em relação à penalização do agente, pois o direito penal ambiental protege não só o meio ambiente como também as prerrogativas de somente a administração determinar como determinado recurso natural será explorado[670]. Rengier defende este posicionamento, pois eleva a função de controle exercida pela Administração à categoria de bem jurídico, no sentido de se agregar ao ato, a essência de justificar ou excluir a conduta do particular[671].

Contudo, neste caso também parece a doutrina minoritária alemã apresentar soluções mais convincentes[672].

Por exemplo, a partir da consideração de Rudolphi[673], de que o elemento crucial para a verificação entre a atuação punível da não-punível, é a natureza ou preponderância de liberalidade do ato administrativo: se vinculado ou discricionário.

Apesar da diferença entre atos vinculados e discricionários serem objeto de crítica por parte da doutrina administrativa moderna, já que, sob o ponto

---

670 GRECO, Luís. *Ibidem,* pp. 183.

671 RENGIER, Rudolf. Die öffentlich-rechtliche Genehmigung im Strafrecht. *Zeitschrift für die gesamte Strafrechtswissenschaft (ZstW)* n. 101, Heft 5, Berlin: Walter de Gruyter, 1989, p. 884 *apud* LOBATO, José Danilo Tavares. *Op. cit.*, p. 147.

672 GRECO, Luís. *Op. cit.*, pp. 183-185.

673 RUDOLPHI, Hans-Joachim. Primat des Strafrecht: Anspruch und Umweltschutz. *Neue Zeitschrift für Strafrecht*. Heft 5. 4 Jahrgang München: Verlag C. H. Beck, 1990, p. 197-198 *apud* LOBATO, José Danilo Tavares. *Op. cit.*, p. 147.

de vista legal todos os atos guardam uma certa vinculação, ainda há que se aceitar que as diferenças pontuais trazidas desde a doutrina clássica, como a seguir podem ser destacadas.

De acordo com Carvalho Filho, em se tratando do critério da liberdade de ação do Administrador, os atos são vinculados quando o "agente pratica reproduzindo os elementos que a lei previamente estabelece. Ao agente, nestes casos, não é dada liberdade de apreciação da conduta, porque se limita, na verdade, à repassar para o ato o comando estatuído em lei"[674]. Já os atos discricionários, diferentemente dos anteriores, a própria lei permite ao administrador realizar uma avaliação da conduta, desde que não se perca a inafastável finalidade do ato. "A valoração incidirá sobre o motivo e o objeto do ato, de modo que este, na atividade discricionária, resulta essencialmente da liberdade de escolha entre alternativas igualmente justas, traduzindo, portanto, um certo grau de subjetivismo"[675].

Ou seja, se nas condições expostas, o agente reunia os pré-requisitos para obter a licença ou permissão, e a Administração, por estar diante de uma hipótese vinculada, não a concede, é caso de não tipificação do agente. Por outro lado, se o ato administrativo era discricionário – como, em muitos casos, a lei ambiental disciplina, em razão das inúmeras variáveis (biológicas, físicas, geográficas etc.), a não-obtenção por parte do agente por este fator leva-se, sim, a um pressuposto de tipicidade da conduta.

Em suma, a não-autorização administrativa deve ser avaliada: se foi por questões envolvendo atos vinculados, a doutrina minoritária afirma que o crime ambiental não se justificaria; porém, se a não concessão da licença se deu por atos administrativos de natureza preponderantemente discricionária, aí seguiria-se o pensamento da doutrina dominante, mantendo-se o

---

674 CARVALHO FILHO, José dos Santos. *Op. cit.*, p. 105.

675 CARVALHO FILHO, José dos Santos. *Ibidem*, p. 105.

ilícito penal ambiental[676].

Partindo do ponto de vista da acessoriedade relativa do Direito Penal em relação ao Direito Administrativo, o preenchimento da elementar típica por si só, não basta para a punição do agente, se, da análise do desvalor da conduta e do resultado não houver a criação de risco juridicamente proibido. Isto porque, puni-lo por mera desobediência administrativa, pura e simplesmente, atenta contra os princípios penais da exclusiva proteção de bens jurídicos e da ofensividade.

Estas conclusões acima se devem ao fato de que, o direito penal ambiental não pode punir uma mera desobediência administrativa em termos estritamente formais, ou seja, a conduta do particular não pode representar um ilícito penal ambiental se o que houve foi apenas uma afetação às prerrogativas de controle da administração(atos vinculados), diferente do que ocorre quando, a discricionariedade da administração, no caso concreto, represente também um bem jurídico intermediário, pois, em situações em que o bem jurídico ambiental é tão relevante e vulnerável, há que se proteger inclusive o nível de conveniência e oportunidade em que a administração considera ou não tal conduta como periculosa, apesar de aparentemente capaz de alcançar uma autorização[677].

e) Da "Tolerância Administrativa"

Sem dúvidas, de todos os casos já narrados de acessoriedade de ato administrativo, o mais problemático envolvendo as licenças ou autorizações

---

676 GRECO, Luís. *Op. cit.,* pp. 183-185.

677 GRECO, Luís. *Ibidem,* pp. 185-186. O autor cita como exemplo, o caso em que um agente ou empresa decidam operar usina nuclear sem ato autorizativo, mesmo satisfazendo todas as condições, por ser uma situação que só a administração pública, com sua análise meritória *in loco* pode fazer, cuja negativa se dê por questões preventivas justificáveis (o risco inerente e altíssimo das atividades nucleares irregulares), deve determinar que tais agentes respondam pelo ilícito penal.

administrativas ambientais, é o envolvendo a situação denominada "tolerância administrativa".

Isto se deve justamente ao fato de que, dentre os juristas administrativistas, uma das questões em que mais se encontram discrepâncias jurídicas é o tema do "silêncio administrativo", ou seja, de qual seria a manifestação de vontade existente se a Administração se torna omissa quando lhe incumbiria manifestar-se de maneira comissiva[678].

Poderia se citar o exemplo de um particular que resolve edificar em local proibido pela legislação ambiental, e, mesmo tendo dado entrada nos requerimentos junto ao órgão administrativo competente, este não se manifesta mesmo sabendo do início das obras[679]. Outra dificuldade surge quando, de atividades autorizadas ou não pelos órgãos ambientais, que estejam colocando em risco os bens jurídicos ambientais, porém, apesar de as autoridades administrativas terem tomado conhecimento sobre o assunto, se silenciam como se estivessem "tolerando" a atividade potencialmente danosa[680].

Para Lobato, a tolerância é a omissão da Administração diante de atos de notoriedade e de atuação pública do particular que age em desacordo com os preceitos administrativos. Segundo o autor, os efeitos jurídicos desencadeados em razão da tolerância administrativa aos comportamentos autorizáveis, devem partir da característica de "vinculação" ou de "discricionariedade" do ato administrativo em tela[681].

Na verdade, há dois pontos necessários de distinção em relação ao

---

678 De acordo com Carvalho Filho (*Op. cit.*, p. 82), esta temática ganhou força porque, a exemplo do direito civil, o silêncio importa em aceitação salvo quando a lei exigir manifestação expressa (art. 111 do Código Civil Brasileiro). Entretanto, no direito público, a interpretação deve ser distinta: se não declaração de vontade do agente administrativo, não há que se falar em ato formal.

679 GRECO, Luis. *Op. cit.*, p. 186.

680 Sobre este assunto, HEINE, Günther. *Op. cit.*, p. 61.

681 LOBATO, José Danilo Tavares. *Op. cit.*, p. 151 e 154.

silêncio da Administração: nas hipóteses em que a lei aponta a consequência jurídica da omissão e, naquelas em que a lei não traz qualquer referência. Na primeira hipótese, a lei pode apontar que o silêncio importa em anuência tácita ou em manifestação denegatória. Nestes casos, o silêncio importa em pretensão constitutiva ao agente. Porém, na maioria das vezes o próprio legislador não fez referência à consequência expressa ao silêncio do administrador, e, diante desta situação, verifica-se uma transgressão de prazos legais (quando pré-fixados para emitir o ato) ou razoáveis (quando ausentes prazos legais, a razoabilidade indicar um prazo hábil) em que deveria se manifestar[682].

Para Celso Antônio Bandeira de Mello, se a Administração não se pronuncia, o silêncio jamais importará em ato ou em manifestação[683]. Porém, como via garantida ao administrado, o Judiciário poderia inclusive suprir a ausência de manifestação se se tratar de ato vinculado. Caso fosse ato discricionário, o Juiz não poderia suprir a ausência de manifestação, mas poderia ordenar que a Administração o fizesse[684]. Sobre tais apontamentos, Carvalho Filho discorda que, em tais casos, o Judiciário possa substituir a vontade da Administração, não importando se o ato fosse vinculado ou discricionário, pois, o que se deve fazer é impor à Administração, sob as penas da lei, que o emita em determinado prazo[685].

Rudolphi, por exemplo, concebe-se que a omissão da Administração em fazer cessar determinado comportamento não autorizado, gera uma permissão implícita ao indivíduo[686]. No mesmo sentido, na Espanha, autores

---

682 Neste sentido e sobre o tema: CARVALHO FILHO, José dos Santos. *Op. cit.*, pp. 82-84; MEDAUAR, Odete, *Op. cit.*, p. 166; MELLO, Celso Antônio Bandeira de. *Op. cit.*, p. 380 e ss.

683 MELLO, Celso Antônio Bandeira de. *Ibidem*, p. 354.

684 MELLO, Celso Antônio Bandeira de. *Ibidem*, pp. 380-381.

685 CARVALHO FILHO, José dos Santos. *Op. cit.*, p. 83.

686 RUDOLPHI, Hans-Joachim. *Op. cit.*, p.198 *apud* LOBATO, José Danilo. *Op. cit.*, p.

como García de Enterría e Fernández diferenciam o silêncio administrativo "positivo", onde a tolerância administrativa configura uma forma de omissão consciente e claramente intencionada; do silêncio "negativo", onde a tolerância passiva representaria apenas um não-fazer da Administração, sem conotação constitutiva de ato[687].

Parte da doutrina alemã afirma que, numa hipótese de tolerância informal, isto não teria relevância alguma para o direito penal ambiental. Outra parcela compreende que há distinções entre tolerância ativa e passiva por parte da administração, na primeira, o não-fazer administrativo é consciente e decidido, e, portanto, pode ser interpretado como um ato autorizativo; sendo que, na segunda hipótese, ocorre um "mero-nada-fazer", não se podendo afirmar quanto à autorização[688].

Sobre esta situação, Heine se posiciona no sentido de rechaçar por completo que as tolerâncias adminstrativas tenham uma função equiparável às autorizações formais. Por isso sustenta que "as tolerâncias antijurídicas, enquanto tais, não podem ser reconhecidas como puníveis"[689]. Ou seja, o Direito Penal não pode assumir as concessões da Administração, confirmando autorização onde não existe, sob pena de ofender os princípios do Estado de Direito[690].

A posição de Greco é a mais aconselhada diante dos preceitos específicos do Direito Penal em relação ao Direito Administrativo nas hipóteses de tolerância administrativa ambiental. O autor resolve esta questão da tolerância com base no princípio da confiança: isto é, se a administração, através da tolerância consciente, demonstra ao particular que não há nada de mais

---

151.

687 GARCÍA DE ENTERRÍA, Eduardo; FERNÁNDEZ, Tomás-Ramón; *Op. cit.*, p. 599 e ss.

688 GRECO, Luís. *Op. cit.,* pp. 189-190.

689 HEINE, Günther. *Op. cit.*, p. 61.

690 HEINE, Günther. *Ibidem*, p. 61.

grave ou errado com a sua conduta, tal comportamento deve ser sim considerado lícito para o Direito Penal[691].

Na análise da imputação objetiva trazida por Jakobs, numa sociedade de riscos permissíveis e não-permissíveis, a atuação nos limites do princípio da confiança é causa de exclusão da tipicidade quando se puder demonstrar a confirmação de uma expectativa normativa legítima em relação a outrem[692]. Ou seja, quando a Administração toma conhecimento do fato ou conduta do agente, e não toma nenhuma providência no sentido de obstá-la; se restar demontrado que isso gerou no administrado uma expectativa legítima, de que a Administração não se opunha ao seu comportamento (tanto que não o impediu, embora ciente), a conduta será atípica diante da presença do risco permitido.

f) Considerações críticas

Enfim, em que pesem as diferenças entre o sistema penal e o administrativo, a sua inegável relação no direito penal ambiental, tanto nos tipos com explícita remissão administrativa quanto nos silentes a este respeito; torna o conteúdo do âmbito da licitude administrativa, na maior parte dos casos, determinante também da licitude penal, ou ainda, fator que remonta aos limites do risco permitido para as ações que envolvam a afetação de bens jurídicos na seara ambiental.

Aliás, sobre todos estes casos de acessoriedade, valem as regras de Figueiredo Dias, para quem, não se menosprezando as considerações acerca da nulidade ou anulabilidade do ato, ou mesmo sobre o silêncio da administração, é preciso levar em conta dois principais critérios: primeiro, que se a decisão administrativa é favorável ao cidadão, regra geral, não se deve divergir da situação real do ato administrativo; logicamente, com exceção dos

---

691 GRECO, Luís. *Op. cit.,* p. 190.

692 JAKOBS, Günther. *Op. cit.,* p. 253 e ss.

atos provenientes de atuações dolosas e ilícitas por parte do particular; segundo, que se a decisão administrativa for desfavorável ao cidadão, deve-se fazer referência à norma antes do que ao ato administrativo, sob pena de se punir o agente por mera desobediência às ordens administrativas, em detrimento do que realmente se objetiva no direito penal ambiental: a proteção de bens jurídicos ecológicos[693].

Afinal de contas, a necessidade de a Administração estabelecer parâmetros concretos sobre os padrões ambientais, importa na orientação daquilo que restringe o âmbito do proibido, o que, para o direito penal ambiental, é de suma importância para a apuração da legalidade ou não da conduta dos particulares.

4.3 Dos Limites de Atuação do Direito Penal Ambiental frente à Acessoriedade Administrativa

De acordo com o que se estabeleceu nos tópicos anteriores, o relacionamento do Direito Penal e o Direito Administrativo deve ser pautado numa relativa dependência de uma esfera à outra, devendo, conforme prima a Constituição de 1988, no multicitado art. 225, parágrafo terceiro, estabelecer critérios que possibilitem uma proteção global do ambiente, de forma a coexistir e coordenar as sanções entre si, em respeito aos demais princípios e garantias constitucionalmente assegurados.

Assim, a expansão do Direito Penal que abarque novas searas de proteção, tal como o meio ambiente, não pode ser aceita como um fenômeno que totalmente abdique ou admita uma flexibilização geral de todos os padrões garantísticos mínimos de intervenção punitiva. Ou seja, é indispensável, que na elaboração dos tipos penais ambientais, a seleção das condutas que sejam mais graves na afetação do bem jurídico ambiental, deve assegurar o

---

693 DIAS, Jorge de Figueiredo. *Op. cit.*, pp. 195-196.

caráter subsidiário de intervenção penal[694].

Partindo-se do critério político-criminal de gravidade para diferenciar as infrações penais das administrativas ambientais, quando venham a ofender, aparentemente um mesmo bem jurídico, nos ensinamentos de Gallardo Rueda, caberá à norma administrativa "regular e limitar as atividades potencialmente danosas para o meio ambiente, sancionando, como regra geral, as atuações que violem a normativa reguladora"[695].

Já à norma penal se reserva como lógica consequência do princípio de intervenção mínima da atução punitiva do Estado, para aquelas condutas mais graves, cumprindo uma função também preventiva, por buscar-se garantir, nos limites da norma, uma maior eficácia derivada da função dissuassória que a sanção penal ainda possui em maior grau do que a sanção administrativa[696].

Como bem observado, o fato de se adotar um modelo de acessoriedade relativa do Direito Penal em relação ao Direito Administrativo nos delitos ambientais, não descarta a necessária função valorativa inarredável do primeiro ramo, afastando-se de uma postura meramente sancionatória de reforço às funções administrativas[697].

É diante destas premissas que alguns limites essenciais devem ser sopesados para uma correta relação de acessoriedade relativa no direito penal ambiental, face ao direito administrativo, conforme serão tratados a seguir, no tocante ao tema do "ne bis in idem" e dos "critérios diferenciadores de valoração do injusto penal nos delitos ecológicos".

---

694 CARVALHO, Érika Mendes de. *Op. cit.*, p. 332.

695 GALLARDO RUEDA, Alberto. Protección penal del medio ambiente: cuestiones generales. In: *Cuadernos de Política Criminal*, Madrid, n. 47, p.613-628, 1992, p. 617.

696 GALLARDO RUEDA, Alberto. *Ibidem,* p. 617-618.

697 CARVALHO, Érika Mendes de. *Op. cit.*, p. 332.

4.3.1 Do "ne bis in idem" entre as sanções penais e administrativas ambientais

Como já demonstrado, vários países, assim como o Brasil (em seu art. 225, § 3º, da Constituição de 1988) adotaram a responsabilidade tripla (civil, administrativa e ambiental) em matéria ambiental. Agora resta saber se, em razão deste preceito, é possível compatibilizar a punição cumultativa das sanções penais e administrativas, com a vedação – também constitucional – estampada no princípio do "ne bis in idem".

Diante desta disposição constitucional e, analisando-se o relacionamento entre o direito penal e o direito administrativo na proteção do meio ambiente, não se poderia deixar de listar um limite importante à atividade punitiva estatal, qual seja o *non bis in idem*[698], cujo conteúdo traz a vedação à cumulação de sanções. Em outras palavras: "ninguém pode ser reiteradamente punido pela prática de uma mesma conduta"[699].

Para Ramos Vásquez, o *ne bis in idem* é "um direito fundamental do cidadão frente à decisão de um poder público de castigá-lo por fatos que já foram objeto de sanção, como consequência do anterior exercício do *ius puniendi* do Estado"[700]. E, segundo analisa a Jurisprudência dos Tribunais Espanhóis, tal princípio ainda implica na preferência da jurisdição penal sobre o poder administrativo sancionador, devido ao caráter garantístico inerente ao primeiro sistema punitivo[701].

---

698 Sobre este assunto, importantes lições trazidas na obra de: MESEGUER YEBRA, Joaquín. *El principio "non bis in idem" en el procedimiento administrativo sancionador.* Barcelona: Editorial Bosch, 2000.

699 MELLO, Rafael Munhoz de. *Op. cit.*, p. 163.

700 RAMOS VÁSQUEZ, José Antonio. Relaciones entre el derecho penal y el derecho administrativo. In: FARALDO CABANA, Patrícia (dir.); PUENTE ABA, Luz María (coord.). *Ordenación del território, patrimonio histórico y medio ambiente em el código penal y la legislación especial.* Valencia: Tirant lo Blanch, 2011, p. 127.

701 RAMOS VÁSQUEZ, José Antonio. *Ibidem*, p. 127.

Trata-se de um princípio geral do direito que, apesar de não estar consagrado expressamente na Constituição Brasileira (e nem na Espanhola, por exemplo), goza de amparo pelo restante do ordenamento jurídico e pelos Tribunais nacionais e estrangeiros, por ter imediata correlação com uma série de outros princípios constitucionais, quais sejam: o da proporcionalidade, legalidade, tipicidade e o da segurança jurídica[702].

A relação com o princípio da proporcionalidade[703] parte do pressuposto

---

702 Sobre um estudo específico da análise do *ne bis in idem* entre as sanções penais e administrativas sancionadoras, cabe citar: CORCOY BIDASOLO, Mirentxu; GALLEGO SOLER, José-Ignacio. Infracción administrativa e infracción penal en el ámbito del delito medioambiental: ne bis in idem material y procesal. (Comentario a la STC 177/1999, de 11 de octubre). Actualidad Penal, N. 8, p. 159-178, fev.2000, pp. 161-162.

703 Cianciardo afirma que a máxima da razoabilidade atravessou os Estados Unidos, em diversos momentos históricos, ligada à ideia de devido processo legal. Já nas raízes européias, a proporcionalidade, despontou no final so século XIX, nos Tribunais Alemães como correlato aos limites do poder de polícia administrativo. Apesar das obscuridades conceituais, considera-se que este princípio, em sentido amplo, contém três sub-princípios: adequação, indispensabilidade ou necessidade e proporcionalidade em sentido estrito ou razoabilidade. O princípio da adequação exige que os atos estatais tenham aptidão para atingir o resultado que se pretende. Ao exercer uma competência, o ente estatal tem em mira uma específica finalidade, devendo a medida adotada ser adequada ao seu alcance. É dizer, o meio utilizado pelo agente estatal deve ser idôneo para atingir o fim que se deseja. Por força do princípio da necessidade, o Estado deve adotar, ao buscar seus objetivos, a medida menos gravosa aos particulares: se há dois meios adequados para atingir um mesmo fim, deve ser adotado pelo Estado o que represente menor sacrifício dos interesses privados. Já o princípio da proporcionalidade em sentido estrito veda a utilização excessiva ou desproporcional da competência outorgada ao agente estatal. Uma vez definida a medida adequada e necessária ao atendimento do fim desejado, deve ainda o Estado praticá-la na exata proporção exigida pela situação. Em outras palavras, o meio empregado deve ser proporcional ao fim desejado. Enfim, o princípio da proibição do excesso ou proporcionalidade exige que o ato estatal seja adequado ao alcance do fim pretendido e cause o menor gravame possível aos particulares. Reza ainda o princípio que o ato adequado e necessário seja praticado na medida exata para o alcance do seu fim. Cf. CIANCIARDO, Juan. *El*

que, quando o legislador cria uma infração e sua sanção correspondente, ao mesmo tempo ele já sopesa com a proporcional e adequada situação normatizada, tendo em vista, principalmente os fins preventivos que toda sanção deve perseguir. Este juízo de proporcionalidade já é feito no momento da criação da sanção pelo legislador, antevendo-se a consequência dali decorrente, sendo intolerável aos primados de adequação e necessidade, a aplicação reiterada de sanção penal e administrativa por uma só conduta.

Assim, conforme leciona Corcoy Bidasolo, a partir da análise da Jurisprudência Espanhola, este princípio tem duas conotações: material e processual. No primeiro aspecto (material), este princípio tem o objetivo de vedar que haja duplicidade de sanções penais e administrativas que contenham identidade de fato, sujeito e fundamento. A exceção à identidade de fato é citada pela autora nas hipóteses de sujeição especial (v.g. sanção disciplinar e penal[704]), em que os fundamentos das sanções não sejam coincidentes[705]. No que tange ao *ne bis in idem* processual, verifica-se a sua necessidade de aplicação quando, em virtude da atuação sancionadora pelo estado, as instâncias administrativa e jurisdicional entrarem em conflito ou colisão, deve-se resolver a favor da manutenção da decisão da última autoridade[706].

Mello afirma que se for o caso de cumulação de sanção administrativa com sanção penal na seara ambiental, não há impedimento por parte do

---

conflictivismo en los derechos fundamentales. Navarra: Ediciones Universidad de Navarra S. A., 2000, p. 286; ainda sobre o referido princípio: ÁVILA, Humberto. *Teoria dos princípios:* da definição à aplicação dos princípios jurídicos. 4.ed. rev. 2.tir. São Paulo: Malheiros, 2005.

704 Segundo Meseguer Yebra (*Op. cit.*, p. 20), nas situações de "sujeição especial", para que exista um duplo castigo "é indispensável que o interesse juridicamente protegido seja distinto, exigindo-se, ademais, que a sanção seja proporcional" (trad. livre da autora).

705 CORCOY BIDASOLO, Mirentxu; GALLEGO SOLER, José-Ignácio. *Op. cit.*, p. 162.

706 CORCOY BIDASOLO, Mirentxu; GALLEGO SOLER, José-Ignácio. *Ibidem*, p. 162.

princípio do *non bis in idem*. Segundo o autor, neste caso, da cumulação de sanções, não se afeta o princípio da proporcionalidade, porque assim foi colocado como adequado e proporcional pelo legislador constituinte, obedecendo principalmente preceitos de ordem constitucional, certamente já primando pelo ideal preventivo, inerente ao sistema punitivo estatal[707].

Assim também defende Fiorillo, no sentido de que não há que se falar em *bis in idem* a partir da leitura do referido dispositivo constitucional, pois além de as responsabilidades ali envolvidas possuírem objetos distintos de proteção, disciplinam regras de responsabilização por regimes jurídicos totalmente diferentes[708].

Entretanto, partindo do pressuposto que as diferenças entre as sanções penais e administrativas são meramente quantitativas, ou seja, quanto à gravidade das primeiras em relação às segundas, a necessária coordenação entre umas e outras disposições, preceito este já reclamado pelo requisito constitucional da unidade do ordenamento jurídico, leva também à necessidade de se possibilitar a vigência do princípio do *ne bis in idem* relativo à atividade sancionadora em relação com as respectivas infrações penais e administrativas[709].

Para Carvalho, apesar de não adentrar completamente no tema do *ne bis in idem*, afirma ser possível que, diante da gravidade da conduta, sob uma perspectiva material, seja necessária a revogação de uma infração administrativa para que se aplique apenas a sanção penal[710]. Da mesma forma, se os delitos penais carecem de considerável gravidade, devem ser convertidos em infrações administrativas. Entretanto, a mesma reconhece que isso nem sempre ocorre, pois, na prática, há a previsão simultânea dos dois modelos

---

707 MELLO, Rafael Munhoz de. *Ibidem*, p. 164.

708 FIORILLO, Celso Antônio Pacheco. *Op. cit.*, p. 130.

709 RODRIGUEZ RAMOS, Luis. *Op. cit.*, p. 146.

710 CARVALHO, Érika Mendes de. *Op. cit.*, p. 323.

de infrações, com suas respectivas sanções[711].

Por outro lado, Corcoy Bidasolo, também defendendo que as sanções penais e administrativas ambientais não são idênticas nem do ponto de vista quantitativo, muito menos do qualitativo, e, portanto, não há que se falar em identidade de fundamento para a caracterização do *bis in idem* material. Isso porque, se houvessem idênticos fundamentos, isso implicaria violação aos princípios da subsidiariedade e de exclusiva proteção de bens jurídicos pelo direito penal.

No âmbito processual, a autora de certo modo critica a Jurisprudência Dominante Espanhola[712] sobre a consagração do *ne bis in idem* processual, no sentido de enfatizar que a Jurisdição Penal Ambiental só deve intervir quando houver uma inatividade ou decisões errôneas por parte da Administração, como, por exemplo, na violação das garantias do devido processo legal. Até porque, para a configuração de um ilícito penal, muitas vezes é preciso de uma fase prévia presidida pela administração, sem a qual a verificação da afetação dos bens jurídicos ecológicos não seria viável.

Ressalta-se, contudo, que considerando que a atuação penal só deve ocorrer quando haja a infração administrativa ambiental, o ilícito administrativo está contido, portanto, no penal. Desta forma, em alguns casos, os Tribunais Espanhóis admitem a possibilidade de se compensar a sanção administrativa na imposição da responsabilidade penal como meio para evitar uma reação desproporcional[713], por exemplo, descontar da multa penal o

---

711 CARVALHO, Érika Mendes de. *Op. cit.*, p. 323.

712 Conforme leciona também Blanco Lozano (*Op. cit.*, p. 726), citando uma sentença do Tribunal Espanhol (STC de 30.01.1981 e a de 3.10.1983), afirma que esta Corte determinou que o órgão administrativo se abstenha de impor sanção enquanto o Juiz Penal ainda não tenha se pronunciado a respeito, de forma que a eventual sanção penal exclui a emanada da Administração. E mais: se o agente for absolvido criminalmente, isso obsta a aplicação de sanção pela autoridade administrativa.

713 Fazendo-se referência à criticada decisão STC 177/1999 do Tribunal Constitucional Espanhol: RAMOS VÁSQUEZ, José Antonio. *Op. cit.*, p. 134.

valor já pago com a sanção administrativa[714]. Nestas hipóteses é como se, materialmente, estivesse aplicando apenas uma sanção, sendo que, apenas formalmente é que seriam duas diversas[715].

No que tange ao tema do *ne bis in idem* entre sanções penais e administrativas ambientais no Brasil, o tema não ganhou o necessário respaldo nos Tribunais Brasileiros, pois, com base na maioria dos autores de Direito Ambiental (alguns acima citados), entendem-se como independentes e cumulativas as responsabilidades penal e administrativa, não havendo que se falar no referido preceito[716].

Diante do que foi exposto, é possível inferir que, com base num modelo dependência absoluta do Direito Penal em relação ao Direito Administrativo na seara ambiental, se a infração penal se confundir com a infração administrativa, sendo aquela um mero reforço de cumprimento desta, é perfeitamente possível que, em nome do princípio de vedação do *bis in idem*, seja aplicada apenas a sanção administrativa ambiental. Ou seja, somente num modelo de dependência relativa, em que há critérios distintos de valoração jurídico-penal dos delitos ambientais é que se pode falar em fundamentos diversos entre as sanções penais e administrativas.

---

714 CORCOY BIDASOLO, Mirentxu; GALLEGO SOLER, José-Ignácio. *Op. cit.*, p. 177. Entretanto, como bem adverte Blanco Lozano (*Op. cit.*, p. 726), nem sempre há uma proporcionalidade no valor das sanções penais com as administrativas, por exemplo, há penas de multa que são muito mais benéficas economicamente do que multa administrativas, quando, na verdade se inverte totalmente o primado de que o Direito Penal deveria ser mais grave e subsidiário.

715 RAMOS VÁSQUEZ, José Antonio. *Op. cit.*, p. 137.

716 Neste sentido: BRASIL. SUPERIOR TRIBUNAL DE JUSTIÇA. *RHC 14341/PR*. Relator(a) Ministra Laurita Vaz. Julgado em 26.10.2004, Publicado no D.J. em 29.11.2004, p. 349. Disponível em: https://www2.mp.pa.gov.br/sistemas/gcsubsites/upload/40/juris_crime_ambiental_stj.pdf. Acesso em: nov.2012).

278

4.3.2 Do reconhecimento de critérios diferenciadores das infrações penais e administrativas ambientais: vedação aos delitos de "mera desobediência" administrativa

Pautando-se numa relação de acessoriedade relativa entre o Direito Penal Ambiental e o Direito Administrativo, considerando-se os pontos de similitude e diferenças (ainda que meramente quantitativas) entre os referidos ramos, passa-se agora à defesa de critérios diferenciadores da atuação penal subsidiária nos delitos ambientais. Deste modo, pode-se inferir que não há que se falar em proteção penal da Administração Pública Ambiental, ou que os delitos ecológicos sirvam unicamente para reforçar o cumprimento das sanções administrativas.

Para Corcoy Bidasolo, é preciso que se fundamente a atuação do direito penal ambiental em critérios específicos que possam delimitar a sua atuação como sendo vocacionada para a exclusiva proteção de bens jurídicos, tanto nos crimes de lesão, quanto nos de perigo (abstrato ou concreto)[717].

Desta forma, o fundamento do direito penal ambiental será sempre, mesmo nos delitos de perigo abstrato, a afetação de bens jurídicos ecológicos, isso porque, exige-se a idoneidade do perigo, ainda que este não deva ser considerado um perigo concreto a ser comprovado *ex post*. Nestes termos, ainda se acrescenta, que a configuração do delito de perigo está justificada diante da especificidade do bem jurídico ambiental, porém, esta observação e critério devem ser respeitados[718].

Neste sentido, afirma Herrera Guerrero, analisando-se os julgados recentes dos Tribunais Espanhóis, que é necessário, além da subsunção da conduta ao tipo e a contrariedade às normas administrativas, que, para análise da tipicidade nos delitos ambientais seja necessária "a criação de uma situação de perigo grave para o bem jurídico protegido, de modo que as

---

717 CORCOY BIDASOLO, Mirentxu; GALLEGO SOLER, José-Ignácio. *Op. cit.*, p. 178.

718 CORCOY BIDASOLO, Mirentxu; GALLEGO SOLER, José-Ignácio. *Ibidem*, p. 178.

simples irregularidades administrativas não constituem, *sic et simpliciter*, delito ambiental"[719]. Isto é, para a autora, é preciso que seja possível comprovar-se a idoneidade de que a conduta empregada pelo agente possa colocar em grave prejuízo para o meio ambiente. Ou seja, deve haver prova de que tal situação colocou efetiva e materialmente em ameaça os bens tutelados pelo Direito Penal Ambiental. "A acessoriedade administrativa, em nenhum caso pode justificar que o Direito Penal renuncie à determinação do bem jurídico"[720], pois isto seria uma ofensa aos princípios penais correlatos.

De acordo com Carvalho, ao se considerar o injusto penal ambiental quantitativamente mais grave, e, ao mesmo tempo tratar-se de um ilícito qualificado, torna-se essencial distinguir quais seriam os elementos que o qualificam desta forma, delimitando-se, assim, o direito de punir do Estado[721].

Por sua vez, a referida autora defende a presença dos *elementos qualificadores* dos delitos ambientais, que funcionariam como limites entre o ilícito penal e o administrativo, quando ambos se ocuparem de modalidades similares de comportamentos. Érika Mendes propõe que a inserção destes elementos no injusto penal ambiental, já que estes possibilitariam uma maior magnitude da culpabilidade do sujeito ou mesmo se atentar a considerações de política-criminal, a fim de possibilitar uma atuação autônoma e legítima por parte do Direito Penal Ambiental (por ser quantitativamente mais grave do que o Direito Administrativo)[722].

Assim, o legislador penal, ao prever a tipificação de condutas potencialmente lesivas ao meio ambiente, deve conduzir-se por critérios político-criminais relativos à necessidade ou não de pena, constatando-se, para tanto,

---

719 HERRERA GUERRERO, Mercedes. *Op. cit.*, p. 57.

720 HERRERA GUERRERO, Mercedes. *Ibidem*, p. 60.

721 CARVALHO, Érika Mendes de. *Op. cit.*, p. 325.

722 CARVALHO, Érika Mendes de. *Ibidem*, p. 325.

a maior gravidade da conduta do ponto de vista material e, em segundo plano, avaliando-se a conveniência e oportunidade de intervenção penal[723].

Dentre os critérios mais decisivos na diferenciação de uma mera violação de dever administrativo para um delito que esteja apoiado na proteção de bens jurídicos, é, sem dúvidas, a partir do prisma da análise da ofensividade penal. Ou seja, não basta que a infração penal comporte uma infração administrativa: é preciso que se analise se o desvalor da conduta e do resultado representam, sobretudo, uma ofensa de lesão ou de exposição de perigo ao bem jurídico ecológico situado na norma penal.

De acordo com Renato de Mello Jorge Silveira, entende-se por princípio da lesividade a necessidade de comprovação da lesão de determinado bem jurídico como forma de protegê-lo por meio da tutela penal[724]. A ideia de ofensividade ou lesividade tem origem já nos escritos de Beccaria, quando este afirmava que não era possível punir condutas que não causassem danos ou prejuízos à comunidade[725].

Segundo Fábio Roberto D'Ávila, o dano, como medida do crime, assumia no período da Ilustração, o elemento central do delito, além de ser seu elemento crítico de criminalização. Entretanto, equivocavam-se tanto Beccaria quanto Feuerbach, por afirmarem que o dano era perpetrado contra *direitos subjetivos* e não contra *bens jurídicos*[726]. Em Birnbaum, contudo, a ideia de ofensividade assume outros novos parâmetros de ofensa (até hoje

---

723 CARVALHO, Érika Mendes de. *Op. cit.*, p. 325. Conforme propõe a autora: "assim, se, por um lado, os ilícitos penais ambientias nos quais se constata uma acessoriedade administrativa absoluta deveriam ser transformados em ilícitos administrativos – ou permanecer somente no âmbito sancionador do Direito Administrativo -, por outro lado, os ilícitos penais nos quais se verifica a ausência de reenvio normativo no âmbito do tipo poderiam merecer tão somente a intervenção penal" (*Ibidem*, pp. 332-333).

724 Cf. SILVEIRA, Renato de Mello Jorge. *Op. cit.*, p. 54.

725 BECCARIA, Cesare. *Op. cit.*, p. 75.

726 D'ÁVILA, Fábio Roberto. *Op. cit.*, p. 61.

adotados): as formas fundamentais de dano e perigo ao bem jurídico[727]. Para D'ávila, o princípio da ofensividade de bens jurídicos é uma exigência constitucional. Segundo o autor, a proteção jurídico-constitucional da liberdade, bem como da dignidade da pessoa humana, impedem o alargamento da tutela penal para além das hipóteses em que não se implique uma ofensa a outros bens jurídicos que também estejam em consonância com a Lei Fundamental[728].

Para Luiz Flávio Gomes, a importância do bem jurídico tem relação direta com três importantes institutos do injusto penal, quais sejam: a modalidade da ofensa (crimes de lesão ou de perigo); a forma precisa da conduta (se dolosa ou culposa) e mesmo com o nível de tutela (se consumado ou tentado)[729].

Outra consideração importante pode ser extraída de Luigi Ferrajoli[730], quando em sua obra, dentro dos axiomas indeléveis de intervenção punitiva num Estado Democrático de Direito, sustenta o princípio da ofensividade a partir da máxima: *nulla poena, nullum crimen, nulla lex poenalis sine iniuria*. Ele explicita no princípio da lesividade o fundamento axiológico

---

727 Cf. D'ÁVILA, Fábio Roberto. *Ibidem*, pp. 69-71.

728 D'ÁVILA, Fábio Roberto. *Ibidem*, pp. 69-71.

729 GOMES, Luiz Flávio. *Op. cit.*, p. 90.

730 Vide: FERRAJOLI, Luigi. *Derecho y razón*. Teoría del Garantismo Penal. Trad. de Perfecto Andrés Ibáñez, Alfonso Ruiz Miguel, Juan Carlos Bayón Mohino, Juan Terradillos Basoco, Rocío Cantarero Bandrés. Madrid: Editorial Trotta, 1995, p. 463 e ss. Na opinião do Ferrajoli, em outra obra, mais específica sobre a temática dos bens jurídicos (FERRAJOLI, Luigi. *Derecho Penal Mínimo y Bienes Jurídicos Fundamentales*. Disponível na Internet em: http://www.juareztavares.com/textos/ferrajoli_bens_minimo.pdf. Acesso em 12 de junho de 2012): "La idea del bien jurídico que se remite al principio de la ofensividad de los delitos como condición necesaria de la justificación, de las prohibiciones penales, se configura como límite axiológico externo (con referencia a bienes considerados políticamente primarios) o interno (con referencia a bienes estimados, constitucionalmente protegidos) del Derecho Penal."

principal dos elementos substanciais ou constitutivos do bem jurídico, o que, em dado grau, tem a ver também com o axioma da *absoluta necessidade* de proteção penal[731].

Conforme bem assinala Mata y Martín, em consonância aos critérios propostos pelas tendências político-criminais de revisão das características de configuração legislativa, frente às disfunções e problemas suscitados pela expansão do perigo no Direito penal e à pluralidade de interesses novos, de caráter coletivo, que ganham qualidade de bens jurídicos, requer a detida observação sobre as novas técnicas de tutela assimiladas pela dogmática contemporânea[732].

Em sentido oposto, Mantovani destaca o papel constitucional da ofensividade, como princípio a ser observado, mas, ressalta que nenhuma norma principiológica pode pretender ser absoluta, razão pela qual acredita que, em determinados casos, o direito penal deve proteger crimes sem ofensividade, ou seja, aqueles bens coletivos, institucionais etc., em que, por razões político-criminais de prevenção geral, devam ser de tal modo tutelados. Desta forma, acredita o autor que, inclusive estaria se preservando o conteúdo principiológico da ofensividade, afastando-se de sua aplicação em técnicas onde ela, integralmente, não possa assumir seus contornos definitórios[733].

---

731 FERRAJOLI, Luigi. *Ibidem*, p. 463 e ss.

732 Cf. MATA Y MARTÍN, Ricardo M. *Op. cit.*, pp. 75-76.

733 MANTOVANI, Ferrando. Il principio di offensività nello schema di delega legislativa per un nuovo codice penale, In: *RIDirPP*, 2 (1997), p. 323. Em outra oportunidade, o autor insiste que o princípio da ofensividade é meramente regular, mas não pode ser tido como único ou tirânico, veja-se: "El principio de ofensividad de los delitos es un principio 'regular' que, como todo principio, para no devenir tiránico debe contemperarse con la necesidad de prevención, de modo que admite derogaciones puntuales necesarias para la prevención de determinados atentados contra bienes primarios (individuales, colectivos, institucionales). Frente a ciertas conductas humanas, la tutela de los bienes aludidos ha de ser preventiva; es preciso anticipar la línea de

Entretanto, sobre este assunto, não é possível adotar tal posicionamento se se recorre à ideia de direito penal secundário[734], sustentada por Faria Costa[735], para quem, uma teoria que não se apóie na violação de um bem jurídico, é, por sua vez, um descuido metodológico. O referido autor trabalha com a denominação filosófica de que o direito penal deve partir de uma construção "onto-antropológica"[736], fundada no ilícito e não na necessidade

defensa en delitos en los que aguardar a la verificación del hecho lesivo es demasiado arriesgado: la hibridación entre hombre y animal, por ejemplo, o el desastre atómico, o la contaminación ambiental, en los que han de castigarse los actos de experimentación, de preparación o de riesgo, respectivamente. Pero éstas son derogaciones excepcionales que no pueden convertirse en la regla; la regla es el derecho penal de la ofensividad, esto es, fundado en la lesión o, al menos, la puesta en peligro." (MANTOVANI, Ferrando. Conversaciones: Dr. Ferrando Mantovani. Por Jesús Barquín Sanz y Miguel Olmedo Cardenete. *Revista Electrónica de Ciencia Penal y Criminologia* (RECPC), 05-c1 (2003), p. 6. Disponível na Internet em: http://criminet.ugr.es/recpc/05/recpc05-c1.pdf. Acesso em jul.2012).

734 Este termo é utilizado pela doutrina portuguesa, conforme traz Figueiredo Dias (*Op. cit.*), para designar o direito penal extravagante ou acessório que surge ao lado do tradicional, com as características de um "direito penal administrativo"(conforme também menciona TIEDEMANN, Klaus. *Nebenstrafrecht apud* D'ÁVILA, Fábio Roberto. *Op. cit.*), já que "sanciona, com penas, a violação de ordenações da administração e se apresenta assim como direito administrativo, senão segundo a competência, por certo segundo a matéria"(DIAS, Jorge de Figueiredo. *Para uma dogmática do direito penal secundário. Um contributo para a reforma do direito penal econômico e social português.* In: D'ÁVILA, Fábio Roberto; SOUZA, Paulo Vinícius Sporleder de (coord.). *Direito Penal Secundário.* Estudo sobre crimes econômicos, ambientais, informáticos e outras questões. São Paulo: Editora Revista dos Tribunais; Coimbra: Coimbra Editora, 2006, p. 16.).

735 COSTA, José de Faria. *Op. cit.*, p. 583 e ss.

736 Quanto a este aspecto, Faria Costa (*Op. cit.*) funda-se numa parábola de Heidegger sobre a noção de cuidado para ilustrar a sua construção do chamado "cuidado-de-perigo", que em linhas gerais se refere às noções de cuidado em relação aos outros e em relação consigo próprio.

de pena[737], como por muito tempo se sustentou a função ou finalidades de sua atuação.

Segundo a ótica deste autor, a ofensividade ganharia um lugar de categoria jurídica capaz de fundamentar e delimintar o ilícito, revelando-se, autonomamente, aos demais critérios de desvaloração dos componentes da tipicidade, focando-se no nível de valoração do resultado. Dada a previsão constitucional do princípio da ofensividade, este torna-se um valor normativo, que deve ser considerado (não como único critério), para a fundamentação do ilícito penal.

Com isso, Faria Costa acredita na construção da legitimidade de intervenção penal por meio tanto de formas de dano/violação quanto de perigo/violação, pois mesmo nestas, a ofensividade não estaria descartada, apenas reelaborada normativamente para verificar quando o indivíduo, através de sua conduta, coloca o bem jurídico no âmbito do perigo não suportável pelo Direito Penal.

Aliás, importante elencar também a consideração de Anselmo Borges, de que, o estudo da ofensividade e das técnicas de ofensa é uma das missões inarredáveis ao processo de atualização da ciência jurídico-penal, como decorrência normativa do conclame à superação (*Aufhebung*)[738].

Ante tais premissas, vale citar que num modelo de ilícito penal ambiental que se apóie na necessidade de ofensa a tal bem jurídico, é preciso dotar a dogmática penal de critérios normativos que possam, dentro da análise da

---

737 Também neste aspecto, faz referência a Ernst Joachim Lampe, para quem o ordenamento jurídico-penal pode ser pensado ontologicamente ou funcionalmente: no primeiro caso, se dá maior destaque à estrutura do ilícito penal; na segunda forma, destaca-se as consequências da pena, seus fins etc. (Cf. LAMPE, Ernst Joachim. Sobre a estructura ontológica del injusto punible. In: *RECrim*, 16 (2004), p. 31.)

738 Cf. BORGES, Anselmo. O crime econômico na perspectiva filosófico-teleológica. In: *Rev. Portuguesa de Ciência Criminal* 1/21, 2000 *apud* D'ÁVILA, Fábio Roberto. Elementos para a legitimação do direito penal secundário. In: D'ÁVILA, Fábio Roberto [*et alii*]. *Op. cit.*, p. 92.

tipicidade do caso em concreto, reconhecer se houve, ao menos "a possibilidade não-insignificante de dano ao bem jurídico"[739].

Diante do exposto, verifica-se que os elementos qualificadores de ofensividade podem colaborar com a delimitação das infrações penais ambientais, sem que se recorra à mera noção de delito como desobediência administrativa, para que se detenha a missão primordial da atuação subsidiária do *ius puniendi:* a exclusiva proteção de bens jurídicos contra as ofensas ou ataques mais insuportáveis ao convívio social.

4.4 Das Funções Essenciais da Acessoriedade Administrativa nos delitos ambientais: adequação social e risco permitido

Como já foi demonstrado, o meio ambiente é um bem difuso, ou seja, tem destinatários indeterminados dentro de uma coletividade, assim como se rege por uma principiologia bastante peculiar[740], tendo em visa que, algumas condutas lesivas, uma vez praticadas, podem causar danos irreparáveis não só às presentes, mas também às futuras gerações.

Desta forma, quando na defesa do meio ambiente, como direito fundamental projetado para o futuro, as sanções administrativas (e/ou civis) não se mostrarem suficientes para a repressão das agressões contra este valor elementar social, repassa-se ao Direito Penal a competência para selecionar e punir as condutas mais gravosas.

Com base nas novas necessidades e dimensões do Direito Penal,

---

739 Cf. trabalha a temática dos crimes de perigo abstrato com tal máxima, vide: D'ÁVILA, Fábio Roberto. *Op. cit.*, p. 113.

740 Conforme salientado nos capítulos 1 e 2, alguns princípios norteadores da proteção ambiental, de um modo geral, tais como: o da precaução e prevenção, são contrastantes com a estrutura da Dogmática Penal Tradicional, que foi inicialmente formulada a fim de conter os abusos do Estado, havendo, já em Beccaria (*Op. cit.*, p. 75), a noção de "danosidade social" para autorizar a intervenção.

especialmente da tipicidade e antijuridicidade penal[741], com vistas à manter uma intervenção penal mínima e não ferir direitos e garantias fundamentais (como o do *nullum crimen sine iniuria*), e, assim, garantir sua legitimidade no ordenamento jurídico, há que se fazer uma análise e integração destes efeitos em relação aos delitos ecológicos, possibilitando-se uma reflexão teórica e, quiçá, elaborar uma nova construção jurídica.

Com base no que foi afirmado, em que pese a necessária coordenação entre o Direito Penal Ambiental e o Direito Administrativo na proteção do meio ambiente, cabe ao primeiro uma função meramente subsidiária na proteção dos bens jurídicos ecológicos mais importantes para a manutenção das condições vitais.

Além disso, restou assentado que em razão das especifidades do bem jurídico tutelado, na elaboração das normas penais ambientais, o legislador deve se recorrer à técnica do reenvio (ou acessoriedade) seja em relação a conceitos, normas ou atos administrativos concretos, já que no desenvolvimento de algumas atividades socialmente úteis e necessárias, indispensáveis à ordem dinâmica da sociedade contemporânea, alguns riscos ambientais podem ser suportados e outros não.

Há casos de referência expressa e implícita nos tipos penais, porém, em ambos os casos, entende-se como necessária a observância da normativa ou dos limites traçados pelo ato administrativo, precipuamente porque tais

---

741 Há vários sistemas de fatos puníveis relacionados aos modelos estruturais de conjugação de seus elementos integradores: tipicidade, ilicitude, culpabilidade. De acordo com Cirino dos Santos, há, na literatura alemã, principalmente dois: o modelo bipartido e o tripartido. No primeiro, de um lado, sustentado por Otto, o injusto penal é formado pela tipicidade e antijuridicidade, enquanto que, para Merkel, o conceito é bipartido porque é formado pelo tipo de injusto (tipicidade e não ocorrência de causas de justificação – "teoria dos elementos negativos do tipo") mais culpabilidade. Já no modelo tripartido, na linha de Liszt, Beling, Radbruch, Welzel e Roxin, o fato punível seria formado por ação típica, antijuridicidade e culpabilidade. Neste sentido: SANTOS, Juarez Cirino dos. *Op. cit.*, pp. 73-79.

parâmetros norteiam o âmbito permissivo que deve ser considerado no momento de averiguação do juízo de desvalor relativo ao tipo penal[742].

De acordo com um estudo aprofundado e específico sobre o assunto, Carvalho sustenta que a acessoriedade administrativa pode apresentar diferentes funções dogmáticas nos delitos ambientais, seja como causa de atipicidade da conduta por ausência de lesão ou perigo ao bem jurídico tutelado; ou, em outros, como medida de tolerância ou suportabilidade na lesão ou perigo de lesão típicos[743]. Isso porque a autora concebe que ao lado de preceitos que determinam certas ordens ou proibições relativas à proteção dos bens jurídicos ecológicos, há também permissivos, que podem autorizar alguns comportamentos que lesionam ou expõem em risco o meio ambiente[744].

Nas normas penais ambientais em que se faz referência expressamente à acessoriedade administrativa, seja ela como elemento normativo do tipo que faça ensejando complementação conceitual, mas, precipuamente, normativa ou de ato administrativo; o atendimento aos padrões administrativos pode significar a atipicidade da conduta por valorá-la como *socialmente adequada* ou porque foi amparada pelo *risco permitido*. Já nos delitos em que a referência não é expressa, entende-se que ela existe, ainda que de forma implícita, e que sua função consistirá na análise da atuação do agente sob o manto de eventuais *causas de justificação*, excluindo-se, assim, a ilicitude da conduta.

No primeiro aspecto, é preciso, conforme leciona JESCHECK, partir do pressuposto que tanto nos comportamentos ativos quanto omissivos, deve-

---

742 CARVALHO, Érika Mendes de. Ensaio sobre o significado dogmático da acessoriedade administrativa nos delitos ambientais. *Revista Liberdades (IBCCRIM)*. Edição Especial, pp. 23-46, dez.2011. Disponível na Internet em: http://revistaliberdades.org.br/_upload/pdf/10/artigo1.pdf. Acesso em: nov.2012, p. 24.

743 CARVALHO, Érika Mendes de. *Ibidem*, p. 24.

744 CARVALHO, Érika Mendes de. Ibidem, p. 27.

se buscar a sua relação com "o mundo que os circunda", de forma que, para fins penais, a ação deve ser um comportamento "socialmente relevante", seja porque o agente agiu com a finalidade (ação) ou que a sua projeção para o exterior tenha sido esperada e dirigível (omissão)[745].

Logicamente, a análise do comportamento socialmente relevante não dispensa os juízos de antijuridicidade nem de culpabilidade, a fim de saber se o indivíduo será merecedor ou não de pena. Porém, a grande tarefa de uma noção social de ação é "assinalar e delimitar, enquanto ao seu conteúdo, o âmbito que de alguma maneira interessa ao juízo de imputação" penal, sendo, portanto, de grande valor sistemático para a compreensão do delito[746].

Assim, como o Direito Penal Ambiental não protege de forma absoluta os bens ecológicos, o que deve ocorrer, na verdade é um jogo de sopesamento de interesses entre a tutela e a utilização racional de determinados recursos naturais necessários para o desenvolvimento social; de modo que a referência expressa ao ato administrativo (por exemplo, nas condutas em que se proíbe explorar florestas sem a devida permissão, licença da autoridade competente – vide art. 39 da Lei 9.605/98); exerce um parâmetro de adequabilidade social da conduta. Em outras palavras, não há o desvalor da ação (e, consequentemente, também não haverá do resultado) na conduta praticada amparada pelo ato permissivo, e, portanto, é atípica por ser adequada socialmente[747].

Mesmo nas remissões não aos atos concretos, mas às normas de direito administrativo, como elemento normativo dos tipos penais ecológicos, a complementação possibilita uma valoração do sentido social da conduta praticada pelo indivíduo. Deste modo, quando o preceito incriminador fizer referência à expressão "com infringência de normas de proteção ambiental"

---

745 JESCHECK, Hans-Heinrich. *Op. cit.*, pp. 201-202.

746 JESCHECK, Hans-Heinrich. *Ibidem*, p. 203.

747 CARVALHO, Érika Mendes de. *Op. cit.*, p. 30.

(vide artigos, por exemplo, 38, 38-A, 45, da Lei 9.605/98), não haverá desvalor da conduta (nem do resultado) se o agente atuar no âmbito do determinado administrativamente, ainda que, eventualmente, possa haver uma afetação do bem jurídico, estará atuando dentro dos parâmetros de utilidade social[748].

Em síntese, pode-se depreender que, se o legislador lança mão da acessoriedade administrativa no tipo penal, seja nos delitos de lesão, perigo abstrato ou concreto, é possível afirmar que o elemento normativo referido possui a valoração (seja ela concreta ou abstrata) realizada pela Administração Ambiental. Se a valoração for adequada socialmente, isso indicará a atipicidade da conduta, não havendo que se falar em desvalor da ação, e, muito menos, em desvalor do resultado[749].

Cabe ressaltar que, mesmo que uma ação seja adequada socialmente, ainda assim ela pode lesionar ou colocar em perigo outros bens jurídicos. Utilizando-se como exemplo os crimes ambientais, isso representa dizer que, mesmo que o indivíduo se atenha à licença ou permissão e a respeite em seus limites, isso não obsta que sua conduta possa colocar em perigo ou lesionar bens jurídicos individuais correlacionados[750].

Assim, se mesmo amparado nas premissas da normativa extrapenal e, as consequências danosas do seu exercício não foram objeto de previsão ou ponderação anterior por parte deste, inexiste desvalor da conduta e do resultado no comportamento[751].

De acordo com o que leciona JESCHECK, o "risco permitido" não é nenhuma justificante, mas sim, é um "princípio estrutural comum" para as

---

748 CARVALHO, Érika Mendes de. *Ibidem*, pp. 32-33.

749 CARVALHO, Érika Mendes de. *Ibidem*, p. 42.

750 CARVALHO, Érika Mendes de. *Ibidem*, p. 42.

751 CARVALHO, Érika Mendes de. *Ibidem*, pp. 42-43.

diversas causas de justificação[752]. Nestas, configuradas segundo a estrutura do risco permitido, o autor obtém uma permissão enquanto ação para a atuação arriscada, mas não uma faculdade de intervenção no bem jurídico protegido, posto que este é, a princípio, tão digno de proteção como o interesse que o autor defende, e as condições que justificariam a intervenção não se dão ao tempo de realizar a ação que em última instância pudessem revelar-se como concorrentes[753].

É como se afirmasse que, em que pese a insegurança gerada, a ação perigosa é autorizada pelo legislador para assegurar, de certo modo, o interesse defendido pelo sujeito. Assim, se a ação arriscada causa uma lesão ao bem jurídico protegido, revelando-se objetivamente injustificada, mas os pressupostos reunidos pelo autor não concorreram para a ocorrência do fato, conforme se evidencia depois, este comportamento deve ser absorvido e assumido pelo ordenamento, e, não pelo sujeito. Isto é, para uma causa de justificação baseada no risco permitido, basta que o agente demonstre uma "cuidadosa comprovação dos pressupostos que interessem ao ponto incerto"[754].

Deste contexto pode-se inferir que mesmo nas remissões implícitas à acessoriedade administrativa, há uma função de "parâmetro material de lesão ou ameaça de lesão aob em jurídico"[755], ou seja, ainda assim, este reenvio deve ser considerado na análise dos delitos ambientais. Em outras palavras,

---

752 JESCHECK, Hans-Heinrich. *Op. cit.*, p. 361. Neste mesmo sentido, CARVALHO (*Ibidem*, p. 25): "Consequentemente, o chamado risco permitido consiste em um princípio estrutural das causas de justificação, que possibilita a realização de condutas típicas socialmente necessárias. No caso do exercício de um direito, será fundamental examinar a regularidade deste exercício, a saber, sua proporcionalidade, sua oportunidade e sua necessidade, delimitadas pelo cuidado objetivo devido".

753 JESCHECK, Hans-Heinrich. *Ibidem*, p. 361.

754 JESCHECK, Hans-Heinrich. *Ibidem*, p. 361.

755 LOBATO, José Danilo Tavares. *Op. cit.*, p. 157.

as normas que determinam o cuidado objetivo, estabelecem o âmbito do risco permitido, de modo que, mesmo que a conduta seja aparentemente típica, não poderá ser considerada ilícita dado que é necessária para outra finalidade também valiosa para o ordenamento[756].

Um exemplo claro desta situação é o que ocorre no tipo penal do art. 54 da Lei 9.605/98: neste crime de poluição, mesmo que o legislador não tenha feito referência expressa à normativa ou a atos administrativos concretos, é impossível ignorar os parâmetros ou índices permissíveis elencados pelas normas administrativas.

Conforme leciona Paulo Affonso Leme Machado, seria uma afronta ao princípio da unidade do ordenamento considerar que o agente pudesse empreender sua conduta totalmente desvinculado dos padrões ambientais, ainda que o tipo penal não faça remissão a nenhum descumprimento de qualquer norma ou ato administrativo[757].

Até porque o particular, quando empreende uma determinada atividade potencialmente poluidora, deve conhecer, por meio da normativa administrativa, quais são os valores-limite de poluição aceitáveis, a fim de que não se viole o princípio da confiança em relação aos preceitos legais exigíveis. Ou seja, não seria correto a Administração traçar determinados limites, e o Direito Penal criar outros totalmente discrepantes, afetando-se a segurança jurídica inerente às relações sociais. Estaria, destarte, diante de uma "contradição sistêmica" e uma ofensa ao princípio político-criminal que garante a atuação do Direito Penal apenas como *ultima ratio*[758].

Em suma, o que se veda, pelo Direito Penal, são os riscos adicionais, acessórios, que vão além do âmbito permitido traçado pelos padrões trazidos pela Administração Ambiental. Neste caso, se abarcados pelo dolo ou

---

756 CARVALHO, Érika Mendes de. *Op. cit.*, p. 43.

757 MACHADO, Paulo Affonso Leme. *Op. cit.*, p. 702.

758 LOBATO, José Danilo Tavares. *Op. cit.*, p. 158.

imputáveis a título de culpa ao agente, estes riscos não poderão ser suportados pelo ordenamento, e, portanto, deverão ser imputados penalmente ao sujeito que os deu causa.

Do exposto não é possível concordar integralmente, por exemplo, com autores como SILVA SÁNCHEZ, de que o legislador penal é quem deve, em primeiro lugar, conferir a determinação dos riscos permitidos, e, só depois a dogmática e a prática dos juízes[759]. Pelo contrário, a tarefa de se determinar o risco lícito não é única e exclusiva do legislador de Direito Penal, já que outras searas e órgãos podem definir aqueles parâmetros que impedem a intervenção do *ius puniendi,* dada a tolerância social das condutas[760]. Entretanto, mesmo que as técnicas de reenvio administrativo coadunem com a determinação do risco permitido, de acordo com o que foi sustentado, para fins de legitimação da intervenção penal ambiental, faz-se de extrema importância a concorrência dos demais pressupostos de imputação exigidos pelo tipo penal, a fim de que se mantenham as garantias penais inarredáveis

---

759 SILVA SÁNCHEZ, Jesús María. Protección penal del médio ambiente? Texto y contexto del art. 325. In: *Diario La Ley,* 1997, tomo 3, D-132, p. 15-16.

760 HERRERA GUERRERO, Mercedes. *Op. cit.,* p. 52.

CONSIDERAÇÕES FINAIS

Diante da abordagem realizada neste estudo, é possível inferir algumas ideias conclusivas:

1. é inegável a necessidade de reflexão sobre as novas características da sociedade mundial, pautada na globalização, na inserção de tecnologias e no alto padrão de consumo, especialmente no que se refere à temática dos riscos sociais propiciados por este processo evolutivo;

2. também não é possível desconsiderar que, em razão das mudanças sociais, a forma de o homem se relacionar com a natureza e os elementos que esta compõem foi alterada e requer uma tomada de posição para que se possa controlar (ou, para aqueles que desconsideram o fenômeno, evitar) a crise ecológica que foi desencadeada desde os séculos anteriores, com os pioneiros da revolução industrial;

3. a sociedade de riscos foi sentida não apenas nos debates sociológicos, mas sobejamente, no âmbito jurídico, que requer uma inarredável sensibilização do Direito para com a sensação geral de insegurança pautada na distribuição de riscos globais, imensuráveis e desconhecidos cientificamente;

4. ficou assentado também que o papel dos Estados Nacionais, diante desse contexto, não pode ser o mesmo dos Estados Liberais de Direito dos séculos XVIII e XIX, já que os contextos de ameaças globais impõem-lhes uma atuação gerencial positiva e prestacional;

5. não há dúvidas de que a constitucionalização e a elevação do meio ambiente à posição de direitos fundamentais alteraram a própria noção de dignidade humana, haja vista que as condições de equilíbrio ambiental proporcionam a sadia qualidade de vida, indispensável para as presentes e futuras

gerações;

6. a relevância da preservação do meio ambiente, neste contexto de fundamentalidade constitucional, ensejou uma elevação em sua dignidade e na necessidade de tutela penal, como um verdadeiro bem jurídico-penal;

7. sob a ótica da teoria do bem jurídico, sustentada (e não abdicada) por este estudo, o meio ambiente apresenta uma especificidade que o dota de caráter complexo, do ponto de vista conceitual, o que, a fim de compatibilizar com os princípios limitadores da atuação punitiva, obriga-se a uma delimitação do objeto ou conteúdo protetivo;

8. nesse contexto, adotou-se a teoria intermediária para a definição dos elementos que compõem o bem jurídico "ambiente", a fim de compactuar com o caráter fragmentário e subsidiário inerentes à proteção jurídico-penal, por considerar as concepções ampla e restrita com problemas interpretativos incompatíveis com os limites ora sustentados;

9. verificou-se que o meio ambiente é dotado de caráter supra-individual, ou difuso, o que lhe confere uma necessidade de tipificação própria, seja reconhecendo-se o caráter autônomo da proteção de seus elementos; seja vinculando sua proteção, em determinados casos, a bens jurídicos individuais e pessoais. Entretanto, desconsiderar o caráter de proteção penal coletivo e intrínseco deste bem é negar o que constitucionalmente se impôs pela projeção intergeracional. Da mesma forma, seria inviabilizar a tutela penal de espécies animais (e da flora) em extinção, unicamente por não se vislumbrar dano imediato à bens individuais (vida, saúde ou integridade física humanas);

10. acolheu-se, diante deste contexto, uma visão de proteção antropocêntrica moderada, ou antropoecocêntrica fundada tanto na proteção vinculada a interesses individuais, quanto na proteção em caráter intrínseco do meio ambiente, como forma de se diferenciar e justificar a autonomia de sua tutela punitiva em relação aos demais delitos tipificados tradicionalmente nos códigos penais;

12. diante da relevância e da necessidade de tutela, ainda que de forma subsidiária e última, agregou-se a legitimidade da proteção penal, não meramente por estar expressamente consagrada na Constituição, mas, sobejamente, pelos fatores dogmáticos e político-criminais que justificam sua inserção no quadro de bens jurídicos essenciais de uma coletividade (não menos importantes que os bens individuais);

13. analisados os preceitos da expansão do Direito Penal na sociedade de riscos, é possível constatar que a tutela do meio ambiente é justificável diante dos contextos sociais atuais. Reconhece-se também o caráter preventivo assumido pelo Direito Penal diante desta nova criminalidade (organizada e tecnológica), evitando-se uma omissão jurídica, ainda que sua atuação seja fragmentária;

14. questiona-se os argumentos de resistência da Escola de Frankfurt, por vários aspectos: primeiro, pela impossibilidade de se retroceder a um Direito Penal Clássico e imutável, dada a característica intrínseca do ordenamento jurídico em se adaptar às novas exigências sociais; segundo, pela sustentação da necessidade de prevenção geral e especial subsidiárias, elencadas à tutela penal, ainda que em contexto de crise social; terceiro, porque a proposta do Direito de Intervenção não restou sobejamente clara e empiricamente mais eficiente na resolução dos problemas sociais mais graves;

15. diante das propostas de funcionalização e modernização do Direito Penal para a proteção do meio ambiente, percebeu-se que as características do bem jurídico impõem a necessidade de tutela preventiva do referido bem, sem, contudo, abdicar-se do conteúdo essencial dos preceitos limitadores do *ius puniendi* estatal;

16. a relação entre o Direito Penal e o Direito Administrativo sancionador se dão mais por critérios político-criminais, de ordem de gravidade e necessidade de intervenção, do que por diferenças qualitativas;

17. deste modo, é preciso, para fins de atendimento a interesses legítimos político-criminais, rechaçar uma dependência absoluta do Direito Penal em

relação ao Direito Administrativo;

18. nesse sentido, as remissões em bloco, ou que relegam a incriminação totalmente ao Direito Administrativo devem ser abominadas, pois há que se caracterizar diferenças estruturais entre as infrações penais e administrativas, em favor da proteção do meio ambiente;

19. deste modo, aponta-se como uma solução para harmonização a fixação de critérios penais que possam valorar o ilícito administrativo e que este seja apenas um dos elementos, e não o essencial, para a incriminação penal, evitando-se a punição de meras desobediências administrativas que não agreguem a recondução a ofensas a bens jurídicos;

20. neste sentido, o desvalor da conduta e o desvalor do resultado para a análise da colocação em risco do bem jurídico deve ser sopesada, distinguindo-se, assim, a infração administrativa da infração penal, logicamente, priorizando a atuação do Direito Administrativo em prol do princípio da *ultima ratio*.

21. no entanto, para a unidade do ordenamento jurídico, e com vistas a atender às novas e constantes necessidades das técnicas legislativas penais, as formas de remissão, ou acessoriedade administrativa que guardam relativa dependência (e não absoluta) em relação ao Direito Administrativo são uma realidade inegável e irrenunciável;

22. para minorar os problemas, é necessário que o legislador seja preciso na estipulação de remissões legislativas, evitando-se remissões genéricas ou imprecisas, valendo-se de leis concretas facilmente identificáveis, que tragam com precisão, os elementos específicos e claros que o Código Penal ou a Lei Ambiental não possam detalhar. Evita-se, assim, um casuísmo exacerbado.

REFERÊNCIAS

ACETI JÚNIOR, Luiz Carlos e outros. *Crimes Ambientais*. Responsabilidade das Pessoas Jurídicas. São Paulo: Imperium Editora, 2007.

AGUIAR, Alexandre Magno Fernandes Moreira. *Os limites constitucionais das sanções administrativas*. Disponível em: http://www.buscalegis.ufsc.br/revistas/files/anexos/19907-19908-1-PB.pdf. Acesso em 02.12.2011.

ALBRECHT, Peter-Alexis. *Criminologia*. Uma fundamentação para o Direito Penal. Trad. Juarez Cirino dos Santos e Helena Schiessl Cardoso. Rio de Janeiro: Lumen Juris, 2010.

ALEXY, Robert. *Teoria dos Direitos Fundamentais*. Trad. Virgílio A. Da Silva. São Paulo: Malheiros, 2008.

ALMEIDA, Gregório Assagra de. *Direito Material Coletivo*. Superação da *Summa Divisio* Direito Público e Direito Privado Por uma nova *Summa Divisio* Constitucionalizada. Belo Horizonte: Del Rey, 2008.

ALMELA VICH, Carlos. El medio ambiente y su protección penal. In: *Actualidad Penal*, Madrid, v. 1, 1/26, p.25-44, semanal. 1998.

ALVARADO MARTÍNEZ, Israel; CALVILLO DÍAZ, Gabriel. Consideraciones para una reforma penal ambiental. *Criminalia*, México, v. 68, n. 1, p.25-45, jan./abr. 2002.

ANGIONI, Francesco. *Il pericolo concreto come elemento della fattispecie penale*. 2. ed. Milano: Giuffrè, 1984.

ANTUNES, Paulo de Bessa. *Direito ambiental*. 11. ed. Rio de Janeiro: Lumen Júris, 2008.

ÁVILA, Humberto. *Teoria dos princípios:* da definição à aplicação dos princípios jurídicos. 4.ed. rev. 2.tir. São Paulo: Malheiros, 2005.

BACIGALUPO, Enrique. *Derecho Penal*. Parte General. 2. ed. Buenos Aires: Editorial Hammurabi, 1999.

______. La instrumentalización técnico legislativa de la protección del medio ambiente. *Estudios Penales y Criminologicos*, 5, pp. 196-197. Disponível em: http://portal.uclm.es/portal/page/portal/IDP/AREAS_TE-MATICAS?p_acc=5&p_tipo=GDELITO&p_area=Delitos%20con-tra%20el%20medio%20ambiente&p_subarea=---&p_elem=D. Acesso em jun.2012.

BACIGALUPO ZAPATER Enrique. La instrumentación técnico-legislativa de la protección penal del medio ambiente. In: *Estudios penales y criminológicos,* V, Santiago de Compostela, 1982.

BADARÓ, Gustavo Henrique Righi Ivahy. Capítulo 1. *Garantias Processuais e o Sistema Acusatório.* Obra: Direito Processual Penal. Rio de Janeiro: Elsevier, 2008, t. I. p. 1-36. Material da 4ª aula da Disciplina Teoria do Garantismo Penal, ministrada no Curso de Especialização Telepresencial e Virtual em Ciências Penais – UNISUL/REDE LFG.

BALBUENA SOTO, Lorena Beatriz. Alcance de la protección de los sistemas naturales y las bases naturales de la vida humana. Análisis de la legislación penal española y paraguaya (Tesis Doctoral). *Departamento de Derecho Penal, Procesal Penal e Historia del Derecho.* Universidad Carlos III de Madrid. Getafe, enero 2012, p. 41. Disponível em: http://e-archivo.uc3m.es/bitstream/10016/13998/1/lorenabeatriz_balbuena_tesis.pdf. Acesso em: jul.2012.

BARATTA, Alessandro. *Criminologia Crítica e Crítica do Direito Penal.* Trad. Juarez Cirino dos Santos. 3. ed. Rio de Janeiro: Editora Revan, 2002.

BARROSO, Luis Roberto. *O Direito Constitucional e a efetividade de suas normas* - limites e possibilidades da constituição brasileira. 2. ed. Rio de

Janeiro: Renovar, 1993.

BAUMAN, Zygmunt. *Globalização* - as consequências humanas. Trad. Marcos Penchel. Rio de Janeiro: Ed. Jorge Zahar, 1999.

______. *O mal estar da pós modernidade.* Trad. Mauro Gama e Cláudia Martinelli Gama. Rio de Janeiro: Ed. Jorge Zahar, 1998.

BECCARIA, Cesare Bonesana, Marquese de. *Dos delitos e das penas.* Trad. José Cretella Jr. e Agnes Cretella. 3. ed. São Paulo: Revista dos Tribunais, 2006.

BECHARA, Ana Elisa Liberatore Silva. Delitos de acumulação e racionalidade da intervenção penal. In: *Boletim IBCCRIM.* São Paulo: IBCCRIM, ano 17, n. 208, p. 03-05, mar./2010.

______. Delitos sem bens jurídicos? In: *Boletim IBCCRIM.* São Paulo: IBCCRIM, ano 14, n. 181, dez./2007, p.1. Disponível na Internet em: http://www.ibccrim.org.br/novo/boletim_artigo/3538-Delitos-sem-bens-juridicos?. Acesso em nov.2012.

______. Os discursos de emergência e o comprometimento da consideração sistêmica do direito penal. In: *Boletim IBCCRIM.* São Paulo: IBCCRIM, ano 15, n. 190, set./2008, p. 1. Disponível na Internet em: http://www.ibccrim.org.br/novo/boletim_artigo/3725-Os-discursos-de-emergencia-e-o-comprometimento-da-consideracao-sistemica-do-direito-penal. Acesso em nov.2012.

BECK, Ulrich. *La sociedade del riesgo global.* Madrid: Siglo XXI Editores, 2001.

______. *Sociedade de risco.* Rio de Janeiro: Editora 34, 2010.

______. *Teoría de la sociedad del riesgo en las consecuencias perversas de la modernidad, contingencia y riesgo.* Barcelona: Editorial Anthropos, 1996.

BERIAN, Josetxo (org.). *Las consecuencias perversas de la modernidad.*

Barcelona: Anthropos, 1996.

BETTIOL, Giuseppe. *Direito Penal*. Trad. Paulo José da Costa Jr. e Alberto Silva Franco. São Paulo: Revista dos Tribunais, v. 1.

BIANCHI, Patrícia. *Eficácia das normas ambientais*. São Paulo: Editora Saraiva, 2010.

BIANCHINI, Alice; GOMES, Luiz Flávio. *Direito Penal e Política Criminal*. Material da 2ª aula da Disciplina Política Criminal e Segurança Pública, ministrada no Curso de Especialização TeleVirtual em Ciências Penais – UNISUL– REDE LFG - IPAN. Slideshow 1 e ss.

BITTENCOURT, Cézar Roberto. *Manual de direito penal*. 5. ed. São Paulo: Editora Revista dos Tribunais, 1999.

______. *Falência da pena de prisão*: causas e alternativas. 4. ed. São Paulo: Saraiva, 2012.

BLANCO LOZANO, Carlos. Acerca de algunas cuestiones básicas del derecho penal ambiental en el nuevo código penal de 1995. *Cuadernos de Política Criminal*, Madrid, n. 60, p.705-729, 1996.

BONAVIDES, Paulo. *Curso de Direito Constitucional*. 13. ed. São Paulo: Malheiros, 2010.

BOTTINI, Pierpaolo Cruz. *Crimes de perigo abstrato*. 2. ed. rev. e atual. São Paulo: Editora Revista dos Tribunais, 2010.

______. *Crimes de perigo abstrato e princípio da precaução na sociedade de risco*. Prefácio de Antônio Luís Chaves Camargo; apresentação: Márcio Thomaz Bastos. São Paulo: Revista dos Tribunais, 2007.

BRASIL. Constituição da República Federativa de 1988.

______. Ministério do Meio Ambiente. Instituto Brasileiro do Meio Ambiente e dos Recursos Naturais Renováveis. *EIAs - Relatórios - Monitoramento disponíveis*. Disponível na Internet em:

http://www.ibama.gov.br/licenciamento/. Acesso em: junho de 2012

______. ORGANIZAÇÃO NÃO-GOVERNAMENTAL(ONG). *Floresta faz a diferença*. Disponível na Internet: http://www.florestafazadiferenca.com.br/home/. Acesso em: julho de 2012.

______. PODER LEGISLATIVO FEDERAL. *Lei 9.605/98 e outras*. Disponível em: www.planalto.gov.br. Acesso em jul.2012.

______. SUPERIOR TRIBUNAL DE JUSTIÇA. RHC 14341/PR; RECURSO ORDINARIO EM HABEAS CORPUS 2003/0053970-7. Relator(a) Ministra Laurita Vaz. Julgado em 26.10.2004, Publicado no D.J. em 29.11.2004, p. 349. Disponível em: https://www2.mp.pa.gov.br/sistemas/gcsubsites/upload/40/juris_crime_ambiental_stj.pdf. Acesso em nov.2012

______. SUPREMO TRIBUNAL FEDERAL. *Glossário*. Verbete sobre o princípio da insignificância penal. Disponível na Internet em: http://www.stf.jus.br/portal/glossario/verVerbete.asp?letra=P&id=491. Acesso em jul.2012.

______. SUPREMO TRIBUNAL FEDERAL. *Acórdãos Diversos*. Disponível em: http://www.stf.jus.br/portal/jurisprudencia/listarJurisprudencia.asp?s1=%28%22norma+penal+em+branco%22%29&base=baseAcordaos. Acesso em dez.2012.

______. SUPREMO TRIBUNAL FEDERAL. *Súmulas*. Disponível em: http://www.stf.jus.br/portal/cms/vertexto.asp?servico=jurisprudenciasumula. Acesso em dez.2012

______. TACrim/SP. Ap. nº 1.325.247/1. Relator Vico Mañas. Disponível na Internet em: http://www.ibccrim.org.br/site/boletim/exibir_artigos.php?id=69. Acesso em jul.2012.

BRICOLA, Franco. Teoria Generale del Reato. *Novíssimo Digesto Italiano*, XIX, Torinense, 1977.

BRUNO, Aníbal. *Direito Penal - Parte Geral*. 3. ed. Rio de Janeiro: Forense,

1967, t. 2.

BUGALHO, Nelson R. Contornos do bem jurídico-penal ambiente. *Revista do Advogado,* São Paulo, v. 29, n. 102, p.87-94, mar. 2009.

______. A tutela penal das unidades de conservação. *Revista de Direito Ambiental,* São Paulo, v. 10, n. 38, p.182-203, abr./jun. 2005.

______. Sociedade de risco e intervenção do direito penal na proteção do ambiente. *Ciências Penais:* Revista da Associação Brasileira de Professores de Ciências Penais, São Paulo, v. 4, n. 6, p.286-323, jan./jun. 2007.

BUSTOS RAMÍREZ, Juan; LARRAURI, Elena. *La imputación objetiva.* Bogotá: Temis, 1998.

______. Los bienes jurídicos colectivos (repercusiones de labor legislativa de Jimenez de Asúa en el Código Penal de 1932) *Revista de la Facultad de Derecho – Universidad Complutense.* Madrid, marzo, 1986.

______. Necesidad de la pena, función simbólica y bien jurídico medio ambiente, In: *Pena y Estado,* núm. I, pp. 102-103, 1991.

______; HORMAZÁBAL MALARÉE, Hernán. *Nuevo sistema de derecho penal.* Madrid: Editorial Trotta, 2004.

CALHAU, Lélio Braga. Efetividade da tutela penal do meio ambiente: a busca do "ponto de esquilíbrio" em direito penal ambiental. *Ciencias Penales Contemporáneas:* Revista de Derecho Penal, Procesal Penal y Criminología, Mendoza, v. 4, 7/8, pp. 281-299, 2004.

CAMARGO, Antônio Luís Chaves. *Culpabilidade e reprovação penal.* São Paulo: Sugestões literárias – Saraiva, 1994.

______. *Imputação Objetiva e Direito Penal brasileiro.* São Paulo: Cultural Paulista, 2001.

CANARIS, Claus-Wilhelm. *Pensamento sistemático e conceito de sistema na ciência do Direito.* 2. ed. Lisboa: Fundação Calouste Gulbenkian, 1996.

CANCIO MELIÁ, Manuel. La responsabilidad del funcionario por delitos contra el medio ambiente en el Código Penal español. *Anuario de derecho penal y ciencias penales*, Madrid, v. 52, p.137-176, jan./dez. 1999.

CANOTILHO, José Joaquim Gomes. *Direito Constitucional.* Coimbra: Livraria Almedina, 1985.

______. *Direito constitucional e teoria da constituição.* 3. ed. Coimbra: Almedina, 1999.

______. *Protecção do Ambiente e Direito de Propriedade* (Crítica de Jurisprudência Ambiental). Coimbra: Coimbra Editora, 1995.

CARBONELL MATEU, Juan Carlos. *Derecho Penal: concepto y princípios constitucionales.* Valencia: Tirant Lo Blanch, 1995.

CARCELLER FABREGAT, Francisco Javier. El derecho penal ambiental: su proyecto de futuro. *Revista del Ministerio Fiscal,* Madrid, n. 2, p.95-145, jul./dez. 1995.

CARMONA, Angelo. La repressione penale dei fatti ambientali: spunti dalla cultura giudiziaria d'oggi. *Rivista Italiana di Diritto e Procedura Penale,* Milano, v. 37, p.227-236, 1994.

CARVALHO, Délton Winter de. *Dano ambiental futuro.* A responsabilização civil pelo risco ambiental. Rio de Janeiro: Editora Forense Universitária, 2008.

CARVALHO, Erika Mendes de. A técnica dos valores-limite e os delitos de perigo abstrato. In: *Boletim IBCCRIM.* São Paulo: IBCCRIM, ano 19 (2011), n. 228, p. 14-15, nov., 2011.

______. Ensaio sobre o significado dogmático da acessoriedade administrativa nos delitos ambientais. *Revista Liberdades (IBCCRIM).* Edição Especial, pp. 23-46, dez.2011. Disponível na Internet em: http://revistaliberdades.org.br/_upload/pdf/10/artigo1.pdf. Acesso em nov. 2012.

______. Limites e alternativas à administrativização do Direito Penal do Ambiente. *Revista Brasileira de Ciências Criminais,* São Paulo, v. 19, n.

92, pp. 299-336, set./out. 2011.

______. O bem jurídico protegido nos delitos florestais. *Revista dos Tribunais*, São Paulo, v. 89, n. 776, p. 471 e ss., jun. 2000.

CARMONA, Carlos Alberto(coord.) e outros. *Processo Administrativo*. Coleção Atlas de Processo Civil. São Paulo: Atlas, 2008.

CARVALHO FILHO, José dos Santos. *Processo Administrativo Federal*. Comentários à Lei n. 9784 de 29/1/1999. 4. ed. rev. ampl. e atual. Rio de Janeiro: Lumen Juris, 2009.

CELY, Martha Lucía Bautista; SILVEIRA, Raquel Dias da (coord.). *Derecho Disciplinario Internacional*. Estudios sobre formación, profesionalización, disciplina, transparencia, control y responsabilidad de la función pública. Belo Horizonte: Editora Fórum, 2011. Tomo 1.

CEREZO MIR, José. *Hacia un derecho penal econômico europeo*. Jornadas en honor el prof. Klaus Tiedemann. Madrid: Civitas, 1995.

______. Límites entre el derecho penal y el derecho administrativo. In: *Anuario de derecho penal y ciencias penales*, ISSN 0210-3001, Tomo 28, Fasc/Mes 1, 1975, p. 41-56.

CERNICCHIARO, Luiz Vicente e COSTA JR., Paulo José da. *Direito penal na Constituição*. 3. ed. São Paulo: RT, 1995.

CIANCIARDO, Juan. *El conflictivismo en los derechos fundamentales*. Navarra: Ediciones Universidad de Navarra S. A., 2000.

COBO DEL ROSAL, Manuel; BOIX REIG, Javier. *Garantías constitucionales del Derecho sancionador*. Comentarios a la legislación penal I. Madrid: Editorial Edersa, 1982.

COELHO, Edihermes Marques. *Direitos Humanos* – Globalização de Mercados e o Garantismo como referência jurídica necessária. São Paulo: Editora Juarez de Oliveira, 2003.

COMPARATO, Fábio Konder. *A afirmação histórica dos direitos humanos*.

São Paulo: Saraiva, 2005.

COMTE, Auguste. *Reorganizar a Sociedade.* Lisboa: Guimarães Editores, 1977.

CORCOY BIDASOLO, Mirentxu. *Delitos de peligro e protección de bienes jurídico-penales supraindividuales.* Nuevas formas de delincuencia y reinterpretación de los tipos penales clásicos. Valencia: Tirant lo Blanch, 1999.

______; GALLEGO SOLER, José-Ignacio. Infracción administrativa e infracción penal en el ámbito del delito medioambiental: ne bis in idem material y procesal. (Comentario a la STC 177/1999, de 11 de octubre). Actualidad Penal, N. 8, p. 159-178, fev.2000.

______. *Límites objetivos y subjetivos a la intervención penal en el control de riesgos.* Valencia: Tirant lo Blanch, 1999.

______. Los delitos relativos a la ordenación del territorio y el medio ambiente: uma perspectiva criminológica. In: CORCOY BIDASOLO, Mirentxu; RUIDIAZ GARCÍA, Carmen (coords.). *Problemas criminológicos en las sociedades complejas.* Navarra: Universidad Pública de Navarra, 2000. 240 p. (Ciencias sociales). ISBN 84-95075-32-6. p.55-94.

COSTA, Lauren Loranda Silva. *Os crimes de acumulação no direito penal ambiental.* Porto Alegre: EDIPUCRS, 2011.

COSTA, Helena Regina Lobo da. O direito penal ambiental e as normas administrativas. In: *Boletim IBCCRIM.* São Paulo: IBCCRIM, ano 12, n. 155, out./2005, p.1. Disponível na Internet em: http://www.ibccrim.org.br/novo/boletim_artigo/3089-O-direito-penal-ambiental-e-as-normas-administrativas. Acesso em: jul.2012.

______. *Os crimes ambientais e sua relação com o direito administrativo.* In: VILARDI, Celso Sanchez; PEREIRA, Flávia Rahal Bresser; DIAS NETO, Theodomiro(org.). *Direito penal econômico - análise contemporânea.* São Paulo: Saraiva, 2009, v. , p. 189-222. Disponível na Internet em:

http://www.cazadvogados.com/publicacoes/crimes_ambien-tais_sua_relacao_direitoadministrativo.pdf. Acesso em junho de 2012

______. *Proteção ambiental, direito penal e direito administrativo*. 2007. Tese (Doutorado em Direito) – Universidade de São Paulo.

______. *Proteção Penal Ambiental*. Viabilidade. Efetividade. Tutela por outros ramos do direito. São Paulo: Saraiva, 2010.

COSTA, José de Faria. *O perigo em direito penal*. Contributo para a sua fundamentação e compreensão dogmáticas. Coimbra: Coimbra Ed., 1992.

CRETELLA JR., José. *Prática do Processo Administrativo*. 4. ed. São Paulo: Revista dos Tribunais, 2004.

CRUZ, Ana Paula Fernandes Nogueira da. A importância da tutela penal do meio ambiente. *Revista de Direito Ambiental*, São Paulo, v. 8, n. 31, p.58-99, jul./set. 2003.

CUESTA AGUADO, Paz Mercedes de la. Acceso al territorio y medio ambiente (comentario de jurisprudencia en torno al bien jurídico protegido en el art. 319 del Código Penal). *Revista de Derecho y Proceso Penal*, Navarra, v. 2, n. 24, p.89-95, 2010.

______. *Causalidad de los delitos contra el médio ambiente*. 2. ed. Valencia: Tirant lo Blanch, 1999.

______. La protección penal del medio ambiente en Argentina: un objetivo aplazado. *Ciencias Penales Contemporáneas: Revista de Derecho Penal, Procesal Penal y Criminología*, Mendoza, v. 1, n. 1, p.101-143, 2001.

______. La protección penal del medio ambiente en Argentina: un objetivo aplazado. *Ciencias Penales Contemporáneas*: Revista de Derecho Penal, Procesal Penal y Criminología, Mendoza, v. 1, n. 1, p.101-143, 2001.

CUESTA ARZAMENDI José Luís de la. Protección penal de la ordenación del territorio y del ambiente. In: *Documentación jurídica*. Monográfico dedicado a la propuesta de Anteproyecto de Nuevo Código penal. Vol.

II. Madrid: Editorial Ministerio de Justicia, 1983.

CUNHA, Antônio Geraldo. *Dicionário Etimológico da Língua Portuguesa*. Rio de Janeiro: Nova Fronteira, 1982.

CUNHA DE SÁ, Fernando Augusto. *Abuso do Direito*. Coimbra: Livraria Almedina, 1997.

D'ÁVILA, Fábio Roberto. Direito penal e direito sancionador. Sobre a identidade do direito penal em tempos de indiferença. In: *RBCCRIM* n. 60, ano 14, São Paulo: Revista dos Tribunais, 2006.

______; SOUZA, Paulo Vinícius Sporleder de (coord.). *Direito Penal Secundário*. Estudo sobre crimes econômicos, ambientais, informáticos e outras questões. São Paulo: Editora Revista dos Tribunais; Coimbra: Coimbra Editora, 2006.

______. *Ofensividade em Direito Penal*. Escritos sobre a teoria do crime como ofensa a bens jurídicos. Porto Alegre: Livraria do Advogado, 2009.

DELPINO, Luigi. *Diritto Penale. Parte Speciale*. XVIII Edizione. Napoli: Gruppo Editoriale Esselibri Simone, 2011

DERANI, Cristiane. *Direito Ambiental Econômico*. São Paulo: Max Limonade, 1997.

DI GIORGIO, Raffaele. O risco na sociedade contemporânea. Tradução de Cristiano Paixão, Daniela Nicola e Samantha Dobrowolski. *Revista do Centro de Ciências Jurídicas da Universidade Federal de Santa Catarina*, n.º 28, Ano 15, junho de 1994 - p. 45-54. Disponível na Internet em: file:////Platao/www/arquivos/RevistasCCJ/Seque...Giorgi-O_risco_na_sociedade_contemporanea.html. Acesso em: junho de 2012.

DIAS, Jorge de Figueiredo. *Direito Penal*. Parte Geral. Tomo I. 1. ed. brasileira. São Paulo: Editora Revista dos Tribunais; Coimbra: Coimbra Editora, 2007.

______. *Direito penal do ambiente*: 20/09/2008. São Paulo: IBCCRIM -

Instituto Brasileiro de Ciências Criminais, 2008. Vol. 1 e 2. (Curso de pós-graduação em direito penal econômico europeu). Curso de pós-graduação em Direito Penal Econômico.

______. *Questões fundamentais do direito penal revisitadas*. São Paulo: Revista dos Tribunais, 1999.

______. Sobre a Tutela Jurídico-Penal do Ambiente: Um Ponto de Vista Português. In: DIAS, Jorge de Figueiredo *et. all* (org.). *A Tutela Jurídica do Meio Ambiente: Presente e Futuro – Stvdia Ivridica*, n°.81, Colloquia, n. 13. Coimbra: Coimbra Editora, 2005.

DI PIETRO, Maria Sylvia Zanella. *Direito Administrativo*. 21. ed. São Paulo: Atlas, 2007.

DOTTI, René Ariel. Meio ambiente e proteção penal. In: *Revista dos Tribunais*, fasc. 1 Civil, a. 79, v. 655, pp. 245-257, maio 1990.

DURKHEIM, Émile. *As Regras do Método Sociológico*. São Paulo: Martins Fontes, 2007.

ESCRIVA GREGORI. *La puesta em peligro de bienes jurídicos en derecho penal*, Barcelona: Bosch, 1976.

FEIJOÓ SANCHEZ, Bernardo. Cuestones basicas de los Delitos de periglo Abstrato y Concreto em relación com el transito. *Revista Ibero-Americana de Ciências Penais* (Coord.) André Luís Callegari; Nereu José Giacomolli e Pedro Krebs. N. O. Porto Alegre: Escola Superior do Ministério Público. Ano 1 Maio-Ago 2000.

______. Sobre a administrativização do Direito Penal na "sociedade de risco". Notas sobre a política criminal no início do século XXI. Trabalho publicado em DÍAZ-MAROTO e J. VILLAREJO (eds.). Derecho y Justicia penal en el Siglo XXI. Liber amicorum en homenaje al Profesor António Gonzáles-Cuéllar García, Edit. Colex, Madrid, 2006. Tradução de Bruna Abranches Arthidoro de Castro; revisão de Augusto Silva Dias.

Revista Liberdades IBCCrim- nº 7 - mai-ago/2011.

FEINBERG, Joel. *The moral limits of the criminal Law.* Vol. one. Harm to others. Oxford: Orford University,1984.

FELICIANO, Guilherme Guimarães. *Teoria da Imputação Objetiva no Direito Penal Ambiental Brasileiro.* São Paulo: LTr, 2005.

FENSTERSEIFER, Daniel Pulcheiro et al. Considerações críticas acerca do Direito Penal ambiental. In: FAYET JÚNIOR, Ney; MAYA, André Machado (Org.). *Ciências penais e sociedade complexa I.* Porto Alegre: Nuria Fabris, 2008. 357 p., v.1, 22 cm. ISBN 978-85-60520-15-0 [Classificação: 343 F291c]. p.173-195.

FERRAJOLI, Luigi. *Derecho y razón.* Teoría del Garantismo Penal. Trad. de Perfecto Andrés Ibáñez, Alfonso Ruiz Miguel, Juan Carlos Bayón Mohino, Juan Terradillos Basoco, Rocío Cantarero Bandrés. Madrid: Editorial Trotta, 1995.

______. *Derecho Penal Mínimo y Bienes Jurídicos Fundamentales.* Disponível na Internet em: http://www.juareztavares.com/textos/ferrajoli_bens_minimo.pdf. Acesso em 12 de junho de 2012.

______. *El Derecho Penal Mínimo.* Traducción de Roberto Bergalli. Disponível na Internet em: www.rechtd.unisinos.br/pdf/107.pdf. Acesso em set. 2012, p. 11

FERRAZ, Sérgio; DALLARI, Adilson Abreu. *Processo Administrativo.* 2. ed. São Paulo: Malheiros, 2007.

FERREIRA, Ivete Senise. *Tutela penal do patrimônio cultural.* Biblioteca de Direito Ambiental. São Paulo:Editora Revista dos Tribunais, 1995.

FERRO, Miguel Sousa. A proteção do ambiente através do Direito Penal: a competência comunitária em matéria penal - acórdão do Tribunal de Justiça das Comunidades Européias (Grande Secção), 13 de setembro de 2005 [Comentário de jurisprudência]. *Revista do Ministério Público de Lisboa*, Lisboa, v. 27, n. 107, p.177-212, jul./set.2006.

FERRY, Luc. *A nova ordem ecológica:* a árvore, o animal e o homem. Rio de Janeiro: Difel, 2009.

FEUERBACH, Paul Johann Anselm Ritter von. *Tratado de Derecho Penal.* Buenos Aires: Editorial Hammurabi, 1989.

FIGUEIREDO, Lúcia Valle. Discriminação constitucional das competências ambientais. Aspectos pontuais do regime jurídico das licenças ambientais. In: *Revista de Direito Ambiental.* São Paulo: Revista dos Tribunais, n. 35, p. 53, 2004.

FIORILLO, Celso Antônio Pacheco. *Curso de Direito Ambiental Brasileiro.* 12. ed. rev. atual. e ampl. São Paulo: Saraiva, 2011.

FREITAS, Juarez. *A interpretação sistemática do Direito.* 4. ed. São Paulo: Malheiros, 2004.

______. *Sustentabilidade* – Direito ao Futuro. Belo Horizonte: Editora Fórum, 2011.

FREITAS, Gilberto Passos de; FREITAS, Vladimir Passos de. *Crimes contra a natureza.* 9. ed. São Paulo: Editora Revista dos Tribunais, 2012.

______; CARMELLO JUNIOR, Carlos Alberto; A cidade sustentável e o direito penal ambiental. In: *Revista de Direito Ambiental,* São Paulo, v. 17, n. 68, pp.153-178, out./dez. 2012.

GALEANO, Eduardo. *Ventana sobre la utopía.* In: Las palabras andantes – con grabados de J. Borges. 5. ed. Buenos Aires: Catálogos S.R.L., 2001.

GALLARDO RUEDA, Alberto. Protección penal del medio ambiente: cuestiones generales. In: *Cuadernos de Política Criminal,* Madrid, n. 47, pp.613-628, 1992.

GARCÍA ARÁN, Mercedes. Remisiones normativas, leyes penales em blanco y estructura de la norma penal. *Estudios penales y criminológicos.* Santiago de Compostela: Universidad de Santiago de Compostela, 1993, t. XVI, pp. 71-72. Disponível na Internet em:

http://portal.uclm.es/portal/page/portal/IDP/Revista%20Na-
ranja%20(Documentos)/Num_16/REMISIONES%20NORMATI-
VAS.pdf. Acesso em dez.2012.

GARCÍA DE ENTERRÍA, Eduardo; FERNÁNDEZ, Tomas Ramón. *Curso de Derecho administrativo I*, 12. ed. Madrid: Editorial Thomson – Civi-tas, 2005.

GIDDENS, Anthony. *Modernism and post-modernism*. In: New German Critique, n. 22, Special Issue on Modernism (Winter, 1981), p. 15-18. Disponível na Internet em: http://uk.jtstore.org. Acesso em 03.mai.2012.

GIUNTA, Fausto. Il diritto penale dell'ambiente in Italia: tutela di beni o tutela di funzioni?. *Rivista Italiana di Diritto e Procedura Penale*, Milano, v. 40, n. 4, pp. 1097-1123, out./dez. 1997.

GOMES, Celeste Leite dos Santos. *Crimes contra o meio ambiente – respon-sabilidade e sanção penal*. São Paulo: Oliveira Mendes, 1998.

GOMES, Luiz Flávio. *A Constituição Federal e os crimes de perigo abstrato*. Disponível na Internet em: http://www.lfg.com.br/ar-tigo/20070214091633277_a-constituicao-federal-e-os-crimes-de-pe-rigo-abstrato.html. Acesso em jul.2012.

______; MACIEL, Silvio; MAZZUOLI, Valério de Oliveira e outro. *Crimes Ambientais*. Comentários à Lei 9.605/98. São Paulo: Revista dos Tribu-nais, 2011.

______. Delito de bagatela: príncipios da insignificância e da irrevelância penal do fato. *Boletim IBCCRIM*. São Paulo, v.9, n.102, pp. 02-04, mai./2001.

______. *Princípio da Ofensividade no direito penal*. São Paulo: Revista dos Tribunais, 2002.

______. (coord.). *Responsabilidade Penal da Pessoa Jurídica e Medidas*

Provisórias e Direito Penal. São Paulo: Revista dos Tribunais, 1999.

______. *Teoria Constitucionalista do Delito e Imputação Objetiva.* O novo conceito de tipicidade objetiva na pós-modernidade. Col. Direito e Ciências afins, v. 8. São Paulo: Revista dos Tribunais, 2011.

______; GARCÍA-PABLOS DE MOLINA, Antonio; BIANCHINI, Alice; *Direito penal: parte geral.* São Paulo: Revista dos Tribunais, 2007. v. 1.

______;. *Princípios constitucionais reitores do Direito penal e da Política criminal.* Material da 1ª aula da Disciplina Teoria do Garantismo Penal, ministrada no Curso de Especialização TeleVirtual em Ciências Penais – UNISUL/REDE LFG/IPAN, p. 14.

GOMES, Mariângela Gama de Magalhães. *O princípio da proporcionalidade no Direito penal.* São Paulo: Revista dos Tribunais, 2003.

GOMÉZ DE MERCADO, Francisco García. *Sanciones administrativas.* Garantías, derechos y recursos del presunto responsable. 3. ed. Granada: Ed. Comares, 2007.

GÓMEZ TOMILLO, Manuel. Consideraciones en torno al campo límite entre el derecho administrativo sancionador y el derecho penal. *Actualidad Penal*, Madrid, v. 1, n. 4, pp. 69-89, jan./2000.

GONZÁLEZ GUITIÁN, Luis. Sobre la accesoriedad del Derecho penal en la protección del medio ambiente. In: *Revista de Estudios penales y criminológicos*, Universidad Santiago de Compostela, 1977.

GRAU, Eros Roberto. *A ordem econômica na Constituição de 1988.* 12. ed. São Paulo: Malheiros, 2007.

GRECO, Luís; TÓRTIMA, Fernanda Lara (org.). *Modernização do Direito Penal, Bens Jurídicos Coletivos e Crimes de Perigo Abstrato.* Com um adendo: Princípio da Ofensividade e crimes de Perigo Abstrato. Rio de Janeiro: Lumen Juris, 2011.

______. *O bem jurídico como limitação do poder estatal de incriminar?* Rio de Janeiro: Lumen Juris Editora, 2011.

______. Direito Penal e Direito Administrativo no Direito Penal Ambiental: uma introdução aos problemas da acessoriedade administrativa. In: *Revista Brasileira de Ciências Criminais* n. 58, pp. 152-194, jan-fev 2006.

GUARAGNI, Fábio André. A intensificação do uso de técnicas de reenvio em Direito Penal: motivos político-criminais. *Revista Jurídica Cesumar - Mestrado*, v. 12, n. 1, p. 35-47, jan./jun. 2012 - ISSN 1677-6402. Disponível na Internet em: www.cesumar.br/pesquisa/periodicos/index.php/revjuridica/.../1640. Acesso em: dez.12.

GUDÍN RODRÍGUEZ-MAGARIÑOS, Faustino. Protección jurídica del derecho medioambiental: dónde situamos la barrera jurídico-punitiva? In: *Revista de Derecho Penal,* Buenos Aires, n. 2, p.467-504, 2007.

GUIMARÃES, Francisco Xavier da Silva. *Direito Processual Administrativo.* Comentários à Lei 9.784/99 com as alterações da Lei n. 11.417/06. Belo Horizonte: Fórum, 2008.

GÜNTHER, Klaus. Legal pluralism or uniform concept of law? Globalisation as a problem of legal theory. *No Foundations,* n. 5 (abr-2008), pp. 5-6. Disponível em: http://www.helsinki.fi/nofo/NoFo5Gunther.pdf. Acesso em: jun.2012.

HABERMAS, Jürgen. *Direito e democracia.* Entre facticidade e validade. Rio de Janeiro: Tempo Brasileiro, 1997.

______. *El discurso filosófico de la modernidad.* Doce leciones. Trad. castellana de Manuel Jiménez Redondo. Madrid: Taurus Ediciones, 1993.

HASSEMER, Winfried. A preservação do ambiente por meio do direito penal. Conferência ministrada na Universidade Lusíada – Porto, no âmbito do I Congresso Internacional de direito do Ambiente, com tradução simultânea do alemão por Carlos Eduardo Vasconcelos, adaptada para publicação por Paulo de Sousa Mendes. *In: Notícias do Direito*

Brasileiro. Nova Série. UNB, nº 4 – 2º Semestre de 1997.

______. *Introdução aos fundamentos do direito penal (Einführung in die Grundlagen des Strafrechts)*. Trad. de Pablo Rodrigo Alflen da Silva. 2. ed. alemã. Porto Alegre: Sergio Antonio Fabris Editor, 2005.

______. Derecho penal simbólico y protección de bienes jurídicos. In: VARIOS AUTORES. *Pena y Estado*. Santiago: Editorial Jurídica Conosur, 1995, pp. 23-36. Disponível na Internet em: <http://biblioteca.d2g.com>. Acesso em 20.mai.2012.

______. Características e Crises do Moderno Direito Penal, in: *Revista de Estudos Criminais*, [Tradução de Pablo Rodrigo Alflen da Silva, de *Kennzeichen und Krisen des modernen Strafrechts*], n.º 08, 2003, p. 54 a 66, também publicada em *Revista Síntese de Direito Penal e Processual Penal*, n.º 18, pp. 144-157, 2003.

______. Desenvolvimentos Previsíveis na Dogmática do Direito Penal e na Política Criminal. In: *Revista Eletrônica de Direitos Humanos e Política Criminal.* [Trad. Tradução de Pablo Rodrigo Alflen da Silva] do artigo *"Absehbare Entwicklungen in Strafrechtsdogmatik und Kriminalpolitik"*, publicado originariamente em Prittwitz/Manoledakis (Hrsg.) *Strafrechtsprobleme an der Jahrtausendwende*, 1. Aufl., pp. 17-25, 2000.

______. *Persona, mundo y responsabilidade.* Traducción de Francisco Muñoz Conde y María del Mar Díaz Pita. Santa Fe de Bogotá: Editorial Temis S.A., 1999.

HAVA GARCÍA, Esther. *Protección Jurídica de la Fauna y Flora en España.* Prólogo de Juan Terradillos Basoco. Madrid: Editorial Trotta, 2000.

HEFENDEHL, Roland. Debe ocuparse el derecho penal de riesgos futuros? Bienes jurídicos colectivos y delitos de peligro abstracto. In: *Anales de Derecho.* Universidad de Murcia, n. 19, pp. 153-154, 2001.

______ (org.) [*et alli*]. *La teoria del bien jurídico.* Fundamento de legitimación del Derecho Penal o juego de abalorios dogmático? Trad. Rafael

Alcácer, María Martín e Íñigo Ortiz de Urbina. Barcelona: Marcial Pons Ediciones Jurídicas y Sociales, 2007.

HEINE, Günther. Accesoriedad administrativa en el Derecho Penal del Medio Ambiente. In: *Anuario de Derecho Penal y Ciencias Penales*, Tomo 46, Fasc/Mes 1, 1993, pp. 289-316. Disponível na Internet em: http://dialnet.unirioja.es/servlet/articulo?codigo=46426. Acesso em: jun.2012.

______. Derecho penal del médio ambiente. Especial referencia al Derecho penal alemán. In: *Cuadernos de Política Criminal*, Madrid, fasc. 61, p. 53-54, 1997.

______. El derecho penal ambiental alemán y español: un estudio comparado desde la perspectiva de consideración de la futura convención europea sobre el derecho penal del medio ambiente. In: *Cuadernos de Política Criminal*, Madrid, n. 63, pp. 653-667, 1997.

______. Nuevos desarrollos nacionales e internacionales del derecho penal del medio ambiente. In: *Cuadernos de Política Criminal*, Madrid, n. 70, pp. 155-168, 2000.

______. Recenti sviluppi e principali questioni del diritto penale dell'ambiente in Europa. In: *Rivista Trimestrale di Diritto Penale Dell'Economia*, Padova, v. 24, 1-2, pp. 105-136, jan./jun. 2011.

HENNAU-HUBLET, Christiane. Cuestiones actuales del derecho penal del medio ambiente en el derecho penal belga. In: *Cuadernos de Política Criminal*, Madrid, n. 60, p.731-744, 1996.

HERRERA GUERRERO, Mercedes. Derecho penal medioambiental y accesoriedad administrativa en la configuración de algunos delitos en el Código Penal español. Inconvenientes y propuestas de solución. In: *La Ley Penal: revista de derecho penal, procesal y penitenciario*, Madrid, v. 7, n. 76, pp. 49-63, nov./2010.

HIRSCH, Hans Joachim. Peligro y peligrosidad. In: *Anuario de Derecho*

Penal y Ciencias Penales, vol. 49, fasc. 2, p. 521, maio-ago. 1996.

HORMAZÁBAL MALARÉE, Hernán. *Bien Jurídico y Estado Social y Democrático de Derecho*. El objeto protegido pela norma por la norma penal. Santiago de Chile: Editorial Jurídica Conosur, 1992.

HUERGO LORA, Alejandro. *Las sanciones administrativas*. Madrid: Iustel, 2007.

HUNGRIA, Nelson. *Comentários ao Código Penal*. 5. ed. Rio de Janeiro: Forense, 1980, vol. I, t. II, p. 20 e ss.

INSTITUTO BRASILEIRO DE ADMINISTRAÇÃO DO SISTEMA JUDICIÁRIO. *A justiça na França*. Administração da Justiça. In: Disponível em: http://www.ibrajus.org.br/revista/artigo.asp?idArtigo=170. Acesso em: nov.2012.

JAKOBS, Günther. *Derecho Penal*. Parte General. Trad. J. Cuello Contreras e J. L. S. Gonzalez de Murillo. Madrid: Marcial Pons, 1995.

______. *Direito Penal do Inimigo*. 2. Tiragem. Organização e Introdução: Luiz Moreira, Eugênio Pacelli de Oliveira. Trad. Gérlia Batista de Oliveira Mendes. Rio de Janeiro: Lumen Juris, 2009.

______. *Dogmática de derecho penal y la configuración normativa de la sociedad*. Trad. Jacobo López Barja de Ouiroga. Madrid: Civitas Editores, 2004.

______. *La imputación objetiva en el derecho penal*. Dirección Editorial de Dr. Rubén Viliela. Buenos Aires: Editorial AD HOC, 1997.

______. *La imputación objetiva en Derecho Penal*. Trad. M. Cancio Meliá. Madrid: Civitas, 2003.

______. *Sociedad, norma y persona en una teoría de un Derecho penal funcional*. Trad. M. Cancio Meliá y Bernardo Feijoó Sánchez. Civitas: Madrid, 1996.

JESCHECK, Hans-Heinrich. *Tratado de derecho penal*. Trad. Mir Puig e

Muñoz Conde. Barcelona: Bosch, 2003, v.1.

______. *Tratado de derecho penal*. Trad. Manzanares Samaniego. Granada: Editorial Comares, 1993.

JHERING, Rudolf von. *A luta pelo direito*. Trad. João de Vasconcelos. Rio de Janeiro: Forense, 1994.

JONAS, Hans. *El principio de responsabilidad:* ensayo de uma ética para la civilización tecnológica. Barcelona: Herder, 1995.

KAUFFMAN, Arthur. *Filosofía del derecho.* Bogotá: Editorial Departamento de Publicaciones de la Universidad Externado de Colombia, 1999.

KINDHÄUSER, Urs. Estructura y legitimación de los delitos de peligro del derecho penal. Trad. Nuria Pastor Muñoz. *Revista Electrónica del Instituto Latinoamericano de estúdios en ciências penales y criminologia*, 004-01 (2009), p. 6 e ss.) Disponível na Internet em: www.ilecip.org. Acesso em: jul.2012.

KUHLEN, Lothar. Umweltstrafrecht. Auf der Suche nach einer neuen Dogmatik. *Zeitschrift für die gesamte Strafrechtwissenchaft*, 105, 1993.

LAFER, Celso. *A Reconstrução dos Direitos Humanos.* São Paulo: Companhia das Letras, 2007.

LAMPE, Ernst Joachim. Sobre a estructura ontológica del injusto punible. In: *RECrim*, 16, 2004.

LASCURAÍN SÁNCHEZ, Juan Antonio. Por un derecho penal sólo penal: deecho penal, derecho de medidas de seguridad y derecho administrativo sancionador. In: *Homenaje al Profesor Dr. Gonzalo Rodríguez Mourullo.* , pp.587-625, Navarra: Aranzadi, 2005.

LEITE, José Rubens Morato; AYALA, Patrick de Araújo. *Dano Ambiental.* Do individual ao coletivo extrapatrimonial. Teoria e prática. 4. ed. São Paulo: Editora Revista dos Tribunais, 2011.

LISZT, Franz von. *La idea de fin en el Derecho Penal.* trad. Instituto de

Investigaciones Jurídicas de La Universidad Nacional Autónoma de México.Valparaíso de Chile: Edeval, 1994.

______. *Tratado de derecho penal*. Trad. Luís Jimenéz de Asúa. 3. ed. Madrid: Reus, 1994, t. 2.

______. *Tratado de Direito Penal Allemão*. Trad. José Hygino Duarte Pereira. Rio de Janeiro: F. BRIGUIET & C, 1899.

LOBATO, José Danilo Tavares. Acessoriedade administrativa, princípio da legalidade e suas (in)compatibilidades no direito penal ambiental. In: *Revista Brasileira de Ciências Criminais*, São Paulo, v. 18, n. 83, pp. 120-162, mar./abr. 2010.

______. Direito penal e Constituição - breves notas sobre a principiologia axiológico - constitucional do direito penal enquanto instrumento de tutela do ambiente. *Julgar*, Lisboa, n. 7, pp. 133-144, jan./abr. 2009.

LOPES, Cláudio Ribeiro. Exigências de proteção do ambiente na sociedade de risco. *Revista Brasileira de Ciências Criminais*, São Paulo, v. 20, n. 96, pp. 251-276, maio/jun. 2012.

LOPES, Maurício Antônio Ribeiro. *Princípio da Insignificância no Direito Penal*. 2. ed., São Paulo: Revista dos Tribunais, 2000.

LOPEZ, Teresa Ancona. *Princípio da precaução e evolução da Responsabilidade Civil*. São Paulo: Quartier Latin, 2010.

LUHMANN, Niklas. *Introdução à teoria dos sistemas*. Trad. Ana Cristina Arantes Nasser. 2. ed. Petrópolis: Editora Vozes, 2010.

______. *Sistemas sociales: lineamentos para uma teoria general*. México: Universidad Iberoamericana, 1991

______. *Observaciones de la modernidad: racionalidad y contingencia en la sociedad moderna*. Barcelona, Paidós, 1997.

LUISI, Luiz. *Os princípios constitucionais penais*. 2. ed. Porto Alegre: Safe,

2003.

LUZÓN PEÑA, Diego-Manuel; DIAZ Y GARCÍA, Miguel Conlledo; DE VICENTE REMESAL, Javier. *Derecho Penal.* Parte General. Madrid: Civitas, 1997.

______. *Curso de Derecho penal, Parte General I.* Madrid: Editorial Universitas, 1996.

MACHADO, Fábio Guedes de Paula. *A Crise no Direito Penal.* Disponível na Internet em: https://aplicacao.mp.mg.gov.br/xmlui/bitstream/handle/123456789/358/crise%20no%20direito%20penal_Machado.pdf?sequence=1>. Acesso em 20 de junho de 2012.

______. *Culpabilidade no Direito Penal.* São Paulo: Quartier Latin, 2010.

______; GIÁCOMO, Roberta Catarina. Novas teses dogmáticas jurídico-penais para a proteção do bem jurídico ecológico na sociedade de risco. *Revista Liberdades*, n. 2, Instituto Brasileiro de Ciências Criminais, p. 39-55, set/dez. 2009. Disponível na Internet em: http://www.revistaliberdades.org.br/site/outrasEdicoes/outrasEdicoesExibir.php?rcon_id=17. Acesso em set.2012;

______; ______; Breves reflexões sobre a administrativização do Direito Penal, delitos por acumulação e antecipação da tutela penal na proteção do bem jurídico ecológico. *Diritto & Diritti.* Disponível na Internet em: http://www.diritto.it/pdf/28544.pdf. Acesso em out.2012.

MACHADO, Paulo Affonso Leme. *Direito Ambiental Brasileiro.* 19. ed., São Paulo: Malheiros, 2011.

MAGLIA, Stefano. *Diritto ambientale.* Alla luce del T.U. ambientale e delle novità 2011. 2. ed. Milano: IPSOA, 2011.

MANTOVANI, Ferrando. Conversaciones: Dr. Ferrando Mantovani. Por Jesús Barquín Sanz y Miguel Olmedo Cardenete. *Revista Electrónica de Ciencia Penal y Criminologia* (RECPC), 05-c1 (2003), p. 6. Disponível na Internet em: http://criminet.ugr.es/recpc/05/recpc05-c1.pdf. Acesso em: jul.2012.

______. Il principio di offensività nello schema di delega legislativa per un nuovo codice penale., *RIDirPP*, 2 1997.

MARCÃO, Renato. Crimes ambientais: a incidência do princípio da insignificância. In: *Boletim IBCCRIM*. São Paulo: IBCCRIM, ano 18, n. 215, pp. 15-16, out., 2010.

MARINUCCI, O; DOLCINI, E. *Corso di Diritto Penal*, 1, Nozione, struttura e sistemática del reato. Milano: Giuffré Editore, 1995, (n. 4).

MARTIN, Eduardo Ortega. *Os delitos contra a flora e a fauna. Direito penal administrativo*. Granada: Comares, 1997.

MARTINS, Fernando Rodrigues. *Teoria Geral da Responsabilidade Civil*. Aula Expositiva. In: "Princípios Constitucionais do Direito Privado". Universidade Federal de Uberlândia. Curso de Mestrado em Direito Público, 2011.

MASSON, Cleber. *Direito Penal Esquematizado*. Parte Geral. São Paulo: Método, 2011.

MARTÍNEZ RINCONES, José Francisco. Delito ecológico, ambiente y municipio. El caso de los desechos tóxicos o peligrosos en Venezuela. *Capítulo Criminológico:* Revista de las Disciplinas del Control Social, Maracaibo, v. 25, 1-2, p.133-153, jan./dez. 1997.

MATA BARRANCO, Norberto Javier de la. *Protección penal del ambiente y accesoriedad administrativa:* tratamiento penal de comportamientos perjudiciales para el ambiente amparados en una autorización administrativa ilícita. Barcelona: Cedecs, 1996.

MATA Y MARTÍN, Ricardo M. *Bienes Jurídicos Intermedios y delitos de peligro*. Aproximación a los Presupuestos de la técnica de peligro para los delitos que protegen bienes jurídicos ntermedios (—tutela penal del medio ambiente, delitos económicos, seguridad del tráfico—).

Granada: Comares, 1997.

MATUS ACUÑA, Jean Pierre et al. Análisis dogmático del derecho penal ambiental chileno, a la luz del derecho comparado y las obligaciones contraídas por Chile en el ámbito del derecho internacional: conclusiones y propuesta legislativa fundada para una nueva protección penal del medio ambiente en Chile. In: FARALDO CABANA, Patricia (Dir.). *Nuevos retos del derecho penal en la era de la globalización.* Valencia: Tirant lo Blanch, 2004. 460 p. (Tirant lo Blanch alternativa).

MAZZILLI, Hugo Nigro. *A defesa dos interesses difusos em juízo: meio ambiente, consumidor, patrimônio cultural, patrimônio público e outros interesses.* 24. ed. São Paulo: Saraiva, 2011.

MAIA, Alexandre da. *O garantismo jurídico de Luigi Ferrajoli:* notas preliminares. Jus Navigandi, Teresina, ano 4, n. 45, set. 2000. Disponível em: <http://jus2.uol.com.br/doutrina/texto.asp?id=17>. Acesso em: 19 mar. 2007. Material da 1ª aula da Disciplina Teoria do Garantismo Penal, ministrada no Curso de Especialização TeleVirtual em Ciências Penais - UNISUL - REDE LFG - IPAN.

MARQUES, Claudia Lima; MEDAUAR, Odete; SILVA, Solange Teles da (coord.). *O Novo Direito Administrativo, Ambiental e Urbanístico.* Estudos em Homenagem à Jacqueline Morand-Deviller. São Paulo: Revista dos Tribunais, 2011.

MEDAUAR, Odete. *A processualidade no direito administrativo.* São Paulo: Revista dos Tribunais, 1993.

MEIRA, Bruno Tanus Job e. A responsabilidade penal das pessoas jurídicas como consequência da tutela penal ambiental: considerações à luz do ordenamento espanhol. In: *Revista de Estudos Criminais,* Porto Alegre, v. 9, n. 32, p.75-109, jan./mar. 2009.

MEIRELLES, Hely Lopes. *Direito Administrativo Brasileiro.* 26. ed. São

Paulo: Malheiros, 2001.

______. *Direito Administrativo Moderno*. 10. ed. São Paulo: Revista dos Tribunais, 2006.

MELLO, Celso Antonio Bandeira de. *Curso de Direito Administrativo*. 25. ed. São Paulo: Malheiros, 2007.

MELLO, Rafael Munhoz de. Sanção administrativa e o princípio da culpabilidade. In: *Revista de direito administrativo e constitucional*. Fórum: Belo Horizonte, vol. 22, p. 25-57, out./dez. 2005.

______. *Princípios constitucionais de direito administrativo sancionador* – as sanções administrativas à luz da Constituição Federal de 1988. São Paulo: Malheiros, 2007.

______. *O regime jurídico das sanções administrativas*. Disponível na Internet em: http://www.oabpr.org.br/revistaeletronica/revista04/149-171.pdf. Acesso em: 02.12.11.

MENDOZA BUERGO, Blanca. *El delito ecológico y sus técnicas de tipificación*. Disponível na Internet em: http://www.ecoiurislapagina.com/biblio/articulos/art125.htm. Acesso em: mar.2012.

______. *El derecho penal en la sociedad del riesgo*. Madrid: Civitas, 2001.

MERCOSUL. *Acordo-Quadro sobre Meio Ambiente do Mercosul*. Disponível em: http://www.mercosur.int/msweb/Normas/normas_web/Decisiones/PT/Dec_002_001_Acordo%20Meio%20Ambiente_MCS_Ata%201_01.PDF. Acesso em: nov.2012.

MESEGUER YEBRA, Joaquín. *La tipicidade de las infracciones en el procedimiento administrativo sancionador*. Barcelona: Editorial Bosch, 2001.

______. *El principio "non bis in idem" en el procedimiento administrativo sancionador"*. Barcelona: Editorial Bosch, 2000.

MESTRE DELGADO, Esteban. Limites constitucionales de las remisiones normativas em materia penal. In: *Anuario de Derecho Penal y Ciencias*

Penales, 1988.

MEZGER, Edmund. *Derecho Penal. Parte General.* Buenos Aires: Editorial Bibliografica Argentina S. R. L., 1958.

MILARÉ, Édis. *Direito do Ambiente.* A gestão ambiental em foco. Doutrina. Jurisprudência. Glossário. 7. ed. São Paulo: Revista dos Tribunais, 2011.

______; LOURES, Flavia Tavares Rocha. A responsabilidade penal ambiental em face dos compromissos de ajustamento de conduta. In: YARSHELL, Flávio Luiz. *Estudos em homenagem à Professora Ada Pellegrini Grinover.* São Paulo: DPJ, 2005. 865 p. ISBN 85-9820-16-5. p.73-92.

MIR PUIG, Santiago. *Derecho penal.* Barcelona: Bosch, 1985.

______. *Direito Penal. Fundamentos e teoria do delito.* Trad. Claudia Viana Garcia e José Carlos Nobre Porciúncula Neto. São Paulo: Editora Revista dos Tribunais, 2007.

______. *Introducción a las bases del derecho penal.* Col. Maestros del derecho penal. Montevideo: B de F Editores, 2003.

______. Una tercera via en materia de responsabilidad penal de las personas jurídicas. In: *Revista Electrónica de Ciencia Penal y Criminología.* 2004, núm. 06-01, pp. 01:1-01:17. Disponível em: http://criminet.ugr.es/recpc. Acesso em jul.2012.

MOLITOR, Ulysses Monteiro. A ratio do tipo penal ambiental e os fundamentos da Constituição da República Federativa do Brasil. *Revista Imes direito,* São Caetano do Sul, v. 8, n. 13, p.9-27, jul./dez. 2007.

MORAES, Márcia Elayne Berbich de. *A (In)eficiência do Direito Penal Moderno para a Tutela do Meio Ambiente (Lei n. 9.605/98) na Sociedade de Risco.* Rio de Janeiro: Editora Lumen Juris, 2004.

MORAES, Maria Celina Bodin de. *Na medida da pessoa humana:* Estudos de Direito Civil-Constitucional. 1. ed. Rio de Janeiro: Renovar, 2010.

______. O princípio da Solidariedade. In: *Revista do Departamento de*

Direito, PUC, Rio de Janeiro.

MORALES PRATS, Fermin. La estructura del delito de contaminación ambiental. Dos cuestiones básicas: Ley penal en blanco y concepto de peligro. In: VALLE MUÑIZ (Coord.). *La protección penal del medio ambiente*. Pamplona: Editorial Aranzadi, 1997.

MORIN, Edgar. *O Enigma do Homem*. Rio de Janeiro: Zahar, 1975.

MUDANÇAS CLIMÁTICAS. *Relatório Bruntland e a sustentabilidade*. Disponível na Internet em: http://www.mudancasclimaticas.andi.org.br/node/91. Acesso em: jan.2012.

MUÑOZ CONDE, Francisco. A proteção penal do meio ambiente no direito penal espanhol. *Fascículos de Ciências Penais*, Porto Alegre, v. 1, n. 5, p.83-87, jul./1988.

______. *Introducción al derecho penal*. Barcelona: Bosch, 1975.

______. *Teoria Geral do Delito*. Trad. Juarez Tavares e Luiz Régis Prado. Porto Alegre: Sergio Antonio Fabris, 1996.

NIETO, Alejandro. *Derecho Administrativo Sancionador*. 2. ed. Madrid: Tecnos, 1993.

NOBRE JÚNIOR, Edilson Pereira. Sanções administrativas e princípios de direito penal, *Revista de Direito Administrativo,* n. 219, Rio de Janeiro: Renovar, v. 219, jan.-mar/2000.

NOHARA, Irene Patrícia; MARRARA, Thiago. *Processo Administrativo*. Lei n. 9.784/99 Comentada. São Paulo: Atlas, 2009.

______.; MORAES FILHO, Marco Antonio Praxedes de (org.). *Processo Administrativo*. Temas Polêmicos da Lei 9.784/99. São Paulo: Atlas, 2011.

NORONHA, Edgard Magalhães. *Direito Penal*. 5. ed. São Paulo: Saraiva, 1968.

NUCCI, Guilherme de Souza. *Manual de Direito Penal*. Parte Geral. 8. ed.

São Paulo: Revista dos Tribunais, 2012.

ONETTO, Maria Valeria. Delitos contra el medio ambiente: el problema de la causalidad en los delitos ambientales y su influencia en la política criminal : protección penal del medio ambiente versus in dubio pro reo. *Nueva Doctrina Penal*, Buenos Aires, B, pp. 663-678, 2003.

ORGANIZAÇÃO DAS NAÇÕES UNIDAS (ONU). *Declaração de Estocolmo das Nações Unidas sobre Meio Ambiente Humano*, 1972. In: Biblioteca Virtual de Direitos Humanos da Universidade de São Paulo (USP), disponível na Internet em: http://www.direitoshumanos.usp.br/index.php/Meio-Ambiente/declaracao-de-estocolmo-sobre-o-ambiente-humano.html . Acesso em 20 de maio de 2012.

OSÓRIO, Fábio Medina. *Direito Administrativo Sancionador*. 4. ed. São Paulo: Revista dos Tribunais, 2011.

OST, François. *A natureza à margem da lei: ecologia à prova do Direito*. Lisboa: Instituto Piaget, 1995.

PALAZZO, Francesco Carlo. I criteri di riparto tra sanzioni penali e sanzioni amministrative (dalle leggi di depenalizzazione alla Circolare della Presidenza del Consiglio dei Ministri), In: *Ind. pen.*, n. 19, 1986.

______. Principios fundamentales y opciones político-criminales en la tutela penal del ambiente en Italia. In: *Revista Penal*, Barcelona, n. 4, p.68-83, jul. 1999.

______. *Valores constitucionais e direito penal*. Trad. Gérson P. dos Santos. Porto Alegre: Sérgio Antonio Fabris, 1989.

PALMA, Fernando Oliva. Tutela penal do meio ambiente: a importância dos tipos penais de perigo na difícil tarefa de evitar o dano ambiental. In: *Revista Magister de Direito Penal e Processual Penal*, Porto Alegre, v. 8, n. 45, p.88-99, dez./jan. 2012.

PATRONO, Paolo. Problemi e prospettive del diritto penale dell'ambiente. In: *Rivista Trimestrale di Diritto Penale Dell'Economia*, Padova, v. 23, n.

3, p.473-485, jul./set. 2010.

PEREZ LUÑO, Antonio Enrique. *Derechos Humanos, Estado de Derecho y Constitución*. 5. ed. Madrid: Editorial Tecnos, 1995.

PINTO, Inês Horta. Direito penal do ambiente: a complexa construção dos tipos, a acessoriedade administrativa e o défice de aplicação. In: COSTA, José de Faria; SILVA, Marco Antonio Marques da. *Direito penal especial, processo penal e direitos fundamentais:* visão luso-brasileira. São Paulo: Quartier Latin, 2006. 1215 p. ISBN 85-7674-140-7 [Classificação: 343.2(469:81) D635]. p.1085-1123.

PISA, Adriana. Direito penal ambiental x sociedade de risco de Ulrich Beck: uma abordagem crítica. In: *Revista de Direito Ambiental,* São Paulo, v. 14, n. 54, p.9-64, abr./jun. 2009.

POLAINO NAVARRETE, Miguel. *El bien jurídico en el Derecho Penal.* Sevilla: Public de la Universidad, 1974.

PRADO, Luiz Régis. *Bem Jurídico-Penal e Constituição.* 5. ed. São Paulo: Editora Revista dos Tribunais, 2011.

______. *Curso de Direito Penal Brasileiro.* Parte Geral. Vol. 1. São Paulo: Revista dos Tribunais, 2011.

______(coord.). *Direito Penal Contemporâneo.* Estudos em homenagem ao Professor José Cerezo Mir. São Paulo: Editora Revista dos Tribunais, 2007.

______. *Direito Penal do Ambiente.* 2. ed. São Paulo: RT, 2009.

______; DOTTI, René Ariel (coord.). *Responsabilidade Penal da Pessoa Jurídica.* Em defesa do princípio da imputação penal subjetiva. 2. ed. rev. atual. e ampl. São Paulo: Editora Revista dos Tribunais, 2010.

PRITTWITZ, Cornelius. Teoria e prassi del diritto penale dell'ambiente. In: *Rivista Trimestrale di Diritto Penale Dell'Economia,* Padova, v. 23, n. 3, p.487-498, jul./set. 2010.

RAMOS VÁSQUEZ, José Antonio. Relaciones entre el derecho penal y el derecho administrativo. In: FARALDO CABANA, Patrícia (dir.); PUENTE ABA, Luz María (coord.). *Ordenación del território, patrimonio histórico y medio ambiente en el código penal y la legislación especial.* Valencia: Tirant lo Blanch, 2011.

RANDO CASERMEIRO, Pablo Rando. *La distinción entre el Derecho Penal y el Derecho administrativo sancionador.* Un análisis de política jurídica. Valencia: Tirant lo blanch monografias, 2010.

______. La evolución de la relación entre el derecho penal y el derecho administrativo sancionador en la España del siglo XIX y principios del XX. In: *Revista de Derecho Penal y Criminología,* Madrid, n. 12, p.141-190, jul. 2003.

REYNA ALFARO, Luis Miguel (Coord.). *Derecho penal y modernidad.* Lima: Ara, 2010. 565 p., 22 cm. ISBN 978- 9972-238-75-8. 343.2 D475

______. La protección penal del medio ambiente: posibilidades y límites. *Ciencias Penales Contemporáneas:* Revista de Derecho Penal, Procesal Penal y Criminología, Mendoza, v. 2, n. 4, p.207-265, 2002.

REALE JÚNIOR, Miguel. A Lei de Crimes Ambientais. In: *Revista Forense* 345/121, 1999.

______. Ilícito administrativo e o *ius puniendi* geral. In: PRADO, Luiz Regis (coord.). *Direito Penal contemporâneo: Estudos em homenagem ao Professor José Cerezo Mir.* São Paulo: RT, 2007

______. *Instituições de Direito Penal.* vol. 1. Rio de Janeiro: Forense, 2002.

RIEGER, Renata Jardim da Cunha. *A posição de garantia no direito penal ambiental:* o dever de tutela do meio ambiente na criminalidade de empresa. Porto Alegre: Livraria do Advogado, 2011. 166 cm, 23 cm. ISBN 978-85- 7348-763-3. 343.3:502 R417p

ROCHA, Leonel Severo. Direito, complexidade e risco. *Sequencia,* Florianópolis, n. 28, p. 11, 1994.

RODAS MONSALVE, Julio César. La protección penal del ambiente y função simbólica del derecho penal. *Derecho penal y criminología*, Santa Fé, v. 15, n. 51, p.157-175, set./dez. 1993.

RODRIGUEZ MONTAÑEZ, Teresa. *Delitos de peligro, dolo y imprudência*. Madrid: Gráficas Arias Montanos S. A., 1994.

RODRIGUEZ MOURULLO, Gonzalo. *Derecho Penal*, Parte General. Madrid: Civitas, 2003.

______. Limitaciones del derecho penal del medio ambiente: alternativas politicocriminales. In:*Tutela jurídica do meio ambiente:* presente e futuro. Coimbra: Coimbra Editora,(Studia Iuridica; v. 81. Colloquia; 13), p.159-177, 2005.

RODRIGUEZ RAMOS, Luis. Protección penal del médio ambiente. In: *Revista de Derecho Penal*, n. 1, 1982.

______. Alternativas de la protección penal del medio ambiente. In: *Cuadernos de Política Criminal*, Madrid, n. 19, p.133-156, 1983.

ROXIN, Claus. *A proteção de bens jurídicos como função do Direito Penal*. Trad. André Luís Callegari e Nereu José Giacomolli. 2. ed. Porto Alegre: Livraria do Advogado, 2009.

______. *Culpabilidad y exclusión de la culpabilidad en el derecho penal*. Traducción de Elena Carranza y Fabricio Guariglia. Disponível em: www.derechopenal.com.ar. Acesso em: jul.2012.

______. *Culpabilidad y prevención en derecho penal*. Trad. Francisco Muñoz Conde. Madrid: Instituto Editorial Reus, 1981.

______. *Derecho Penal*. Parte General. Tomo I. Fundamentos. La estructura de La teoria del delito. Trad. Diego-Manuel Luzón Peña [*et alli*] Madrid: Civitas, 1997.

______. *Problemas fundamentais de Direito Penal*. Trad. Ana Paula dos Santos Luís Natscheradetz. Lisboa: Veja, s/d.

______.*Política Criminal e sistema penal*. Trad. Luís Greco. Rio de Janeiro:

Renovar, 2000.

RÜTHER, Werner. Génesis de la norma penal para la protección al medio ambiente: sobre la creación del derecho penal ecológico en el contexto de la protección al medio ambiente como nueva tarea socio-política. *Cuadernos de Política Criminal*, Madrid, n. 25, pp.37-57, 1985.

SALVADOR NETTO, Alamiro Velludo; SOUZA, Luciano Anderson de (coord.). *Comentários à Lei de Crimes Ambientais - Lei 9.605/1998*. São Paulo: Quartier Latin, 2009.

______. *Tipicidade Penal e Sociedade de Risco*. São Paulo: Editora Quartier Latin, 2006.

SANTANA, Heron José de. O futuro do direito penal ambiental: legalidade e tipicidade na lei de crimes ambientais. *Revista de Direito Ambiental*, São Paulo, v. 9, n. 34, pp. 124-146, abr./jun. 2004.

SANTANA VEGA, Dulce María. *La proteción penal de los bienes jurídicos colectivos*. Madrid: Dykinson, 2000.

SANTIAGO, Alex Fernandes. Compreendendo o papel do Direito Penal na defesa do meio ambiente. *Revista de Direito Ambiental*, São Paulo, v. 16, n. 61, p.77-107, jan./mar. 2011.

SANTORO FILHO, Antonio Carlos. *Nexo Causal, Imputação Objetiva e Tipicidade*. Disponível na internet: www.ibccrim.org.br, 08.02.2001. Acesso em: jul.2012.

SANTOS, Juarez Cirino dos. *A moderna teoria do fato punível*. 2. ed. Rio de Janeiro: Revan, 2002.

______. *Direito Penal*. Parte Geral. 4. ed. rev. e atual. Florianópolis: Conceito Editorial, 2010.

______. *Política Criminal: Realidade e Ilusões do Discurso Penal*. Disponível em: http://www.cirino.com.br/artigos/jcs/realidades_ilusoes_discurso_penal.pdf. Acesso em: 10.ago.2012.

SARLET, Ingo Wolfgang. *A Eficácia dos Direitos Fundamentais*. 8. Edição,

Porto Alegre: Livraria do Advogado Ed., 2007.

______; FENSTERSEIFER, Tiago. *Direito Constitucional Ambiental*. Constituição, Direitos Fundamentais e Proteção do Ambiente. 2. ed. São Paulo: Editora Revista dos Tribunais, 2012.

SCHÜNEMANN, Bernd. *El sistema moderno del Derecho Penal*. Trad. Jesús-María Silva Sanchéz. Madrid: Tecnos, 1991.

______. *Sobre la dogmática y la política criminal del derecho penal del médio ambiente*. Temas actuales y pemanentes del Derecho penal después del milenio. Madrid: Editora Tecnos. 2002.

SERRANO MORENO, José Luis. *Principios de Derecho Ambiental y Ecologia Juridica*. Madrid: Editorial Trotta, 2007.

SHEICARA, Sérgio Salomão. *Responsabilidade Penal da Pessoa Jurídica*. São Paulo: Revista dos Tribunais, 1999.

SILVA, Ângelo Roberto Ilha da. *Dos crimes de perigo abstrato em face da Constituição*. São Paulo: Editora Revista dos Tribunais, 2003.

SILVA. De Plácido e. *Vocabulário jurídico*. 29. ed. Rio de Janeiro: Forense, 2012.

SILVA, José Afonso da. *Direito Ambiental Constitucional*. 7. ed. São Paulo: Malheiros, 2009.

SILVA, Pablo Rodrigo Alflen da. *Leis Penais em Branco e o Direito Penal do Risco*. Aspectos Críticos e Fundamentais. Rio de Janeiro: Lumen Juris, 2004.

SILVA SÁNCHEZ, Jesús-María. *A expansão do direito penal. Aspectos da política criminal nas sociedades pós-industriais*. 2. ed. Trad. Luiz Otávio de Oliveira Rocha. São Paulo: Revista dos Tribunais, 2011.

______. *Aproximación al Derecho Penal contemporáneo*. Barcelona: Bosch

Editor S.A., 1992.

______. *Delitos contra el medio ambiente*. Valencia: Tirant lo Blanch, 1999.

______. Estructuras de imputación de responsabilidad en delitos contra el medio ambiente. In: REYNA ALFARO, Luis Miguel (Coord.). *Derecho penal y modernidad*. Lima: Ara, 2010. 565 p., 22 cm. ISBN 978-9972-238-75-8. p.293-318.

______. Protección penal del médio ambiente? Texto y contexto del art. 325. In: *Diario La Ley*, 1997, tomo 3, D-132, p. 15-16.

SILVEIRA, Renato de Mello Jorge. *Direito Penal Supra-Individual.* Interesses difusos. São Paulo: RT, 2003.

______. *Direito Penal Econômico como Direito Penal de Perigo*. São Paulo: Revista dos Tribunais, 2006.

SINGER, Peter. *Ética Prática.* São Paulo: Martins Fontes, 1994.

SIRVINSKAS, Luís Paulo. *Tutela Penal do Ambiente.* Breves considerações atinentes à Lei 9.605, de 12-2-1998. 3. ed. São Paulo: 2004.

SOFFIATI, Arthur. *Fundamentos Éticos e Filosóficos da Proteção Ambiental:* o Caso da Segurança Alimentar e dos Biocombustíveis. Instituto de Ciências da Sociedade e Desenvolvimento Regional/Universidade Federal Fluminense. Arquivo em pdf.

SORIA FERNÁNDEZ-MAYORALAS, Pedro. Derecho administrativo sancionador y derecho penal: principios comunes. In: *Actualidad Penal,* Madrid, v. 2, 28/48, pp. 1985-1992, semanal. 1987.

SOTO NAVARRO, Suzana. *La protección penal de los bienes colectivos en la sociedad moderna.* Granada: Comares, 2003.

SOUZA, Luciano Anderson de. *Análise da legitimidade da proteção penal da ordem econômica.* Faculdade de Direito da Universidade de São Paulo (Tese de Doutorado). São Paulo, 2011.

______. *Expansão do Direito Penal e Globalização.* São Paulo: Quartier

Latin, 2007.

STRATENWERTH, Günther. *Derecho Penal. Parte General I.* El hecho punible. 4. ed. Trad. Manuel Cancio Meliá y Marcelo A. Sancinetti. Buenos Aires: Editorial Hammurabi.

TAVARES, Juarez. *Teoria do Injusto Penal.* 3. ed. Belo Horizonte, Del Rey, 2003.

TELLES, Michelle Taveira. Dos fundamentos jurídicos da tutela penal do meio ambiente. *Boletim Científico da Escola Superior do Ministério Público da União,* Brasília, v. 3, n. 11, p.65-87, abr./jun. 2004.

TERRADILLOS BASOCO (org.). *Derecho Penal del Medio Ambiente.* Madrid: Trotta, 1997.

TIEDEMANN, Klaus. *Derecho penal y nuevas formas de criminalidad.* Trad.M.Vásquez. Lima: Grijley, 2007.

______. *Relación entre Derecho Penal y autorización jurídico-administrativa.* El ejemplo del Derecho Penal del Ambiente. Trad. José Luis de la Cuesta. In: TIEDEMANN, Klaus. *Temas de Derecho Penal econômico y ambiental.* Lima: Ed. Idemsa, 1999.

TOLEDO, Francisco de Assis. *Princípios básicos de direito penal.* 5. ed. São Paulo: Saraiva, 1994.

THOMAS, Keith. *O Homem e o mundo natural:* mudança de atitudes em relação às plantas e aos animais. São Paulo: Companhia das Letras, 1996.

VARGAS PINTO, Tatiana. *Delitos de Peligro Abstracto y resultado.* Determinación de la incertidumbre penalmente relevante. Santiago de Chile: Editorial Aranzadi S.A., 2007.

VELOSO, Waldir de Pinho. *Direito Processual Administrativo.* Curitiba: Juruá, 2010.

VERGARA ESTEVEZ, Jorge. La Concepción de Democracia Participativa de Habermas. In: *Revista Ciencia Política*. Santiago, 1999. vol. XX, n. 1.

VERCHER NOGUERA, Antonio. Aspectos procesales de la protección penal del medio ambiente: las tomas de muestras. In: *Revista Penal*, Barcelona, n. 4, p.84-91, jul. 1999.

______. La polícia administrativa y el derecho penal como instrumentos para la aplicación de la norma ambiental: introducción. In: ALONSO GARCÍA, Enrique. *Normativa ambiental:* regulación, gestión y financiación. Bilbao: Fundación BBV, 2000. 265 p. ISBN 84-95163-38-1. p.37-50.

VICENTE GIMÉNEZ, Teresa (coord.). *Justicia ecológica y protección del medio ambiente.* Madrid: Editorial Trotta, 2002.

VICO MAÑAS, Carlos. A concepção material do tipo penal. In: *Revista da Procuradoria Geral do Estado de São Paulo*, São Paulo, n. 30, p. 147-151, dez. 1988.

VITTA, Heraldo Garcia. *A Sanção no Direito Administrativo.* São Paulo: Malheiros, 2003.

WALING, Cornélie. La criminalidad medio-ambiental en el ámbito del derecho penal general: la responsabilidad de las personas jurídicas y sus representantes: la necesidad de definir limites. In: *Cuadernos de Política Criminal*, Madrid, n. 62, p.511-519, 1997.

WEBER, Max. *Sociologia.* 4. ed. São Paulo: Ática, 1989.

WELZEL, Hans. *Derecho Penal Alemán.* Parte General. Trad. Bustos Ramírez e Yánes Pérez. Santiago: Jurídica de Chile, 1970.

WESSELS, Johannes. *Direito Penal:* parte geral. Aspectos fundamentais. Trad. Juarez Tavares. Porto Alegre: Safe, 1976.

YBARRA BORES, Alfonso. *La ejecución de las sanciones administrativas en el ámbito de la Unión Europea.* Sevilla: Instituto Andaluz de Administración Pública, 2006.

ZAFFARONI, Eugenio Raúl; ALAGIA-SLOKAR, Alejandro. *Derecho penal*

– parte general. 2. ed. Buenos Aires: Ediar, 2002.

______. *Tratado de Derecho Penal.* Buenos Aires: Ediar, 1982, v.1.

______. Reflexiones sobre el derecho penal ambiental. In: *Estudios sobre justicia penal:* homenaje ao Profesor Julio B. J. Maier. Buenos Aires: Del Puerto, 2005, p.143-152, 1008 p. ISBN 987-9120-72-8 [Classificação: 343.2 E85].